JN252317

Supporting
overseas business expansion
for SME

金融機関のための

中小企業 海外展開支援
実務のポイント

進出計画 から 現地経営 まで

監査法人 東海会計社 小島 浩司 編著

経済法令研究会

はじめに

　近年の経済は、市場の規制緩和や自由化、インターネットなど情報通信分野の技術革新の影響もあって、かつてないスピードでグローバル化が進展しているといわれています。これは多くの日本企業にとっても無縁ではなく、特に最近の日本企業の海外進出数の増加には目を見張るものがあります。

　海外進出の目的は、かつては、安価な人件費の活用による生産コストの削減や進展する円高への対応が中心でした。一方で、新興国を中心とした急激な人件費の高騰のほか、一部の国との間の政情の悪化や、大規模な洪水や慢性的な渋滞といった脆弱なインフラの露呈など、メリットの裏で抱える海外進出のリスクも改めて認識されるようになってきています。

　しかしながら、最近の円安・原油安の環境下でも、企業の海外展開意欲は衰える様子はありません。IMF の2012年の予測では、新興国・途上国の世界のGDP に占めるシェアは2017年には 4 割超にまで拡大するとされています。特にアジア新興国の所得の増大は著しく、企業の海外展開の背景には、単なる生産拠点としてだけではなく、成長が見込まれる有望な消費市場としての期待があると思われます。

　このような海外進出の流れは一部の大企業に限った話ではなく、今や中堅・中小企業まで確実に広がりをみせています。多くの海外進出企業は、資金調達をはじめとして進出手続やその方法、撤退の意思決定に至るまで日本の親会社にそのほとんどを依存します。

　ただ親会社側でも、自社内における海外展開のための人材や経営ノウハウ、資金は限られますし、顧問の税理士や弁護士のなかでそのような専門知識や経験を有している人も多くはありません。そのため、そういった企業は必然的に取引金融機関にアドバイスを求めることになります。

　海外進出案件は、外資企業に対する最低資本金規制などもあり、進出当初から多額の資金が必要とされがちです。金融機関側からみれば、海外進出にあたって的確なアドバイスを提供することによって、新たな融資案件の獲得につながりますし、取引先の深耕によって日本側での取引の拡大も期待できます。そしてこのことは、取引先の海外進出時に十分対応できなければ、国内における取引にまで影響が出る可能性があることも意味しているのです。

本書では、このような取引先の海外展開に際し、金融機関の職員として求められるポイントを解説しています。企業が海外展開を検討し始めたばかりという初動段階から、進出後の親会社への資金還流、さらには中間持株会社を用いた多国籍展開まで、「ステージ」ごとに章をまとめていますので、この本を利用される方それぞれの必要に応じて、対象となる部分をお読みいただけます。また、海外取引スキームを検討するうえで、特に税務処理は常に考慮を要する分野であるため、なるべく難解になり過ぎないよう配慮しつつ多くの解説を加えました。したがって、金融機関の職員のみならず、海外展開するクライアントを持つ税理士、会計士、弁護士、コンサルタントなどさまざまな専門家にもご利用いただけると考えています。

　本書が、海外進出する、もしくはしている日本企業に携わる方々の一助となることを心から願っています。

　最後に、本書に対して貴重なアドバイスをくださった経済法令研究会の菊池一男氏、そして本書を企画時から担当し辛抱強く我々にお付き合いくださった北脇美保氏に改めて厚く御礼申し上げます。

　2015年1月

　　　　　　　　　　　　　　　　　　　　　　　　　　　　小島浩司

CONTENTS

第6章　現地法人経営

第7章　中間持株会社

―― おことわり ――

　本書における、各国の規制内容等の記述は、原則として2014年12月現在の情報に基づいています。

　新興国の法制は変わりやすいので、実務では最新の情報を参考にしてください。

本書の内容に関する訂正等の情報

　本書は内容につき精査のうえ発行しておりますが、発行後に訂正（誤記の修正）等の必要が生じた場合には、当社ホームページ（http://www.khk.co.jp/）に掲載いたします。

　（ホームページトップ： メニュー 内の 追補・正誤表 ）

第1章
海外展開の目的明確化

QUESTION 1 海外進出企業の現状

多くの国内企業が海外進出を検討しているようですが、その目的や最近の進出状況を教えてください。また、実際に進出した企業は、どのような課題を抱えているのでしょうか。

ANSWER

過去10年間の推移をみると、アジア地域を中心に海外現地法人数は一貫して増加しています。

海外進出企業の目的は、安価な労働コストの活用から、成長する海外市場における需要の取り込みにシフトしつつあります。

進出している企業の多くでは、人件費等のコストアップや管理部門の機能不全、商流の変化と組織形態の変化等の課題に直面しています。

≪解説≫

(1) 縮む国内市場と伸びる海外市場

総務省の人口推計によると、わが国の総人口は2011年を境にマイナスに転じており、これ以降もマイナスで推移し本格的な人口減少社会に突入することが予想されています。国内ではこのように需要減少や市場構造の変化に直面しています。一方、海外ではアジア地域を中心に今後も人口成長、とりわけ中間層・富裕層(世帯年間可処分所得が5,000ドル以上)人口の増加が見込まれています。

こうしたことを背景に、成熟しつつある国内市場から、新たな需要獲得を目指して海外進出を行う企業が増えつつあるといえます。

【中間層・富裕層人口の伸び（地域別）】

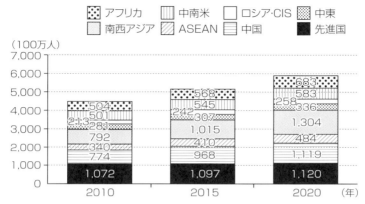

（注）世帯可処分所得別の家計人口。各所得層の家計比率 × 人口で算出。
2015 年、2020 年の各所得階層の家計比率は Euromonitor 推計。
（出所：経済産業省「通商白書 2013」）

⑵　海外進出企業数の推移

　海外進出には一般に、間接輸出（特定の得意先に対し国内商社や輸出代理店等を通じて行う輸出）や直接輸出、直接投資（出資による海外法人の設立や合弁参加）などの形態があります。

　このうち直接投資である海外現地法人の状況をみてみると、2012年度末時点で約23,300社にのぼっています。その数は過去10年間一貫して増え続けており、10年前の進出数（約13,800社）と比較すると1.7倍ほどにまで増加しています。

　これを業種別にみると製造業が約45％、非製造業が約55％となっていますが、増加率としてはサービス業や情報通信業などの非製造業の伸びが目覚ましく、10年前に比べると進出企業数は２倍近くに増加しています。

　また、地域構成では中国を中心としたアジアが全体の３分の２を占めており、進出企業数も10年間で約２倍となっています。アジア地域は地理的な近接性に加え、安価な労働力、増大する購買人口など生産・販売両面での市場としての魅力があり、これらを背景とした企業の進出が相次いでいることでアジアの比率が年々上昇していることがうかがえます。

【日系海外現地法人数の推移】

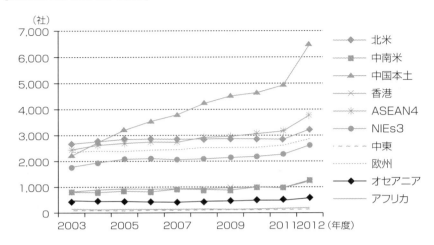

（出所：経済産業省「海外事業活動基本調査（2012年度）」より筆者作成）

【業種別現地法人数の推移】

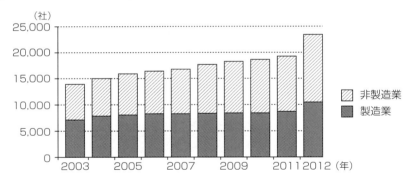

（出所：経済産業省「海外事業活動基本調査（2012年度）」より筆者作成）

【全世界に占める地域別進出企業数の推移】

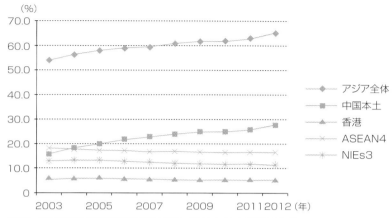

（出所：経済産業省「海外事業活動基本調査（2012年度）」より筆者作成）

(3)　進む中小企業の海外展開

　次に、中堅・中小企業の海外展開状況をみると、製造業を営む中小企業のうち18.9％、中小企業全体でも13.4％の企業が海外子会社を保有しており、時系列でその推移をみても増加傾向にあることがわかります。

【海外子会社を保有する企業の割合】

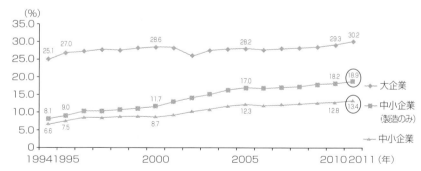

（注）　1 ．「海外子会社を保有する企業」とは、年度末時点に海外に子会社または関連会社を所有する
　　　　企業をいう。
　　　　2 ．「子会社」とは、当該会社が 50％超の議決権を所有する会社をいう。子会社または当該会
　　　　社と子会社の合計で 50％超の議決権を有する会社も含む。「関連会社」とは、当該会社が
　　　　20％以上 50％以下の議決権を直接所有している会社をいう。
（出所：中小企業庁「中小企業白書2014年版」）

これらの中小企業がどの地域において展開しているかをみたのが下記の図です。これによると、中小企業は大企業に比べ、中国をはじめとしたアジアに偏在しているということができます。この状況について「中小企業白書」では、アジアの安価な人件費を求めての進出や取引先のアジア展開への随伴に加えて、近年は成長著しいアジアの需要の獲得を目的としたものが多いと分析しています。

【海外子会社の地域構成】

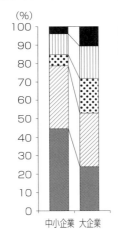

（注）1.「海外子会社を保有する企業」とは、年度末時点に海外に子会社または関連会社を所有する企業をいう。
　　　2.「子会社」とは、当該会社が50%超の議決権を所有する会社をいう。子会社または当該会社と子会社の合計で50%超の議決権を有する会社も含む。「関連会社」とは、当該会社が20%以上50%以下の議決権を直接所有している会社をいう。
　　　3.「大企業」とは、中小企業基本法に定義する中小企業者以外の企業をいう。
（出所：中小企業庁「中小企業白書2014年版」）

（4）　海外現地法人の利益獲得状況

ａ．経常利益の状況

　ここまでみてきたように海外進出企業数自体は増加を続けていますが、進出後の収益状況はどうでしょうか。これを示す指標として海外進出企業の経常利益額の推移をみると、2007年までは順調に増加していたものの、リーマンショックの際に一時落ち込み、現在はまた持ち直しているという状況です。

　この経常利益の獲得状況を地域別にみると、低調な北米、欧州に比べるとアジアの経常利益の額が圧倒的に大きく、海外進出企業がアジアで稼いでいることが読み取れます。

【現地法人の経常利益の推移】

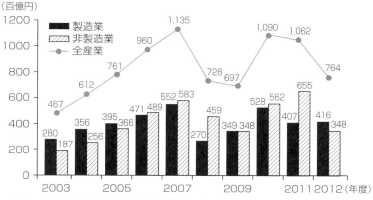

（出所：経済産業省「海外事業活動基本調査（2012年度）」）

【現地法人の地域別経常利益】

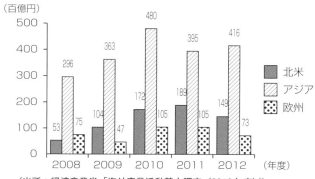

（出所：経済産業省「海外事業活動基本調査（2012年度）」）

　アジア地域で稼ぐ構図は、販売・調達の動きからもみられます。

　アジア地域における製造業現地法人の日本への販売比率は減少傾向にあるのに対して、現地販売比率は上昇しています。調達先をみても、日本からの調達比率は減少していますが、現地調達比率は高まっています。

　この状況をみると、日系の協力会社の現地への進出に加えて、信頼できる現地の取引先やサプライヤーが開拓・集積された結果、「現地で生産して現地で販売する」という産業構造にシフトしているといえます。

【製造業現地法人の販売先と調達先の状況】

■販売先（売上高）の状況（2012年度）

（単位：10億円）

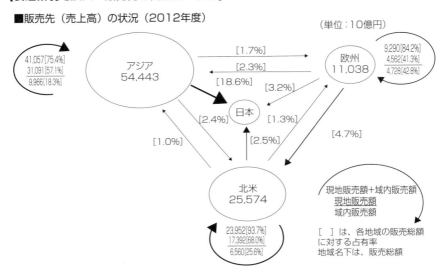

現地販売額＋域内販売額
現地販売額
域内販売額

[　] は、各地域の販売総額
に対する占有率
地域名下は、販売総額

■調達先（仕入高）の状況（2012年度）

（単位：10億円）

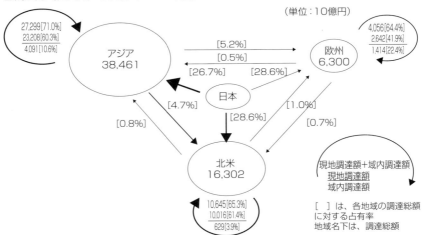

現地調達額＋域内調達額
現地調達額
域内調達額

[　] は、各地域の調達総額
に対する占有率
地域名下は、調達総額

■アジア地域での販売比率の推移

（単位：％）

	2003年度	2012年度	差　分
現地販売比率	50.8	57.1	6.3
域内販売比率	19.3	18.3	△ 1.0
計	70.1	75.4	5.3
日本への販売比率	22.0	18.6	△ 3.4

■アジア地域での調達比率の推移

（単位：％）

	2003年度	2012年度	差　分
現地調達比率	53.7	60.3	6.6
域内調達比率	13.9	10.6	△ 3.3
計	67.6	71.0	3.4
日本からの調達比率	30.6	26.7	△ 3.9

（出所：経済産業省「海外事業活動基本調査（2012年度）」）

b．現地法人からの配当の状況

　海外の現地法人が稼得した利益は、今後の企業規模拡大や新事業分野の開拓のため、研究開発投資や設備投資に回されます。経済産業省の公表資料によると、2012年度の製造業における現地法人の研究開発費は、輸送用機械や生産用機械を中心に前年度比27.3％増加の約5,000億円と過去最高水準となっています。また、同様に現地法人の設備投資額についても、輸送機械、業務用機械、情報通信機械などを中心に、前年度比23.8％増の3.8兆円と3年連続の増加となっています。

　これらの投資を行った残余利益は内部留保として蓄積されますが、その一部は投資の成果として現地法人から日本親会社への配当金として還流されます。近年の内部留保の状況をみると、内部留保残高は順調に増加しているものの、単年度ベースでの内部留保額（＝当期純損益－配当金）は減少傾向にあります。

　これは、平成21年度税制改正において、日本親会社が外国子会社から受ける配当は、その95％が益金不算入という外国子会社配当益金不算入制度（第3章

■参照）が創設され、外国子会社の留保利益の日本への資金還流が行いやすくなったことも影響しているものと考えられます。

【当期内部留保額および内部留保残高の推移】

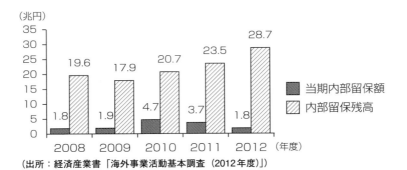

（出所：経済産業書「海外事業活動基本調査（2012年度）」）

(5) 海外現地法人における課題

a．人件費等のコストアップ

　海外、とりわけアジア地域に進出する企業は新たな課題に直面しています。

　特に昨今問題となっているのは人件費の上昇です。ASEAN諸国や中国では、ここ数年一貫して上昇傾向にあり、総費用に占める人件費比率の高い現地法人を中心にそのコストを圧迫しています。例えば、タイでは2012年にバンコクなどの主要地域で最低賃金が約4割引き上げられました。インドネシアにおいても、2013年にジャカルタで最低賃金が約4割引き上げられ、ジャカルタに近く日本企業も多く進出しているジャカルタ周辺地域では6割近い引上げ率となった地域もありました。

　このように急ピッチで進む大幅な人件費の上昇は、安価な労働コストを目指して進出した企業のみならず、日系企業全体の経営に深刻な影響を及ぼし始めています。

【アジア各国の賃金上昇率】

（単位：％）

	名目賃金上昇率			実質賃金上昇率		
	2011年	2012年	2013年	2011年	2012年	2013年
ベトナム	16.8	19.7	17.5	△ 1.9	11.6	11.3
中国	12.9	11.0	9.4	7.5	8.0	6.4
タイ	5.3	10.9	6.5	1.5	7.7	3.2
インドネシア	9.6	14.7	17.0	0.7	4.5	7.4
マレーシア	4.7	4.7	5.3	1.5	2.7	2.9
フィリピン	5.6	5.9	5.2	0.9	2.4	0.7

（出所：JETRO 公表資料）

ｂ．管理部門の機能不全

　従来、海外に進出する企業は、日本本社において現地子会社の管理を行うという運営形態が多くみられました。これは、形式的には別の法人格を取っているものの、日本本社側からは、現地法人を同じ法人内の工場や支店の一つとして捉えていることの表れであると考えられます。しかし、現地子会社と物理的に距離の離れた日本では十分な情報収集を行うことはできないため、法制度や経営環境が目まぐるしく変わる状況下において、限定された情報に基づいて迅速かつ最適な意思決定を行うことは困難です。

　また、現地法人に日本から管理担当者を派遣していても、文化や慣習の違い、言語の壁、定期的に入れ替わる人事異動方針などにより、現地法人内のほかのスタッフ達とのコミュニケーションが円滑に行われず、十分な状況把握が行えないケースもあるようです。

ｃ．商流の変化と組織形態の変化

　(4)でもみたように、海外生産比率の増加や協力工場の海外進出、現地国の購買市場の成長などにより、従来のような「日本で作って現地で売る」「現地で作って日本で売る」という単純な商流とは異なる取引の流れが拡大しています。このような取引の流れにおいては、地域内の事業運営を最適化することや、現地国の情報をリアルタイムで把握して意思決定することが求められるようになるものと考えられます。このような経営環境の変化を背景に、市場ニーズへ

のタイムリーな対応を可能にするべく、現地法人へ権限委譲を進める動きが広がっています。

　そして事業規模がさらに拡大し複数の国で事業を展開するようになると、各国の管理機能を集約・統合することがグループ全体としてのコスト削減や管理の効率化につながるというケースも想定されます。そのような企業においては、海外子会社の所在地に近いエリアに中間持株会社を設立し、その会社に地域統括会社としての機能を持たせ、地域内の各子会社を管理するという形態もしばしばみられるようになっています。

　地域統括会社はアジアでは香港やシンガポール等に設置されることが多いようですが、これらの国は法人税率も低く、また、統括会社としてみた場合に課税上有利な制度も多いため、中間持株会社の設置がグループ全体としての税金コストの削減にもつながっています（第7章参照）。

　この点、平成22年度税制改正において、統括会社について一定の要件を満たすことで、外国子会社合算税制（タックスヘイブン対策税制）の対象外となることが定められました。今後は統括会社の活用を検討する企業がますます増えることが予想されます。

2　海外展開の目的と対策の明確化

QUESTION 2　海外展開の目的

　海外展開する企業はどのような目的をもっているのでしょうか。また、それぞれの目的に応じた対策や進出形態について教えてください。

ANSWER

　海外事業を成功させるためには、まず目的が明確でなければなりません。目的を明らかにしたうえで、取り巻く状況や市場、自社の体力等を踏まえて、海外企業との業務提携や進出など、最適の方法を検討することになります。

≪解説≫

(1)　海外展開の目的と対応方法

　企業が国際業務を推進する目的はさまざまです。海外と取引のない企業でも為替変動や外国政府の取引規制、景気など海外からの影響を常に受けています。そこで、何らかの要因で取引が始まる可能性があります。また、海外取引を始める要因は一つではなくいくつかの組み合わせである場合もあります。

　海外との取引で成果を上げるためには、これらの要因のなかで本当に自社の経営上、重要で解決すべき課題は何なのか、明らかになっていなければなりません。なかには、たまたま相手側から進出の誘いがあったからといって十分な検討を行わずに契約をしてしまったり、昨今の海外に活路を求めるという風潮に流され、他社がやっているからと十分な調査を行わないまま話を進めているケースもあります。

　海外展開で成果を上げ、大きな損失を被らないためには、基本的なことですが、まず目的を明確にすることが大切です。「自社の海外業務の目的を明確に

する」、これが推進の第一歩となります。目的が明確になれば、その対応策を検討し、選択することになります。

　下記の表は、海外展開が必要な原因と、販路拡大などの目的と対応方法について概略をまとめたものです。例えば「海外に販路を拡大したい」いう目的がある場合、理由は①から⑤あるいはそれ以外も含めさまざまですが、その対応方法も a の商社経由の間接貿易から e の現地法人設立まで、いくつかの方法があります。海外で生産を行う場合も、現地法人を設立する以外にも委託生産や EMS（Electronics Manufacturing Service）などの方法があります。

　目的を達成するための選択肢のなかで、自社の体力（人事面、資金面）、中長期の事業計画、相手国のマーケットや規制、取引のリスク、競合先の動きなどを勘案して方法を決定します。また、輸出量や相手国ごとに違うやり方をする場合もあります。それぞれの海外展開の方法と留意点については、次頁以降で述べていきます。

【海外展開の目的、原因、対応方法の概略】

目的	販路維持・拡大
原因	①少子高齢化と人口減少による国内マーケットの縮小 ②新興国の所得向上による海外市場の拡大 ③FTA、EPA による関税の削減 ④海外市場の高い収益率 ⑤海外に進出した取引先からの要請
対応	a. 商社経由の輸出（間接貿易） b. 自社で輸出（直接貿易） c. 相手国企業と提携して現地で販売する（販売店契約、代理店契約） d. 技術やノウハウのみを供与し対価を得る（技術輸出） e. 現地に販売のための拠点（現地法人や支店）を設立する
目的	コスト削減
原因	①国内の製造コスト (人件費等) が高い ②原材料の国内調達コスト上昇
対応	a. 委託加工 b. 委託生産 c. 製造のための現地法人設立

目的	競争力を維持・高める（海外の優位性）
原因	①日本の FTA などの締結の遅れによる他国との価格競争力の低下 ②資源・原材料などの入手難や価格高騰、輸出国の制限など ③新興国との競争激化（韓国、中国など新興国の生産力向上など） ④為替相場の影響回避（円高対策）
対応	a. 委託生産 b. 製造のための現地法人設立

　なお、進出形態は次のように分類することができます。

【海外進出進出形態分類】

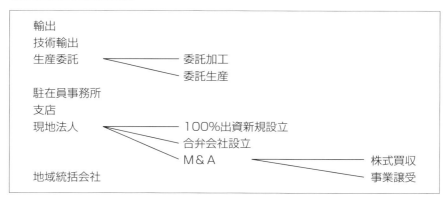

(2)　金融機関実務のポイント

　日本国内市場の縮小や高コスト、輸入品との競合等の厳しい環境で海外展開を検討している企業も多くあります。海外展開については取引先のニーズと状況により、輸出から海外進出までさまざまな方法があります。

　金融機関担当者としては取引先の課題を把握し、海外展開に対する適切な助言をすることで取引の深耕につなげることができます。

QUESTION 3 直接貿易と間接貿易

　　輸出取引を検討しています。直接貿易と間接貿易の違いとリスクについて教えてください。

ANSWER

　　貿易には自社で行う直接貿易と商社等を通じて行う間接貿易があります。直接貿易は間接貿易に比べ、海外市場のニーズや情報を直接入手できる、商社に支払う手数料を削減できるなどのメリットがありますが、貿易手続実務やバイヤーの開拓、信用リスク調査などを自社の責任で行うことになります。

≪解説≫

(1) 輸出取引のメリット・デメリット

　　貿易取引を商社等仲介者（以下「商社等」といいます）を通して行うことを間接貿易といい、商社等を通さずに自分(社)で行うことを直接貿易といいます。

【貿易の流れ（輸出の場合）】

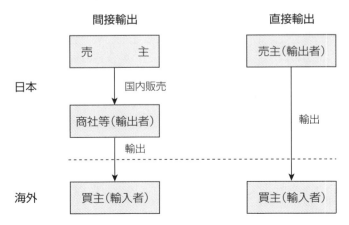

　間接貿易は商社等への国内販売・仕入となり、直接海外業者との取引にはなりません。

　直接貿易と間接貿易を比較したメリット等は、それぞれ以下のとおりです。

【直接貿易】

活用のメリット
①自社の方針に沿った貿易取引開始による市場拡大（海外市場開拓） ②商社等に支払う手数料の支払負担軽減 ③海外市場・バイヤーとの直接コンタクトによる売れ筋商品、顧客ニーズ等の最新情報の入手 ④商品クレーム等の情報吸い上げによるマーケティングのレベルアップ ⑤国際化による企業イメージの向上 ⑥社内の（国際感覚を身につけた）人材育成に寄与 ⇒今や個人でもネット通販などで商品を直接輸入し取り寄せる時代。海外との商品の売買は特別ではなくなりつつある

留意点
①業務体制の構築：貿易実務担当部署、担当者、海外要員の育成 ②外部業者等との交渉：通関業者、船会社、金融機関（決済）、保険会社 ③商社等の販売網、情報（相手国の規制や商慣習、知的財産の保護対策等）が入手・使用できなくなる ④商社等が負担していた貿易取引リスク（信用リスク、為替リスク）に対し自社対応が必要 ⑤商社等との取引への影響（国内販売）。製造業者が貿易を直接行うことにより商社は従来の取引を失うことになる。スムーズなスタートのためには商社等が開拓した海外取引先を円満に引き継ぐための交渉も必要になる

その他
直接貿易は積極的に海外売上を拡大させたい場合や、従来間接貿易で対応していた商品や相手国での販売をさらに増加させたい場合にとる形態。国、貿易相手により直・間を使い分ける場合もある。

【間接貿易】

活用のメリット
①貿易事務負担の軽減 ②為替リスク、外国企業の信用リスクの回避

③海外市場開拓、情報収集、知的財産の保護対策等に商社機能の活用

④海外との決済日のずれによって生じる資金負担の軽減

留意点

①商社等が負う為替リスク、信用リスク、資金負担、取引開拓費用等は手数料として支払うことになる

②相手側との直接コンタクトがない

③営業活動や取引交渉が限定される

その他

　間接貿易という形態は、海外への販売の初期段階、あるいは新興国等相手国の情報収集が自社では十分できない場合や、社内で実務負担をかけずに一定の海外向け販売を維持したい場合などに活用される。

(2)　金融機関実務のポイント

　取引先企業が輸出入を直接行う場合、以下のような関連の金融機関取引が発生します。預金、貸出、両替と多岐にわたるので、自金融機関で取りもれがないよう、貿易取引の把握に努める必要があるといえるでしょう。

■輸出の場合

①集荷あるいは運転資金需要に対する貸出（外貨、円貨）

②為替リスク対応（予約等）

③各種ボンド（保証書）発行

　　入札保証（ビッドボンド）、前受金返還保証（リファンドメントボンド）、

　　契約履行保証等（パフォーマンスボンド）

④輸出代金の受取

　　被仕向送金、輸出手形の買取（Ｌ／Ｃ付き、Ｌ／Ｃなし）、取立て等

■輸入の場合

①信用状（Ｌ／Ｃ）の開設

②為替リスク対応（予約、外貨預金等）

③書類到着／代金の支払

　仕向送金、輸入決済資金貸出（円貨、外貨、ユーザンス）

QUESTION 4　海外市場開拓の方法

自社で海外販売先を開拓する方法とリスクについて教えてください。

ANSWER

　海外に販売先を広げる方法は、取引先からの紹介やインターネットの利用、見本市・展示会への出展などがあります。日本での国内販売と違い、カントリーリスクへの対応やトラブル発生時には手間やコストが膨大になるため、相手側（バイヤー）の信用調査が重要です。

≪解説≫

(1)　海外販路開拓の方法と特徴・リスク

　海外での販売先開拓は、国内販売先開拓と同じですが、海外であるためにいくつかのハードルがあります。例えば、販売する相手には日本人特有の認識やあうんの呼吸というものは通用しません。そのため商談の際ははっきりとわかりやすく行うことが大切になります。

　海外販路を独自で開拓する方法は以下のようなものがあります。

【海外販路開拓の方法と特徴・リスク】

国際見本市、展示会への出展
販路を開拓するうえで有効。事前準備が重要。自社製品のセールスポイントと、何をいくらで売りたいかを明確にしておく。

相手国公的機関の活用
日本からの投資や貿易促進のために海外各国が専門機関を設置したり、大使館などに担当部署を設けていることがある。専門機関では韓国の大韓貿易投資振興公社（KOTRA）日本地域本部や香港貿易発展局などがある。これらはインターネットで検索でき、案件によって電話、メール、訪問等が可能。

日本貿易振興機構（JETRO）の活用

最も利用しやすい。ホームページの「引合い・展示会検索」を利用すれば国別・業種別の引合い・展示会の検索が可能なほか、「サポート＆サービス」から海外企業データベースを活用し海外の取引相手を探すことも可能。また、各国の貿易投資情報も充実している。

インターネットの活用

インターネットに英語で商品名、国名等を入れて検索すれば、当該国のマーケット情報や商品を扱っている業者のウェブサイトなどが検索可能である。信用調査等相手側の情報収集が必要。

自社ウェブサイト（インターネット）の活用

広く取引相手を探すことが可能。ただし不特定多数、詳細不明な相手からのコンタクトへの対応が必要。ウイルス対策が必要となるほか、英語での定期的な更新を行うための作業や費用も考慮しなければならない。

コンサルタントの活用

条件を付けて対象を絞り込んだ企業情報の入手が可能。また、個別企業の詳しい情報を入手することも可能。ニーズにより料金が異なる。

商社や取引先からの紹介

事前にある程度相手の情報を取得できるメリットがあり、比較的安心して取引をスタートさせることができる。ただ、紹介する企業と海外の相手先の関係はいろいろなケースがあり、一律に紹介されたからと十分な調査をせずに安易に取引を始めると失敗する。

(2) 海外販路開拓における全般的留意点

いずれの場合も以下の点に留意する必要があります。

①相手は日本人とは異なる価値観や習慣を有しているうえ、言語も違う。

②海外取引では輸送や保険など国内以上に費用がかるため、取引量や価格については国内取引と同様にはできない。

③相手国のカントリーリスクの検討が必要となる。

④信用調査が重要である。

言語、適用する法律、時差、商慣習等が違うため、いったんトラブルになると、解決に手間と時間、膨大なコストを覚悟しなければなりません。相手国で裁判を起こすことも大変ですが、たとえ勝訴したとしても損害を実際に回収す

るのは容易でありません。そのため、輸出に際しては事前に相手側の信用調査をしっかり行い、契約書締結時には支払条件など取引形態を慎重に行う必要があります。

(3)　取引先の信用調査

　個々の輸出取引で最も重要なことは代金回収です。代金回収をもって輸出取引は終了します。そのため販売先開拓においても相手側の信用力の把握を優先して行う必要があります。

　信用情報収集のチャネルはできるだけ多いほうがよく、一般的には以下のようなものがあります。

【信用調査における情報収集のチャネル】

インターネットの検索情報
海外取引を行っている企業であれば、途上国でもウェブサイトを英文で掲載しているケースが多い。写真付きで商品や会社の業務がわかり、簡単に会社の概要をつかむことが可能で便利である。上場企業なら決算書を見ることもできる。
自社での情報収集
実際に訪問して確認することが最も望ましい。自社の事務所や現地法人がすでにあれば依頼して訪問してもらう。現地に拠点がなくても重要な取引であれば相手側を訪問し、経営陣との面談、工場見学等を行い自ら見極めることが必要。工場設備、立地、品質管理、従業員の態度などは特に注意する必要がある。また、営業用のパンフレットなど可能なものはできるだけ入手する。
関係先からの情報
日本の親しい取引先や海外に拠点のある商社、業界団体等から入手可能な情報がないか確認する。必ず情報が入手できるわけではないが、同業者、取引先からの情報は公になっていない、重要なものも多い。
信用調査会社
調査会社を利用して企業の信用情報を取得することができる。最も一般的なのがダンレポートとして知られる D&B レポート（Business Information Report）である。有料で1 ～ 3万円くらいの費用はかかるが、すでに調査済の企業であれば2 ～ 3日で容易に入手できる。通常の調査日数は3 ～ 4週間。ただ、リポート内容は国や企業により違いがある。さらに、追加料金を支払うことで倒産分析や財務分析を含め包括レポート取得も可能。

　合弁相手や販売店・代理店契約を締結するような場合は、別途コンサルタント会社を通じて現地調査を行い、現地での聞き込みなど、より詳細な相手企業の情報を収集することもある。

(4)　金融機関実務のポイント

　海外との商売を手助けする場合は、自治体やJETROなどで斡旋している商談会などを紹介するとよいでしょう。

　また、個別の取引先を紹介する場合は、以下の点に留意する必要があります。

①海外企業の信用力はよくわからないので、その点は取引先企業によく説明しておくこと。欧米では上場企業、新興国の場合は大手財閥のグループ企業が望ましい。

②取引する製品については機能、品質の詳細をよく確認しておく必要がある。同じ業種でも相手側の品質と日本企業の品質レベルに差があるケースも多い。

③商談にあたってはコミュニケーションが重要。相手側が日本語ができればベストだが、少なくとも英語で対応できる先でなければ話は進まない。日本語のわかる人材がいる会社は日本企業との取引に積極的といえる。

④同様に日本企業側も英語の会社や商品のパンフレットを作成するなど準備が必要。

QUESTION 5　販売力のある現地企業と協力した輸出

海外地場企業と協力した営業推進について教えてください。また、どのような点に注意が必要でしょうか。

ANSWER

　自社の製品を特定の国や地域の販売力のある地場企業と提携して販売するために、販売店契約や代理店契約を締結することがあります。これらの契約はその地域での販売を増加させる有効な手段となりますが、販売価格や販売地域、契約解除の条件、独占販売権を与えるかなど、契約については十分留意する必要があります。

≪解説≫

(1)　現地の販売店や代理店の活用

　言語や商慣習の違う外国で、独自で自社製品を売り代金を回収することは容易ではありません。そのため、短時間で海外の売上を伸ばすため、すでに現地で同様の分野で販売網を構築している地場企業と販売店契約や代理店契約を締結することがよくあります。現地の事情やマーケットに精通した企業に販売を任せるので効率的に営業ができます。よい販売店や代理店を持てば飛躍的に売上を伸ばすことができますし、商品のアフターケアなども任せられれば、自社の負担を軽減することも可能です。しかしながら、永続的に良好な販売店・代理店契約を維持するために注意する事項があります。

(2)　販売店契約と代理店契約

　販売店と代理店を合わせた販売代理店という言葉もよく使われていますが、販売店契約と代理店契約はその意味や責任が全く違うので区別して理解しておきましょう。

　販売店契約では、製品を販売店企業に売却することにより所有権が移ります。

すなわち日本からの輸出に対する輸入者は販売店になり、輸出代金は販売店企業から回収します。販売店となっている企業は、輸入製品を現地で国内販売することになります。販売店契約は英語では Distributorship Agreement という言葉になります。

代理店契約の場合は、日本からの輸出の相手は代理店ではなく、代理店が販売を取り次いだ現地の購入者が直接の輸入者になります。代理店は輸入者にはなりません。輸出した代金は購入者から回収することになります。代理店契約は英語では Agency Agreement という言葉が使われています。

したがって、販売店契約の場合、製造物責任以外は、原則、相手国顧客に対し責任を負いませんが、代理店契約の場合は売主として日本企業に商品に対する責任があります。

販売代理店契約、代理店契約という言葉を使いながら実際には販売店契約を締結しているケースもよくみられます。日本語の言い回しを混同していても問題ではありませんが、実際に取り交わす契約の中身については違いをはっきり認識してリスクを把握しておかなければなりません。

【販売店・代理店を活用した取引の仕組み】

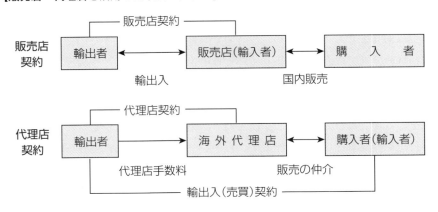

(3) 契約上の留意点

販売店や代理店の契約を締結する場合は、以下のような点に留意をする必要があります。

【販売店契約、代理店契約の留意点】

代金回収の信用リスク
・販売店契約：販売店への輸出であり、輸出代金は販売店から回収する。そのため、販売店の信用リスクに留意する。 ・代理店契約：代理店が取り次いだ現地の購入者への輸出であり、代金は個々の購入者から回収する。そのため、購入者の信用リスクに留意する。

独占販売権
その地域での一手独占販売権を与えるかどうか。一手独占権を与えると相手側の士気は上がるメリットはあるが、その地域への自社あるいはほかの直接販売も制限される。後のトラブルを避けるため、独占販売権を与える商品や地域についても明確にしておく。

販売価格等
契約のなかで自社製品の相手国内の再販価格等に制限を加えると、国によっては、その国の独占禁止法に違反する可能性があり注意が必要。

販売地域等
契約の締結にあたっては、相手側に販売を任せる商品、販売地域、提供する技術等を明確に規定し、自社の長期的販売戦略と矛盾しないようにする必要がある。いつの間にか販売店が近隣諸国に営業を広げて、自社の営業と競合する可能性もある。

販売促進
相手がこちらの意図に従った販売活動を行い、満足のいく成果を上げられるかは最初の段階ではわからないので、契約には最低売上高の義務や期限、継続のための条件を設ける場合もある。また、販売促進のための費用負担についても規定する。

契約解除
・契約解除の際、比較的立場が弱いとみなされる代理店に対して代理店保護法などで補償義務を適用する国や、同様の保護を販売店契約にも適用する国があるので、契約締結前の調査は不可欠。販売店・代理店に対して、たとえ契約期間が満了した場合でも、解除について制限を設けたり、一定の補償請求権を認めて法律で保護を与えている国もある。 ・販売店契約の打ち切りにより、相手側が経営上の打撃を受けるため、トラブルになる場合もある。

海外の販売店・代理店の活用は売上を伸ばす有力な手段です。ただ、たとえ関係が良好であっても、十分な成果が上がらなくなったり、状況が変わることもあります。したがって、販売店や代理店選定にあたっては、十分な調査と協議を行い、解消する事態も踏まえた契約書を取り交わすことが大切です。

(4)　金融機関実務のポイント

　取引先が販売店契約や代理店契約で取引している場合は、それぞれの輸出入取引が発生しますが、同時に手数料の送金取引も発生します。代理店手数料の送金は毎年あるいは半年ごとに同時期に発生するので、自金融機関を通じて送金が行われるよう交渉しておくことが望ましいといえます。

QUESTION 6　技術の輸出

技術輸出を行い、対価のロイヤリティを受け取ることを検討しています。
どのようなことに留意すればよいでしょうか。

ANSWER

　技術輸出とは、特許などの権利を外国に提供し、その対価として技術料
を受け取ることです。技術契約締結には、供与する技術の範囲や適正なロ
イヤリティ水準の決定に加え、支払国の規制なども含め慎重に検討する必
要があります。

≪解説≫

(1)　技術輸出とは

　技術輸出とは、特許・実用新案・技術情報などを用いる権利を外国に提供し、
その対価として特許料などの技術料を受け取ることです。

　一般的な技術移転の方法は、海外に生産拠点としての現地法人を設立し、そ
こに技術を供与し、自社の商品市場を拡大するとともに、技術料として特許料
などの使用料（ロイヤリティ）を受け取るものです。配当の原資は利益ですが、
ロイヤリティは使用に応じて契約で規定した計算により受け取るもので、受
取時期も異なります。そのため、海外進出した場合の日本への利益回収の拡大、
多様化が図れます。また、日本に送金する場合の現地で課せられる源泉税につ
いては配当とは異なる規定があります。

　一方、海外に拠点を設立せずに技術を供与するケースもあります。言い換え
ると、企業の経営資源の一つである技術それ自体を商品として輸出することで、
技術輸出を重要な収益源と位置付け、戦略的に行おうとするものです。海外に
拠点を設立せずにコストを抑え、技術だけを提供して使用料（ロイヤリティ）
を受け取り、技術の価値があるうちに開発費の回収や利益を最大限にします。

【技術契約】

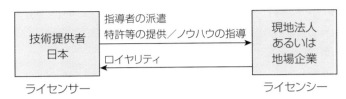

(2) 使用料の設定

a. 使用料の設定方法

使用料を賦課する方法は、期間中固定のイニシャルロイヤリティ方式と、契約期間中の契約品の売上など変化に従うランニングロイヤリティ方式があります。これら2つを合わせたものもあり、取引実態に合わせて設定します。

イニシャルロイヤリティ方式は、技術提供者であるライセンサーにとっては研究開発費の一部として最低限の保証を得ることになるので望ましいのですが、受ける側であるライセンシーは事前に成果があるかどうか（売れるかどうか）保証がないため、支払をすべてイニシャルにするには抵抗があります。

ランニングロイヤリティ方式は「製造・販売金額等の何パーセント（料率法）」という方法が一般的です。

b. 使用料の水準

使用料（ロイヤリティ）の水準は定まった算定方法はありません。進出国によっては現地当局がロイヤリティ送金について「売上の5％まで」というような規制をしていたり、企業によっては何となく「他社に合わせて売上の3％としている」というケースもあるようです。しかし、技術は時間とコスト、労力をかけた会社の大切な資産であり、重要な収益源ですので、納得できる合理的な利益を確保すべきです。また、関連会社との技術移転契約では、水準によって移転価格税制の問題が日本および相手国でも発生しますので、慎重な検討が必要です（「移転価格税制」については第3章**3**参照）。

(3) 技術契約の留意点

技術を供与して対価の使用料を取得するには相手側と契約を締結する必要があります。

技術契約について留意すべき事項は、以下のとおりです。

・実際の契約書作成においては、弁護士等専門家に相談のうえ作成すること
　になる場合が多いが、提供する技術の詳細と価値を知っているのはライセ
　ンサー企業である。ライセンサーはその情報と供与する目的を専門家ある
　いは交渉をサポートするコンサルタント等に正しく伝える必要がある。

・供与する技術等について、供与する内容と契約品にどのような特許が使用
　されているかも明らかにする。

・技術や現在自社で製造しているものをむやみに「契約品」にせず、技術流
　出や将来の海外展開も考え、必要最小限に抑える必要がある。特に第三者
　に供与する場合、相手は将来のライバルになる可能性もあり慎重に対処す
　る。ノウハウは一度開示すると契約解除後にプロテクトするのは難しいの
　で注意が必要である。

・使用料を販売金額のランニングロイヤリティ方式で計算する場合、定義を
　明確にすることが必要である。契約書は英語で作成する場合が一般的だが、
　日本語の売上高と Gross sales や Net sales、revenues という言葉の違い
　を確認し、双方誤解のないようにしておくことが大切。

・技術供与については工場の整備、機械・装置類の調達、人員の適切な配置、
　技術指導・訓練、原材料の選択および調達など広範囲のサポートが必要と
　なる場合がある。ライセンシーの態勢が不十分なものについてはライセン
　サーが援助するが、援助（役務）の程度により有償の場合と無償の場合が
　ある。

(4)　記録と監査

　監査はランニングロイヤリティ契約を締結した場合に必要となります。ラン
ニングロイヤリティは半年や1年ごとに支払われるのが普通ですが、受け取
り側では金額の計算根拠となる数字が適切かどうか判断できない場合がありま
す。

　例えば、当該技術を使用したライセンシーの売上あるいは収入はどう計算さ
れて算出されているかは、単に会社の決算書を見ただけではわかりません。ま
た、相手側の提出した数字の信頼性についても疑問が残ります。技術輸出で第
三者に技術供与等をした場合、相手側（ライセンシー）は自社の売上や収益の

詳細を当該技術取引と関係ない情報もあり、ライセンサーに知られたくないのが実情です。そのため詳細な情報開示を拒む可能性もあり、あらかじめ契約書で情報の開示や監査について決めておく必要があります。

　このような場合、「ライセンサーが選任しライセンシーが同意した法人（人）」に監査を依頼するのも一つの方法です。一般的には信頼できる監査法人に頼むことが多いようですが、監査費用はライセンサーが負担する場合もあり、契約書作成時によく協議する必要があります。また、相手側に対するけん制のため、監査により不正があった場合は監査費用をライセンシー負担とする取り決めをする場合もあります。

QUESTION 7　生産の海外企業への委託

生産コストを下げたいが、自社工場を海外に設立するにはコストがかかるため生産の委託を考えています。どのような方法があるのでしょうか。

ANSWER

　日本から海外に生産を委託する場合、大きく分けると「委託加工」と「委託生産」があります。

　委託加工は委託者（日本企業）が材料や部品を提供し、加工後の製品をすべて無為替（為替による決済を伴わないこと）で買い取り、加工賃のみを現地企業に支払います。

　委託生産は委託者（日本企業）が生産を海外に委託し、受託者（海外）は製造のみを行いますが、必要に応じて製造技術やノウハウを提供します。原材料や部品の調達方法は両者で取り決めます。委託生産には自社ブランド製品の生産を委託し引き取る OEM などがあります。

　生産の委託は自社で進出する場合に比べ、投資額や費用の削減、撤退の容易さなどのメリットがありますが、自社技術の流出や期待どおりの品質が維持できるか等のリスクがあります。

≪解説≫

　海外に製造拠点を移す動きが活発ですが、製造コスト削減などの理由で中小企業といえども海外生産を迫られるケースが増加しています。一方で、海外進出は資金面や人材面の負担やリスクが大きく、進出経験がない場合などでは不安があります。そのような場合、直接資本を投下して進出するのではなく、現地企業に生産を委託する方法があります。本格的進出に比べ、短時間で対応ができ、資金負担が比較的少ないため、活用している中小企業も多いと思われます。

　委託生産には次のような形態があります。

(1) 委託加工

委託者（日本側企業 A 社）が自社の負担で原材料や部品を海外の受託企業に提供し、加工を委託、加工賃を支払い、製品はすべて買い取ります（生産したブランド品はほかに販売させません）。加工にあたり、委託者は技術提供、指導、監督を行います。

中国ではこの委託加工を「来料加工」、受託者が原材料を購入、加工した製品を委託者に販売する形式のものを「進料加工」としています。

(2) 委託生産

委託者（日本側企業 A 社）が海外の企業に生産を委託します。海外の受託企業は生産のみを行い、製品の販売権は A 社にあります。生産ノウハウや技術を取得した受託企業が将来競争相手となる可能性があります。

委託生産には下記のような形態もあります。

① OEM（Original Equipment Manufacturer）

委託者（日本側企業 A 社）が自社のブランド品製造を海外の企業に委託し、その全量を引き取る形態です。

② ODM（Original Design Manufacturing）

OEM と同様、委託者のブランド品を製造しますが、製造に加え、設計や開発も受託企業が行います。

③ EMS（Electronics Manufacturing Service）

文字どおり電子機器製造受託サービスです。EMS 受託企業は製品の設計や資材の決定も行う場合があります。

(3) 委託生産のメリット・デメリット

生産を海外企業に委託する場合、直接進出する場合に比べてメリットもありますが、留意点およびリスクもあります。

以下にメリット、リスク、留意点をまとめました。

【生産を海外企業に委託する場合のメリット、リスク、留意点】

メリット
・生産拠点の多様化や海外を含めた生産能力拡大
・人件費削減等生産コストを削減できる
・現地法人設立に比べ投資額を抑えることができる
・現地法人設立に比べ設立のリスクが低い
・現地法人に比べ撤退が容易
・将来の海外展開に向けて現地製造のノウハウが蓄積できる
・適切な国や地域を選べば、優位な場所で生産ができる

リスク
・受託先の水準が低く期待どおりの品質の製品ができない場合がある
・供与した技術や製造ノウハウ流出の可能性がある
・供与した技術やノウハウが相手側に蓄積され、委託先が将来競合先になる
・カントリーリスク

留意点
・設備、技術、原材料調達力のある相手（受託企業）を選定する必要がある
・ブランド価値を守る品質管理および納期管理が必要
・日本企業側の意思反映には限度あり
・現地での指導、人材の育成
・知的財産権の保護、管理
・資本関係がないため契約書が重要（ライセンス契約、秘密保持契約等）

⑷　金融機関実務のポイント

　委託生産は人材や資金力が不足する中小企業にとっては活用しやすい形態です。また、いきなり現地法人を設立するよりリスクを減少させ、進出までの助走期間として利用することも考えられます。

　新興国などでは大手の委託業者もあり、インターネット上でも業者の情報を取得できます。

QUESTION 8 現地法人の設立

海外に現地法人を設立するメリットとリスクを教えてください。

ANSWER

海外現地法人の設立は、労働コストの引下げや、現地の有利な制度活用、現地市場への直接販売など、目的に応じたメリットを享受できます。しかし、投資コストが多額になるうえ、カントリーリスクなどへの対応が必要になります。

≪解説≫

海外に自社の拠点を設立し、資本を投下、人材も派遣する場合は、単なる委託生産と比較すると日本側の経営の関与は大きく広まり、本社の意思を反映させることが可能です（現地との合弁の場合はシェアにより異なります。第5章**2**参照）。また、コスト削減や販路拡大といった目的で進出し、ニーズに適合した国や地域であれば、それらのメリットを享受することは可能です。ただ、製造拠点設立等は投資する金額も多額になり、現地スタッフの雇用など財務面、人事面、法務・税務面で新たなコスト、リスクも発生することに留意する必要があります。

なお、現地法人をはじめ駐在員事務所や支店などの海外拠点の設立手続における留意点については、第5章**3**を参照してください。

(1) 現地法人設立の目的（メリット）

現地法人による海外進出のメリットとしては、以下のような点があります。

【海外進出のメリット】

経営
委託生産に比べ日本側の意思を反映させることができる

コスト
有利な立地を利用すれば日本の事業コスト高、重い税負担等を削減できる ・安い労働コストの活用 ・消費地に近い場所での生産 ・安価な部品・原材料の調達

売上増
国内需要の減少や主力販売先の海外移転へ対応できる ・需要が旺盛あるいは拡大している地域への進出（新たな市場） ・既存日系取引先の現地拠点への供給 ・現地顧客のニーズに合わせた対応が可能

進出国の制度の活用
・進出国のＦＴＡ網の活用 ・税制など外資優遇制度の適用

リスク対策
円高や既存生産拠点の災害等に備えることができる ・為替リスク対策（円高対応） ・リスク分散（生産の一極集中を避ける）

研究開発
現地の市場ニーズに合わせた製品開発

地域統括
金融市場や物流システム、インフラの整ったオランダ、香港、シンガポールなどで近隣地域拠点間の資金や物流の効率化を図る

(2)　海外現地法人設立のデメリットと課題

　海外に拠点を設立しない場合に比べたデメリットと解決すべき課題は、以下のようなものがあると考えられます。進出前のＦ／Ｓ調査（第２章参照）で十分検討する必要があります。

【海外進出のデメリットと課題】

デメリット
・設立までに認可の取得、届出等に時間がかかる ・投資および運営コスト面で事業リスクが高い（資本金、運転資金） 　⇒進出には土地や不動産の手当、工場の立ち上げ等コストがかかる 　⇒日本から派遣する駐在員の給与等は日本国内社員の約３倍 ・撤退作業が煩雑（労務問題、税務等）

課題
・現地の規制、法律、慣習への対応が必要 ・現地での人材活用、会社運営のマネジメント力が必要 ・現地での販売網をどのように構築するか（営業力） ・現地での為替リスク（現地通貨と輸出入取引や借入に使用する外貨間） ・新興国ではインフラが十分整備されていない国が多い（港、道路、電気、水道等） ・カントリーリスク対応（一極集中回避、代替性産地）

(3) 金融機関実務のポイント

　取引先が海外に拠点設立を検討している場合、金融機関としてサポートできることは情報提供から資金支援、外為取引など多岐にわたります。まず第一に行うことは、概要をヒアリングし、支店責任者と相談のうえ、金融機関本部の海外担当部門の方と現地情報の収集や対応（支援）方法、方針について検討することだといえます。当然ですが迅速に対応することも大切です。

第2章
海外進出のF/S調査

（「F/S調査」とは、「事業化可能性調査（feasibility study)」のことをいいます）

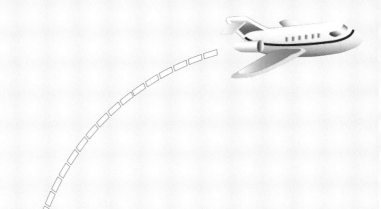

1 現状分析

QUESTION 9 市場の把握

事業戦略を策定する際、市場の全体像を把握したうえで検討を重ねたい
と思っています。具体的にどのように考えていけばよいのでしょうか。

ANSWER

まずは進出先をどこの国・地域にするかが明確でなければなりませんの
で、進出目的を改めて明確化したうえで、進出先を選定していくことが重
要です。
その後、選定した進出先について需要動向の詳細を「市場規模」「成長
性」「市場動向」の3つの視点から分析し、流通構造を明確化し、業界の
特徴を日本と比較していくことで市場の全体像を把握していきます。

≪解説≫

市場の全体像を把握すると一言でいっても、どこまでを市場として捉えるか
によって調べる範囲が異なります。北米、欧州、アジア、中東など幅広い地域
を市場として捉えるか、または、ある一つの国を市場として捉えるかで異なり
ます。そこで、市場の全体像を把握し、そのポテンシャルを分析するためには、
まず進出先を選定する必要があります。その後、どの程度のポテンシャルがあ
るのか、自社にとってチャンスはどこにあるのかを探っていくことが重要です。
ここでは進出先をどのように選定するとよいか、そして、自社にとっての市
場のポテンシャルを分析するためにはどうすればよいかについて解説します。

(1) 進出先の選定

a．進出目的の再確認

進出先を選定するためにまず行うことは、進出の目的を改めて明確化するこ

とです。製造工場を持ち生産拠点として進出するのか、それとも、販売先に魅力を感じて進出するのかによって異なります。

　仮に生産拠点として進出する場合、その国に求めているのは安価な労働力であったり、安価な原料調達であったりするかと思います。その場合、その国・地域の労働市場や調達市場のポテンシャルを見極めることになります。

　一方、販売拠点として考えた場合、その消費市場構造はどのようになっており、どのように動いているのか、特徴は何なのかについて分析していくことが必要となります。

　すなわち進出の目的によって、どの市場のポテンシャルを分析するべきかが異なることになるため、まずは目的を改めて明確化することが非常に重要になります。

ｂ．進出先選定のための市場ポテンシャルの分析

　次に進出先を選定するために、市場のポテンシャルがどの程度あるのかを見極めていきます。ここでの分析は、⑵で説明するものとは異なり、「詳細を調べる国・地域を決定する」ために国・地域を横並びで比較するものです。

　そもそも市場のポテンシャルを分析するためには何を調べればよいのでしょうか。市場のポテンシャルとは、自社の事業にどの程度の参入機会があるのかということです。したがって、その市場規模はどの程度あるのか、参入してどの程度の規模まで拡大できる可能性があるのかについて、定量・定性の両面から分析していくことが重要です。

　それを端的に表現すると、下記の図のような式になります。大きく分けると「市場規模」「成長性」「市場動向」の３つです。

【市場ポテンシャルの分析要因】

　横並びにみることで、詳細を検討すべき国・地域を選定していくわけですが、２つの留意事項があります。一つは、横並びで比較できる情報でなければならないということです。これらの情報を収集するにあたり、可能な限り自社

の事業に即した市場データを収集することが望ましいのはいうまでもありません。しかし、実際に情報収集を行っていくと、この国・地域は詳細情報があるにもかかわらず、あちらの国・地域の情報はない、または、情報収集の方法やデータの定義が異なっており、数字の桁が異なっている、ということはよくあります。その場合、詳細情報にはこだわりすぎず、比較できる情報であることを優先してもかまいません。少し上位の視点で情報を集め、比較してみることで、国・地域の市場ポテンシャルの概観をつかむことができるようになります。

　もう一つは、この段階で詳細を検討しすぎないということです。本来、進出すべき国・地域を選定する場合、その市場における競合の動向はどうか、自社の強み・弱みと比較して進出の可能性はどうかということも合わせて検討していくことが重要になります。もちろん、進出可能性があるすべての国・地域に対して詳細の分析ができれば、それに越したことはありません。しかし、そのための時間・費用を考えると膨大なものになり、特に中小企業においてはそれをできる人材も限られているのが実態です。したがって、この段階では市場ポテンシャルを見極めることで、詳細を検討する国・地域を選定し、その国・地域に対して深堀を行っていくこと、万一、その国で進出可能性が本当に難しい場合は次を想定することをお勧めします。

(2)　進出機会の検討

ａ．需要動向の分析

　進出する国・地域が選定できたら、そこについて詳細を分析していきます。実はここで行うことは、すでに説明した市場ポテンシャルの分析と大きくは変わりません。「市場規模」「成長性」「市場動向」について、定量・定性の両面から分析していきます。

　ただし、ここでの目的は市場を横並びで比較するものではありません。あくまで、進出を考えた場合に、どのセグメントに市場のポテンシャルがあり、自社として、どこをターゲットとして考え、攻略していくべきかを見極めることが目的です。したがって、仮に市場規模が大きいセグメントがあり、成長性も高かった場合でも、そのセグメントの市場規模が大きい要因は何か、どのような背景があって大きくなったのか、今後もその傾向は続くのか、続くと考えられているのはなぜか、その理由はどのような事実から考えられたものか、と詳

細に要因を深掘していくことが重要になります。この段階では定量情報もさることながら、現地業界専門家の意見、雑誌・記事情報など定性的な情報がより重要になってきます。

ｂ．流通構造の把握

市場のポテンシャルがあるセグメントにどのように入り込むかを考えるため、流通構造を分析していくことも重要です。メーカーからどのような流通業者を通って小売に流れているのか、それぞれどのようなプレーヤーがおり、どのような特徴がある企業なのかを明確にしていきます。

同じ業界であっても国や地域によっては、メーカーの力が強いところもあれば、流通業者が強いところ、小売が強いところもあります。また、財閥やファミリー企業が牛耳っており、その企業に業界全体が完全に引っ張られてしまうこともあります。そのため、具体的企業名を調べ、どのような特徴があるのかについても明確にしておく必要があります。それによって、流通構造のなかのどの企業に対し、優先的にインタビューすべきかが変わってきますし、将来的なパートナーとしてアプローチする順番も変わってきますので、十分に注意してください。

ｃ．業界特徴の日本との比較

ａ．需要動向の分析、ｂ．流通構造の把握を行っていくと、日本の市場との違いも肌感覚としてわかってくることと思います。しかし、ここであえて日本との違いを明確にしておくことをお勧めします。

改めて明確化するほうがよい理由は２つあります。一つは進出先の攻略方法がより鮮明になるということです。市場の全体像はどうなっているのか、流通構造や特徴はどのように異なるのか、働く人々は何を考えているのかを比較しておくことで、日本と同じ方法で攻略可能なのか、それとも日本での強みを活かして、新たに異なる方法を考える必要があるのかが明確になります。そのことで、投下すべき資金や人員なども明確になり、戦略を組み立てやすくなるのです。

そしてもう一つは、本社と現地拠点とのコミュニケーションをスムーズにするためです。現地の駐在している方々とお話しするとよく「OKY」という言葉を耳にします。これは「（O）お前、（K）来て、（Y）やってみろ」という言葉の略字です。現地の状況を何度も説明しているにもかかわらず、日本本社が

なかなか理解してくれず、「なぜ日本だとできているにもかかわらず、現地でできないのか？」と言われてしまうために出てくる言葉なのです。調査段階で上長も巻き込みながら違いを明確化しておくと、後々になっても違うことが当たり前となるため、OKYの状況に陥りにくくなります。あらかじめ本社にも理解してもらい、継続的に違いを説明することで、本社でも現地の状況に合わせてさまざまな施策を検討しやすくなるので、ぜひ行ってください。

QUESTION 10　競合の分析

　進出計画を立てる際、イメージだけで自社製品の強みを考えてしまい、競合についてしっかり分析できていないことが多いのが実態です。具体的にはどのように分析し、どのように活用していけばよいのでしょうか。

ANSWER

　競合分析の主な目的は、①自社の実態と比較し競争優位性を明確化すること、②パートナーとして協業の可能性を探ることです。

　その目的によって分析するポイントは若干異なりますが、主に確認すべき事項は「株主・系列企業」「事業内容」「事業規模（売上・資本金・企業価値など）」「利益・利益率」「バリューチェーン」「資金調達力・創出力」となります。

≪解説≫

　「経営陣から海外進出計画を策定するように指示され、市場の動向などはいろいろと聞いたのですが、自社の強みが本当に通じるのか、しっかり分析ができていない。競合をベンチマークして分析しないといけないけれども、具体的に何を考えていけばよいのかわからない……」このような話は事の大小はあれどもよく聞く話です。市場や自社のことはある程度調べたものの、そもそも競合を調べてどうするのか、調べる目的は何なのかを明確に答えることができないこともあるといいます。

　そこでここでは、競合を把握する目的とは何かについて改めて整理すると同時に、どのようなことを分析すればよいのかについて整理します。

(1)　競合分析の目的

　海外進出を考えた場合、競合を分析する目的は大きく２つあります。①自社の強み・弱みと比較し、自社の競争優位性を明確にすること、②パートナーとして協業の可能性を探ることです。

a．競争優位性の明確化

競合と比較し、優位性を明確化する目的は「強みを活かした攻略方法を検討すること」です。市場の動向を分析することで、どのセグメントに市場参入のポテンシャルがあるかを把握することができました。しかし、ポテンシャルがあるからといって勝てるかもわからないセグメントに参入していくのは不安が残ることでしょう。そこで、どのように戦っていくかを検討していくのがこのステップです。競合と後述する自社の強み・弱みを比較して、自社がそのセグメントで勝てる部分は何なのか、それをテコに本当に参入することができるのかを見極めていく必要があります。競合分析する大きな目的はまさにここにあるといってよいでしょう。

b．現地パートナーの可能性検証

もう一つの目的は、パートナーの可能性を探るためです。これは海外進出における競合分析だからこそ出てくる目的の一つです。特に初めて進出する企業にとって、現地での事業運営を自社だけで行うのは非常に難しいことでしょう。製造拠点として進出し販売は日本など別の国で行う場合、独資で進出することも多いですが、販売拠点として進出する場合、商慣習などもあり市場開拓が非常に難しいことから、現地企業と協業することも視野に入れることになります。その際、競合は現地でのイロハを知っているパートナーとなり得るわけです。

(2) 主なプレーヤーと特徴の把握

では、どんな内容を分析していけばよいのでしょうか。主な分析項目とその目的を整理してみました。

【競合の分析項目】

株主・系列企業
系列企業としてバリューチェーンをつないでいる場合、グループ企業から受注していることが多い。その場合、そのグループ企業から自社が受注することが難しくなるため、市場ポテンシャルは差し引いて考えることも重要となる。また、協業を行う場合、利害関係が複雑となり、デューデリジェンス範囲を定めることが難しくなり、交渉に時間がかかることもあるので留意が必要。

事業内容

- どの事業について競合関係にあるのか、または、協業の可能性があるのかを確認するためにも、事業内容は正確に把握しておくことが重要。
- 事業内容を確認することで、事業戦略をどのように立てているのかも合わせて確認する。
- 将来的に合弁企業を設立する可能性がある場合、複数の事業を行っていると協業する事業を分割することとなり、その切り離しに時間がかかる可能性があることに留意する。

事業規模（売上・資本金・企業価値など）

- 各企業の市場シェアを確認することで、どの企業をベンチマークすべきかを検討する。
- 上位企業のシェアの推移を分析することで、寡占化に向かっている、大企業・小企業の二極化に向かっている、というような市場構造を確認する。
- 協業を考える場合、自社にあった規模のパートナーを検討する。

利益・利益率

- 業績がよい企業をベンチマーク先として押さえる。
- 高利益率を実現できている要因を分析し、市場で戦うための鍵を抽出する。

バリューチェーン

- 利益率と関連し、高利益率を実現できている仕組み、その源泉を抽出する。
- 自社の強み・弱みと比較し、参入のポイントを分析する。

資金調達力・創出力

　パートナー候補として検討する際には、資金調達力だけでなく、売掛債権回転日数、買掛債務回転日数、在庫回転日数などの推移も確認しておく（パートナーとして資金需要が発生した際に拠出できるかどうかを把握する）。

QUESTION 11　自社の強みの明確化

　よく自社の強み・弱みを棚卸するといいますが、具体的にどのように分析すればよいのでしょうか。

ANSWER

　自社の視点で棚卸した強み・弱みは、顧客や仕入先、競合他社など関係者からの評価を改めて確認することで事実を固め、立ち位置を明確化しておくことが重要です。そして、それがどのような会社システムから生み出されたものか、強みの源泉は何なのかも見極めておくとよいでしょう。

　棚卸した強み・弱みは競合と比較し、かつ、市場で求められる内容と比較することで、具体的にどの部分で市場に食い込んでいくかを抽出することができます。

≪解説≫

　自社の強み・弱みを明確化する本来の目的は、競合他社と比較しつつ、どのように市場のなかで戦っていくべきかを考えることです。自社だけを見つめ直し、よりよいものに昇華させていくことも非常に重要なのですが、慣れない市場に参入する場合は立ち位置を明確にするためにも、競合他社と比較しつつ現状を認識することをお勧めします。

　そこでここでは、自社の強み・弱みをどのように棚卸するのか、そして、そのなかからどのように競争優位性を抽出していくのかについて解説します。

(1)　強み・弱みの棚卸

a．評価されている強み・弱みの抽出

　さまざまな企業のプロジェクトチームで自社の現状を棚卸しようとすると、ついつい自社内の視点だけで考えてしまいがちです。ともすると、ネガティブな意見ばかり出てしまうこともしばしばです。もちろんネガティブな意見も現

実なのでしょうし、改善の余地があるという意味では重要です。しかし、それが本当にネガティブなものなのか、それとも実は非常に強力な強みになっているのかはこれだけではわかりません。

　そこで、重要なのは自社内で出てきた内容を検証するという作業です。顧客から評価されているポイントは何なのか、仕入先からはどのように思われているのか、競合他社は自社のことをどう考えているのか、実際に聞いて回るのも一案です。これらはあくまで日本の取引先に聞く内容ですので、必ずしも進出先の状況に当てはまるものではないかもしれません。しかし、自社から吸い上げたものを確認することで事実を固めていくことができ、それを基盤に自社の立ち位置を整理することができます。

ｂ．強み・弱みの源泉の分析

　次に分析した自社の強み・弱みが作られている源は何なのかを深堀していきます。強み・弱みは結果として出てきた現象であることが多いものです。その現象はなぜ出てきたのか、どのような会社システムから生み出されたものなのかを追求することで、本来の強みの源泉を探ることができます。例えば、価格が強みだった場合、それを実現できるための原料調達機能、人員体制、改善していくための会議体などを備えていることでしょう。そのなかで特に何がポイントになっているのかを探ることができれば、それが本来の強みであり、自社のエンジンになっているものです。

　それらを一つひとつ紐解いていくことは非常に体力がかかることかもしれません。しかし、自社を知り、競合を知らなければ戦いに勝てないこともまた事実ですので、ここはじっくりと腰を据えて検討を行います。

(2)　競争優位性の把握

　強み・弱みの棚卸ができたら、進出先の現状と照らし合わせて、現地の市場における自社の競争優位性を分析していきます。その検討の流れは以下のとおりです。

ａ．機能別検証

　バリューチェーンの機能ごとに優位性があるのかを検討していくと整理がしやすくなります。すなわち、原料調達に強みはあるか、生産機能はどうか、流通はどうか、商品力・販促力・価格力・チャネル力などの販売戦略はどうか、

そして、ガバナンスや会議体、資金調達力などの管理機能はどうかなど、それぞれについて優位性があるか検討していきます。

これらの検討は競合分析時に利用した検証項目の内容と比較して行います。逆にいうと、ここで自社の強み・弱みと比較して競争優位性を明確化するためには、自社分析と競合分析での検討項目を同じにしておかなければなりません。それを見越して検討項目は考えておくようにしましょう。

b．市場で勝つためのキーポイントで重みづけ

競合に打ち勝ち、市場を攻略するための鍵となるポイントは、各機能一定ではありません。ある国・地域のある業界にとっては原料調達が市場を攻略するうえで最も重要なポイントかもしれませんし、各取引先との繋がりとしてチャネル力が最も重要かもしれません。

そこで、これまでの各分析結果を踏まえて、市場で勝つために求められる機能について優先度を検討しておくようにします。その優先度に応じて、上記aで機能別に検証したものに重みづけを行っていきます。そうすることで、市場として求められているポイントに対し、自社が本当に優位性を持っているかを把握することができるようになるわけです。

2　事業戦略の立案

QUESTION 12　仮説の設計

　　市場調査や競合分析、自社の強み・弱みの棚卸は行ったのですが、それ
を使ってどのように戦略を立案すればよいのかわかりません。戦略立案の
ポイントを教えてください。

ANSWER

　市場や競合、自社の状況をしっかり把握できているならば、ＳＷＯＴ分
析で整理するとアイディアを絞りやすくなります。特に市場ポテンシャル
があり、強みを活かせる領域を中心に戦略を立案するとよいでしょう。
　また、この段階で人的資源、ファイナンス、設備、情報システムなどの
リソースをどこから確保するのかも合わせて検討することをお勧めします。
そうすることで現地企業との協業の可能性を検討することができ、現地調
査を効率的に実施することができます。

≪解説≫

　これまで、市場全体像の把握として、どのセグメントに参入の機会があるの
か、そして、競争優位性の抽出として、自社の強みを発揮できる機能は何かを
検討してきました。ここでは、それらを改めて整理し、事業戦略の全体像とし
て形作っていくステップについて解説します。

(1) 戦略仮説の設計

ａ．ＳＷＯＴ分析の実施

　戦略の仮説を立てる際、これまで収集した市場の状況ならびに競合・自社
の情報から抽出した強み・弱みをＳＷＯＴ分析で整理するとわかりやすくなり
ます。ＳＷＯＴ分析とは、Ｓ：Strength（強み）、Ｗ：Weakness（弱み）、Ｏ：

Opportunity（機会）、T：Threat（脅威）の頭文字で、S（強み）とW（弱み）が競合・自社分析から抽出した競争優位性、O（機会）とT（脅威）が市場性ということになります。

　下記の図のようにかけ合わせると「強みを活かしてチャンスを勝ち取る」「弱みを補強してチャンスを勝ち取る」「強みを活かして脅威を機会に変える」「最悪のシナリオを避ける」の4つに分類することができます。

　海外進出を考えた場合、市場ポテンシャルのあるセグメントに進出をすることを想定していますので、市場機会を活かすことになります。すなわち、「強みを活かしてチャンスを勝ち取る」「弱みを補強してチャンスを勝ち取る」視点で戦略を検討していくことが重要になるということです。

　なかでも強みを活かしてチャンスを勝ち取ることが最も重要なセグメントです。この部分は市場ポテンシャルも高く、競争優位性もあるということですので、それを活かすことで市場への参入を成功させ、シェアを拡大できる可能性が高くなります。一方、弱みを補強する必要がある場合、自社で資源を投下して強みに変えていくための変革を行うか、外部から資源を調達してくることが必要となります。前者の場合は時間がかかってしまうことから、一般的には外部調達として現地企業とパートナーシップを結ぶことが多いのが実態です。

【海外進出におけるＳＷＯＴ分析】

	機会（O）	脅威（T）
強み（S）	優先度① 強みを活かして チャンスを勝ち取る	強みを活かして 脅威を機会に変える
弱み（W）	優先度② 弱みを補強して チャンスを勝ち取る	最悪のシナリオ を避ける

 海外進出では
ここが重要

 機会のない市場
への参入は困難

b．仮説設計時の留意事項

このように戦略を立案していくわけですが、すべての情報を事細かに収集できることは稀です。ほとんどの場合、日本での情報収集には限界があり、所々抜けてしまいがちです。ここで重要なのは、すべての情報が集まってから戦略を練るのではなく、現時点の限りある情報で戦略仮説を練ることです。仮説を作っておき、それを検証するための情報を後述する現地調査で収集するわけです。

この時点で仮説を作ることで、仮置きではありますが、戦略の全体像を形作ることができます。その結果、現地調査でもゴールをイメージしながら情報を収集することができるようになり、より効率的に調査を進めることができます。

(2)　リソースの確保

作り上げた仮説に基づき、どの程度のリソースが必要なのかについても、この段階である程度検討しておくことをお勧めします。ここでいうリソースとは、いわゆる人的資源、ファイナンス、設備、情報システムなどのことを指します。

なぜこの段階で検討しておくほうがよいかというと、パートナーの必要性を確認するためです。いくら強みがあるといっても、資源は有限ですので、規模感は考える必要があります。さらに「弱みを補強してチャンスを勝ち取る」場合、現地企業とパートナーシップを結び、力を借りる必要があります。

これを想定しておくことで、現地調査で仮説を検証していくステップに入った際、パートナー候補も合わせて検討することができます。仮に考えていないとすると、そのような視点で調査を行わないため、二度手間になる可能性があるのです。

QUESTION 13　パートナー候補の抽出とアプローチ

　　場合によっては現地パートナーと協業することも必要だということはわかりました。具体的にどのように候補を抽出し、アプローチすればよいのでしょうか。

ANSWER

　　パートナーの必要性は、海外進出戦略を実現するにあたり、必要なリソースが十分に足りていない場合に発生します。そのため、まずはその不足している機能とは何か、パートナーに求めるもの・期待するものは何かを明確にする必要があります。

　　想定する候補がいない場合は、候補となる企業のリスト作りから始まります。特に新興国においては、上場企業以外の情報を網羅的に把握することは非常に難しいのが現状です。必要に応じて専門家を雇うことも考えてはいかがでしょうか。

≪解説≫

　前述のとおり、この時点でパートナーの必要性の確認を行うのは、現地調査で仮説を検証すると同時にパートナーとなり得る企業を模索するためです。

　そのためには仮に立てた戦略のなかで、どのような機能・リソースが自社には不足しているのかを知ることが優先です。逆を返すと、パートナー候補に求める機能を明確化していくことになります。そのうえで、市場構造・流通構造を考慮に入れ、パートナー候補となり得る企業をリストアップし、アプローチしていくこととなります。ここではその詳細について解説します。

(1) パートナーに求める機能の明確化

　戦略の実行にあたり、自社では賄えない機能を補ってもらい、シナジー効果を出せるパートナーと組むことがお互いにとって有益です。日本企業が海外進出する際にパートナー企業に期待することとして以下のようなものがあります。

【パートナーに求める機能】

営業力
・販売先としてその国・地域に参入する企業が最も重視する点である。 ・日本企業が海外市場に参入する場合、よい商品・サービスはあっても、現地でのネットワークは不十分なことが多い。そのため、有力な販売チャネルを有している企業を求める。 ・商慣習や消費特性など参入初期はわかりにくいため、マーケティング力も期待されている。

調達力
・一定の品質がある原料を独自ルートで安価に調達できることが期待されている。 ・店舗開発時に重要となるため、不動産に強いパートナーも重要。 　⇒ある企業では、小売事業において当初独資で進出したものの、よい立地の店舗開発に苦慮していた。そこで、不動産に強いホテル企業とパートナーシップを結んだところ、開発スピードが向上したという事例がある。

労務管理能力
ストライキやデモ、従業員との係争関係などローカルルールに則って対応する必要があるため、労務管理をパートナーに依頼したい企業は多い。

当局・行政対応力
・独自のネットワーク・コネクションを活用し、当局・行政への対応を滞りなく行える能力が期待されている。 ・ただし、賄賂などコンプライアンス違反とならないよう、ガバナンスが整っている現地企業であることが期待されている。

資金力
多額の設備投資が必要、または、ファイナンス会社として多大な資金調達が必要な業種の場合、資金調達力が期待されている（ただし、新興国に進出する場合、現地での借入金利は高いことが多いため、逆に日系企業が金利が安い日本市場からの資金調達を期待される場合が多い）。

(2)　パートナーのリストアップ

a．パートナー候補の選定

　期待する効果が得られることが重要ですので、パートナーは必ずしも同業である必要はありませんし、場合によっては現地企業でなくともよい場合もあります。例えば、日本の同業他社と協働で海外進出することも一案ですし、同じ

得意先を持つ異業種との協業もあり得ます。また、バリューチェーンの上流や下流の企業と協業するのも一案でしょう。

　パートナーに期待する事項を明確にしたうえで、それに見合ったパートナーを幅広く調べていくことも重要です。

b．情報収集方法

　パートナー候補を探す場合、JETRO や各種データベースを有効活用します。しかし、特に新興国においては上場企業以外の企業情報が整理されていないことが多く、1つずつ探していかなければならないことも多くあります。業界団体に直接連絡を取り、実際に赴く必要が生じることもあります。業界団体でもすべての企業が加盟しているわけではないため、それでも不足があるのは否めません。

　完璧にリスト化することを目指すのではなく、一定程度で目途を付け、必要に応じて現地で訪問した先に聞いてみることも考えられます。

(3)　パートナーの評価

a．求める機能の重みづけ

　抽出したパートナー候補を絞り込むにあたり、まず行わなければならないのが、求める機能の評価の重みづけです。多くの場合、パートナー候補に求める機能は1つではありません。複数の機能を期待していることがほとんどです。そのなかで最も外せないものは何か、あればよい程度のものは何か、というように期待する項目の重みづけを行う必要があります。

b．評価とアプローチ優先度の決定

　重みづけが終わったら、パートナー候補の評価に入ります。リストアップできた候補者を評価し、アプローチするための優先順位付けを行っていきます。

　初期段階でどの程度の企業をリストアップできたかにもよりますが、この段階である程度絞り込んでもかまいません。候補先としてコンタクトして、面談できる程度の数に絞り込むとよいのではないでしょうか。

(4)　アプローチと交渉

　パートナー候補へのアプローチ方法は大きく2つあります。1つ目は自社の名前を出す場合、2つ目は自社の名前を出さずにアプローチする場合です。

　前者の場合、自社の素性を明かすため信頼感を抱いてもらいやすくなり、交渉スピードが速まります。ただし、業界内で情報が流れる可能性があり、複数社に同時にアプローチする際は、パートナー候補先の心象を悪くしないように留意が必要です。

　一方、後者の場合、深い話になりにくいことも事実です。しかし、上場企業は株価に影響を与えるため、初期アプローチ段階では名前を出さないほうがよいこともあります。その場合はコンサルタントなど、専門家を活用し、名前を出さずドアノックしてもらいます。専門家を間に挟むことで、複数社に同時にアプローチでき、断る際のしこりも残りにくくなります。ただし、「日本の○○業を営んでいる売上○○億円規模の企業が海外進出を検討中。現地では○○のような事業を推進する予定。その際、現地での○○の難しさから、現地企業とのコラボを考えているが、興味はあるか」というような興味の確認にとどまる可能性があることに留意が必要です。

3 現地調査の実施

QUESTION 14 検証事項の明確化

策定した事業戦略の仮説を検証するために現地調査を行うことは理解したのですが、どのように進めればよいのでしょうか。

ANSWER

現地調査までは、①検証すべき事項を改めて整理しておく、②検証すべき事項を最も効果的・効率的に把握できる調査手法を考える、③実際に赴く場合、訪問先を選定しアポイントを取得する、④現地調査を実施する、という流れになります。

≪解説≫

この段階で行う現地調査の目的はあくまで「策定した仮説の検証」です。現地調査として進出候補先を訪問する場合、何を聞くのか、誰に聞くのがよいのか、どのように聞くのがよいのかなどあらかじめ準備しておかなければなりません。それを怠ったばかりに、単なる視察になってしまい、結果として何も決定するに至らなかったというケースは度々発生しています。

ここでは以下に示す4つのステップについて詳細を解説します。

【現地調査のステップ】

①検証すべき事項の明確化

事業戦略の仮説を設計する際、すべての情報が収集できていることは稀であることはすでに説明したとおり。そのため、現在の戦略は抜けている情報や事実が確認できていない情報について、「事実は未確認だが、おそらくこうであろう」という仮説を土台として作られたものになる。したがって、まずは抜けている情報、事実が確認できていない情報について整理することが重要。それを現地にて確認

することで、その土台が確固たるものになるか、または、全く異なるものになるかがわかる。

そのため、仮に現在想定している現状と異なる場合、次に確認すべき事項は何なのかもあらかじめ想定しておくことが重要。そうすれば、実際に想定が違った場合、現地でも臨機応変に仮説・検証を繰り返し、さらに深堀するための質問が出てくることになる。

②調査手法の選定

どのような情報を収集するかによって、その調査手法は異なる。詳細は次のQ15で説明するが、調査方法は大きく2つある。市場の動向や消費者の動向などの全体像を統計的に把握する「定量調査」、確認事項を臨機応変に調整しながら情報を深堀していく「定性調査」である。

それらの特性を活かし、どうすれば効率的に調査できるのかを選定することが重要。あくまで仮説を検証するための調査なので、それに即した調査手法を考えていかなければならない。

③アポイントの取得

仮に定性調査として実際に訪問する場合、調査手法と同様に、誰に聞くかが重要になる。業界の具体的な情報を知りたいにもかかわらず、その業界に入りたての担当者に聞いても実態は把握することができないし、その情報が本当なのかさえわからず、それをまた検証することが必要になる。そのため、アポイントを取得する際は、業界の動向を正確に把握している専門家や一定の役職以上の担当者に確認するとよい。

実際にアポイントを取得する場合、言語の問題などから直接アプローチすることが難しいこともある。その場合はアポイント取得を専門に行っている業者やコンサルタントを活用するのも一考である。

④現地調査の実施

現地調査を行う際は余裕をもったスケジュールにすることが大切。これはよくいわれる話なので詳細は記述しないが、海外では何が起こるかわからない。インフラの問題から渋滞に巻き込まれ、スケジュールどおりに物事が進まないこともしばしばである。時間に焦ってしまって、聞きたいことを聞けないことにもつながる。そのようになってしまっては本末転倒な結果になってしまうので、注意が必要。

QUESTION 15　調査方法の選定

現地調査で確認すべきことは整理できたのですが、どのような方法で調査するのが最も効果的でしょうか。

ANSWER

　調査の方法は主に「定量調査」「定性調査」の大きく２つあります。定量調査とは消費者の動向などを統計的に把握する手法で、全体の傾向を数字として把握する際に有効です。一般的な統計データでは取りにくい情報をアンケート調査によって定量化し、全体像を把握します。

　一方、定性調査は目の前で聞きたいことを１つずつ確認し、臨機応変に深堀していく手法です。数多くの面談をすることはできませんが、仮説を検証し、さらに深堀して確信を得ていく必要がある場合には有効です。

≪解説≫

　現地調査を行う場合には、定量調査として統計的に数字で全体像を把握する手法と、定性調査として把握したい内容を細部にわたり深堀していく手法があります。

　ここではそれぞれどのような調査手法があるのか、その長所・短所について整理します。

(1)　定量調査

　定量調査は消費者の動向などを統計的に把握する手法で、数百人から多いときでは数万人規模の調査を実施します。定量調査の主なメリットは、定量の名前のとおり行動を数値化することができる点にあります。後述する定性調査と比較して多くのサンプルを取り扱うため、アンケートを受けた人の意見を通して全体の傾向をつかむことができます。ただし、選択式や自由記述でも把握したい情報が十分に把握できなかったり、解釈が難しいことがあるのが難点です。

　以下に主な定量調査手法における長所・短所を整理しました。

【定量調査手法における長所と短所】

面談調査	
調査方法	調査員が対象者を訪問し、インタビュー形式で回答を得る方法（あらかじめ準備しておいたアンケート項目について調査する）
長所	・対象者を訪問するため、回収率が高い ・比較的多くの質問をすることができる ・複雑な設問も回答してもらいやすい ・調査したい対象を絞り込むことができる（対象とならない場合はその場で回避することができる）
短所	・一定のアンケート数を確保したい場合、調査に人件費がかかる ・調査員が恣意的な回答を誘導しないようにするため、調査員の教育に時間がかかる

留置調査	
調査方法	調査員が対象者を訪問し、アンケート票を配布し、後日回収する方法
長所	・配布方法次第では配布にかかる費用を抑えることができる ・調査の目的をしっかりと伝えることができるため、意図に即した回答を得やすい ・調査員が後日回収するため、回収率が比較的高い
短所	・面談調査と比較すると回答データの質は低い ・意図する対象者が本当に記入したかどうかがわからない ・周囲の意見に影響される可能性がある

グループ調査	
調査方法	対象者に決められた会場に集まってもらい、その場でアンケート調査を実施する方法
長所	・対象者に集まってもらうため、時間・費用の節約が可能 ・調査の目的をしっかりと伝えることができるため、意図に即した回答を得やすい ・その場で確認するため、複雑な設問も回答してもらいやすい ・調査したい対象を絞り込むことができる
短所	・来場できる人のみの回答となり、地理的に制約される ・同じグループの発言者の意見に影響される可能性がある

郵送調査・FAX 調査	
調査方法	アンケート調査票を対象者に郵送、または、FAX し、記入したものを返信してもらう方法
長所	・比較的安価な費用で実施することができる ・地域に限定されず、まんべんなく対応が可能 ・調査員によって恣意的に回答が誘導されることはない ・面と向かって言いにくいことも記載してもらえる
短所	・協力してもらうインセンティブが十分でない場合、一般的に回収率は低い ・面倒になると回答してもらえないため、多くの設問は設定できない ・複雑な質問や自由記述だと回答してもらえないことが多い ・意図する対象者が本当に記入したかどうかがわからない ・周囲の意見に影響される可能性がある
電話調査	
調査方法	調査員が対象者に電話してアンケートの聞き取りを行う
長所	・短期間で行うことができる ・口頭で回答するため、少し複雑な質問も回答しやすい（ただし、面談調査やグループ調査と比較して複雑な設問を作ることはできない） ・地域に限定されず、まんべんなく対応が可能 ・調査したい対象を絞り込むことができる
短所	・面と向かって話をしていないため、面倒になると途中で電話を切られることがある ・設問を多くすることができない ・対象者を電話でつかまえるまでに時間がかかる
インターネット調査	
調査方法	インターネットを利用し、ウェブ上でアンケートに回答してもらう方法
長所	・回答が容易なため、回収率が高い ・比較的安価な費用で実施することができる ・事前に登録されている基本情報から対象を絞り込みやすい ・地域に限定されず、まんべんなく対応が可能 ・調査員によって恣意的に回答が誘導されることはない ・面と向かって言いにくいことも記載してもらえる
短所	・面談調査やグループ調査、電話調査に比べデータの質は低い ・インターネットを利用できる層が限られており、サンプルに偏りがでる可能性がある

(2)　定性調査

　定性調査は面談形式で目の前で直接質問しますので、把握したい情報をより深く、そのときの状況に応じて細かく知ることができます。定量調査とは異なり、臨機応変に情報を深堀できることがメリットです。しかし、1回の面談に時間を費やしてしまうため、多数の調査を行うことができない点がデメリットです。さらに、聞いた人の意見に大きく左右されてしまうことになりますので、誰に聞くかは事前にしっかりと吟味しなければなりません。市場全体のことを聞きたいのであれば、その分野を研究している専門家に聞くのもよいでしょう。また、業界の主要企業（メーカー、流通業者、小売など関係企業をそれぞれ数社抽出）とそれぞれ面談し、それらの情報を合わせることで、立体的に市場を把握することも可能です。

　戦略仮説を設計したうえで行う現地調査の目的は「設計した仮説を検討し、さらに仮説・検証を繰り返しながら戦略をブラッシュアップしていく」ということです。これを行うためには状況に応じて質問を変えていく必要がありますので、以下の定性調査のいずれかの手法を用いることをお勧めします。

【定性調査手法における長所と短所】

個別面談	
調査方法	深い内容を把握するために1対1（同じ関係者の場合複数になること有）で調査する方法
長所	・熟練した調査員が行うことで仮説の抽出・検証をその場で行うことができる ・把握したい内容について、定量調査と比べ深い内容を聞き出すことができる
短所	・サンプル数が少ないため、対象者の意見を市場の意見として一般化することは難しい（専門家・研究者に面談することで、参考情報として一般化することは可能） ・対象者として適した人材を探すことに時間がかかる ・その人材が遠方に住んでいる場合、時間・費用ともにコストがかかる

グループインタビュー	
調査方法	お互いに知らない対象者に複数名集まってもらい、インタビューを実施する方法
長所	・熟練した調査員が行うことで仮説の抽出・検証をその場で行うことができる ・把握したい内容について、定量調査と比べ深い内容を聞き出すことができる ・参加者同士の相乗効果によって広範囲な情報が得られる可能性もある
短所	・サンプル数が少ないため、対象者の意見を市場の意見として一般化することは難しい ・会話が弾むまで情報を深堀できないことがある ・来場できる人のみの回答となり、地理的に制約される ・同じグループの発言者の意見に影響される可能性がある
ミステリーショッピング	
調査方法	調査員が顧客としてその商品・サービスを体験し、その状況を評価する方法
長所	評価した背景や理由を直接把握できる
短所	・数多くの調査を行う場合、予算と時間がかかる（広範囲にわたって実施する場合、さらなる費用がかかる） ・調査員の主観に偏ってしまう

4 事業性の検証

QUESTION 16 売上の妥当性検証

　販売計画は作成したのですが、それが本当に妥当な数字かどうかと言われると正直自信がありません。妥当性を検証するためにはどうすればよいのでしょうか。

ANSWER

　売上の妥当性を検証するにあたってのポイントは、①ターゲットとするセグメントの市場成長率と比較して妥当性はあるか、②それを実現するための具体的施策は考えられているか、③上ぶれ・下ぶれのリスクは盛り込まれているかの3つです。

　売上が基準となってコスト計算していくことになりますので、この妥当性の精度が向上することで、事業計画全体の精度が向上することになります。1つずつ丁寧に検討していくことが大切です。

≪解説≫

　現地調査を踏まえ、仮説として残しておいた情報が収集できたところで、事業戦略の見直しを行います。ここではその事業戦略が本当に実現可能なのか、その事業性について検証していきます。

　事業性の検証は大きく3つのステップで実施していきます。

　①各要素の計画に妥当性はあるか。

　②想定される事業シナリオは何か。

　③採算シミュレーションを行っても事業性はあるか。

　まずは、①各要素の計画に妥当性はあるかどうかを検証していきます。ここでいう各要素とは、売上であったり、原価、人件費、減価償却費、資本金、運転資本などのことです。それらの数字上の計画がこれまで検討してきた戦略に

あったものかどうか、本当に実現可能かどうかを要素ごとに検討していきます。それらを１つずつ検討していくことで、決めなければならないことが少しずつ決まっていき、必要以上にシナリオパターンを増やす必要がなくなります。それを整理したものが、②想定される事業シナリオにつながっていきます。そして、そのシナリオごとに③採算シミュレーションを行い、事業性があるかどうか、戦略が実現可能かどうかを検証していくことでより具体的な計画が練り上がっていきます。

　ここではまず、①の要素の一つである売上の妥当性を検証する方法を解説します。

　これまで事業戦略として、市場性のあるセグメントに対して、競争優位性を発揮するやり方を考えてきました。それを数字として計画に落とした場合、考えるポイントは、①ターゲットとするセグメントの市場成長率と比較して妥当性はあるか、②それを実現するための具体的施策は考えられているか、③上ぶれ・下ぶれのリスクは盛り込まれているかの３つです。

【売上計画の妥当性を確認するための３要素】

（1）　市場成長率との比較

　まず、ターゲットとするセグメントの市場成長率と比較して計画の伸長率はどの程度か確認します。仮に市場成長率よりも計画の伸長率が高い場合、既存プレーヤーがこれまで実施してきた施策に対し、予想以上の何かがないと実現するのが難しいということになります。

　市場の成長率と同等を達成する、という意味は他社と同等のことをやっていれば達成できる数字、ということになるでしょう。しかし、新規で市場に参入する場合、知名度もなく、その国・地域での商売とは何かを本当に知っているわけではありません。したがって、それだけの成長をするための施策がない限りは妥当性がないということになります。

(2)　具体的施策の有無

　市場の成長率との比較はあくまで、市場全体をベンチマークしたうえで、どこまでを目標とするかということです。最も重要なことは、その市場に参入するにあたりどのように戦うかといった施策を検討することです。この内容はすでに本章**1**、**2**で説明しているとおりです。厳し言い方かもしれませんが、施策がない計画は単なる数字遊びになってしまいます。なぜそれが達成できるのかと聞かれた際、明確に「この施策を実行することで達成可能です」と言えるようにしておきましょう。

(3)　上ぶれ・下ぶれリスクの確認

　具体的な施策があったとしても、そのとおりにならない可能性もあります。そこで、どのようなリスクがあり、それによって上ぶれ・下ぶれする可能性はあるのかをあらかじめ盛り込んでおくことが重要です。ただし、リスクは必ずしも数値化できるものではありません。リスクを把握し、対応方法を検討しておくことが重要です。

　ここでは想定される主なリスクについて整理しておきます。

【想定される主なリスク】

政治・規制
①政治体制の刷新 　カントリーリスクの一つとして、政治体制が変わることがあげられる。大きく方針が変わったり、外資に厳しい体制になったりすることもあるので留意が必要。 ②外資規制・会社法への対応 　特に新興国においては法規制の変更が頻繁に発生する。現時点の状況はもちろん、将来的な可能性も確認しておくとよい。 ③各種税制への対応 　上記②同様に税制の変更もしばしば発生するので、情報収集は継続的に実施する。 ④環境関連規制への対応 　工場を設立する場合、環境規制にはしっかりと対応する必要がある。環境規制が変更されることで追加の設備投資がかかることもあるので留意が必要。

人事・労務

①解雇規制への対応

　国や地域によっては労働者を解雇することが非常に難しい場合がある。そのため、辞めさせることができず、過剰な労働力を持ち続けなければならないこともあるので、あらかじめ考慮にいれておくとよい。

②デモ・ストライキへの対応

・デモやストライキによって工場がストップし、取引先に迷惑がかかることもあり得る。

・労働組合とのコミュニケーションを密にすることや、労働法・社会保険・雇用契約など基本的な内容はしっかり押さえておくことが肝要。

インフラ・環境対応

・特に新興国においては、インフラが安定しておらず、電気・水道・ガスなど安定して供給されないこともある。

・必要に応じて電圧を安定させるスタビライザーの導入や増水圧ポンプの導入を検討する必要があるので、そのコストもあらかじめ盛り込んでおくとよい。

その他

①宗教対応

　現地の宗教も十分に理解しておくことが重要。イスラム圏など1日5回の礼拝がある場合、それに合わせた体制や設備を準備する必要があるので、それらのコストも盛り込んでおくことが重要。

②贈収賄

・各国贈収賄に関しては厳しくなっている傾向にあるが、それでもなお発生しているのが現状である。

・その際、鍵となるのが総務管理のマネージャーである。多くの場合、ローカルスタッフである総務管理マネージャーがこの問題に対応している。したがって、彼らがそのようなことに巻き込まれないような管理体制を構築することが重要。

③防犯・セキュリティ

・原料や製品などの在庫、廃棄物も有価物を取り扱う場合、盗難が発生することもあるので、防犯対策は忘れずに対応する必要がある。

・厳重な防犯設備の導入を想定している場合、あらかじめコストに盛り込んでおくことも考えてよい。

QUESTION 17　原価の設定

原価の妥当性はどのように考えればよいのでしょうか。売上の変動費として、単純に試算すればよいのでしょうか。

ANSWER

原価の妥当性の精度は売上（販売数）の精度に依存します。しかし、原料単価は売上に関係なく変動しますので、その動向は確認しておく必要があります。

また、そもそもどこから原料を調達するのかも非常に重要です。原料を輸入する場合、輸送料もかかるうえ、通関に時間がかかったり、リードタイムが長くなったり、為替リスクを負うことになったりとさまざまなデメリットが発生します。品質がある程度担保できるようであれば、それらのリスクから解放される意味でも現地調達率を上げていくことをお勧めします。

≪解説≫

原価は売上の変動費になるため、原価の妥当性は基本的には売上の妥当性の精度に依存します。厳密にいうと売上高ではなく、販売数量に比例します。原料単価は変動する可能性がありますが、生産数量は販売数量に依存するからです。

ただし、それ以前に考えなければならないことがあります。そもそもどこから調達してくるかということです。原料を輸入することになれば、それだけ輸送費がかかることになりますし、調達の頻度も少なくなってしまいます。頻度が少なくなると、在庫もそれだけ確保しておく必要があり、保管料も増加することになります。

したがって、原価設定の妥当性を考える際、重要なポイントは、①調達スキームの確認（どこから、どのルートで原料を調達するか）、②原料単価の変動です。ここでは、この2点に着目して解説します。

【原価設定の妥当性を検証するための要因分析】

$$\boxed{\begin{array}{c}原価設定\\の妥当性\end{array}} = \boxed{\begin{array}{c}調達スキーム\\の確認\end{array}} \times \boxed{\begin{array}{c}原料単価\\の変動\end{array}}$$

（1） 調達スキームの確認

　原料の調達の流れは企業によって大きく異なります。しかし、多くの企業に共通することは、品質が十分なら現地で仕入をしたほうがよいと考えていることだと思います。では、現地調達率を高めると一体何がよいのでしょう。ここでは、そのポイントについて整理します。

【現地調達率を高める理由】

割安に調達可能
・新興国の場合、人件費が安いため、原料単価が同じでも加工原料の単価は相対的に安くなる。 ・海外からの輸送が不要なため、輸送料・通関料などの費用がかからない。
通関が不要
・国・地域によっては通関に非常に時間がかかる場合があり、それもいつ通るかがわからないこともある。 ・そのため、安定供給を図るために一定量の在庫を保有しておく必要があり、保管料や資金繰りに影響を与える。
リードタイムの短縮化
・船便など週1回や月1回程度の頻度しか定期便が通っていないこともあり、リードタイムが長くなってしまう。 ・現地調達によりリードタイムを短縮化することが可能。
税制優遇の可能性
国・地域によっては、製造原料を一定以上の割合で現地調達している場合、税制を優遇してもらえる場合がある。
為替リスクの軽減
決済通貨にもよるが、海外からの輸入の場合、為替リスクを背負ってしまう。その結果、せっかく稼いだ利益が目減りしてしまうことがあるが、現地調達ならそのようなリスクを回避することができる。

(2)　原料単価の推移確認

　もう一つ重要なポイントは、原料単価の変動です。単価がある程度固定化している場合はその価格をそのまま利用してもかまいません。しかし、変動幅が大きい場合、それだけリスクをはらんでいることになるので、過去の推移だけでなく、将来的な動向も継続的に把握していくことが望まれます。

　実際に数字に盛り込む際は、過去の変動幅から最大値・平均（または中央値）・最小値を捉え、それぞれのケースで試算してみるとよいでしょう。リスクを考え、保守的にみる場合は可能な限り単価を上げて試算するのも一手です。

QUESTION 18 人件費の設定

新興国においては人件費の高騰が著しいと聞いています。その状況も踏まえ、人件費はどのように試算すればよいでしょうか。

ANSWER

　人件費を試算するポイントは、①人員体制（＝従業員数）、②人件費単価の２つです。人員体制は売上や生産数量と照らし合わせながら作成していきます。一方、人件費単価の設定は非常に難しいものがあります。新興国での賃金上昇率は高く、最低賃金の上昇は昨年度対比で40％ということもありました。そのため、そのままの数字を利用すると人件費が異常に上がり過ぎてしまうので、今後の動向など定性的な情報も勘案し、妥当な数字を設定していくことをお勧めします。

≪解説≫

　人件費の妥当性は、①人員計画、②人件費単価の２つの要因で検証していきます。人員体制（＝従業員数）は、生産数量などをベースに積上げで検討していくことになります。一方、人件費単価をどう捉えるかは非常に難しいものがあります。というのも、特に新興国の場合、人件費単価の上昇率は著しいものがあります。そのままの上昇率が続くと、数年後には倍になっていることもあり得るわけです。そのため、人件費の妥当性を考える場合、人件費単価には注意しておく必要があります。

（1）　人員計画の検証

ａ．組織体制の設計

　人員計画を作成する前に、まず、どのような組織の機能が必要なのか、それぞれどのような能力の人材が必要なのか、そこには何人必要なのかといった組織体制を設計していくことが重要になります。

　従業員数の妥当性の精度も、原価と同様に、売上の精度が高いことがポイン

トとなります。売上をもとに生産数量が計算され、それを生産するための人員
体制が検討されるためです。

ｂ．人員計画の検討

　組織体制が設計できたら、次に考えることは日本人駐在員が何人必要かとい
うことです。日本人駐在員にかかる人件費は新興国の人件費単価と比べると非
常に高く、場合によっては何十人分に相当することもあります。さらに、駐在
員として派遣するための各種手当や保険などを加えると、日本で働いていたと
き以上の費用がかかることになります。

　そのため、どのタイミングで現地スタッフに権限委譲していくかという育成
計画も合わせて作成し、将来的には人件費率を抑えていく施策も練っておくこ
とが重要です。

（2）　人件費単価の確認

ａ．人件費単価の推移

　下記の図によりアジアの主要各国に進出している日本企業の年間実負担額の
年平均上昇率をみると、各国の平均値でも年率8.7％で上昇していることがわ
かります。仮にこの上昇率が継続した場合、5年後には現在の1.52倍、10年後
には2.31倍の人件費となる計算です。

　最低賃金だけでみると、年間で40％近く上昇するケース（2013年1月にイ
ンドネシア・ジャカルタでは最低賃金が43.9％上昇）も出てきており、労働賃
金の上昇は進出企業にとって大きな課題となっているのが現状です。

　事業性を検証する際、上昇率でみていくと将来的に非常に高い金額になって
しまいます。そのため、そのままの数字を盛り込むのではなく、政府の動向な
ど定性的な側面から情報を追加し、過去の上昇率と比べながら試算条件を設定
するようにしましょう。

【アジア各国における日本企業年間実負担額の年平均上昇率（製造業・作業員、2009〜2013年度）】

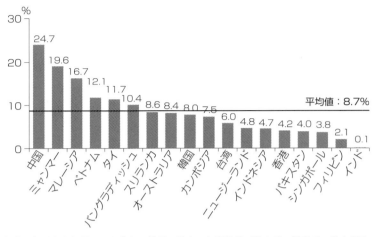

（注）　年間実負担額：1人当たり社員に対する負担総額（基本給＋諸手当＋社会保険＋
　　　残業＋賞与などの年間合計）
（出所：JETRO「在アジア・オセアニア日系企業活動実態調査（2009年度〜2013年度調査）」

ｂ．採用費・諸手当の組込み

　ローカルスタッフの賃金については、上記のとおり年間実負担額のデータ等も存在するため、その情報を参考にすることができます。

　一方、日本人駐在員については、想定される諸費用を積み上げて試算していくことが望ましいでしょう。一般的に日本人が駐在する場合、日本本社の給与水準に加えて、ハードシップ手当、車両（運転手付）、家賃負担、保険、一時帰国費用などの諸手当が付け加えられることとなります。家族も一緒に駐在する場合は、それらに加えて子供の日本人学校費用なども補助する場合があるので、それらも盛り込んだうえで費用を試算することになります。

QUESTION 19　売掛・買掛・在庫の考え方

損益だけでなく、貸借対照表も合わせて作成しようと思っていますが、特に注意する点があれば教えてください。

ANSWER

貸借対照表を作成するにあたり留意すべき事項は、「売掛債権」「買掛債務」「在庫」の持ち方です。運転資本に関わってくる内容です。同じ業界でも企業ごとにバラツキが多いのが実態ですが、同業他社などベンチマークする企業を参考情報として設定するとよいでしょう。

≪解説≫

これまでは主に損益計算書（P/L）の主要な項目について検討をしてきました。ここでは、貸借対照表（B/S）およびキャッシュフロー計算書（C/S）にも関わってくる「売掛債権回転日数」「買掛債務回転日数」「在庫回転日数」について整理します（資金調達および資金繰りについては第4章を参照してください）。

(1) 売掛債権回転日数・買掛債務回転日数

支払サイトと回収サイトの状況によって、準備する運転資本は変わりますが、どの程度準備すればよいのでしょうか。

初めて海外に進出する場合、その市場の支払・回収の習慣はなかなかわかりにくいものがあります。そこで、まずは同業他社ならびに特にベンチマークする企業の回転日数を確認します。もちろん、市場のなかでの立ち位置によって支払サイト・回収サイトの長さは変わりますが、一つの参考情報として仮置きすることが可能です。

国・地域によっては回収までの期間が非常に長く、催促にも応じないどころか、係争関係に入って初めて支払うところもあります。また、新興国に進出した日系企業からは代金回収に苦労している話はよく聞きます。想定より支払ま

でに時間がかかる場合、資金ショートを起こしてしまう可能性もありますので、現地調査を行った際は、数値情報だけでなく、支払・回収のポイントについても確認しておくことをお勧めします。

(2) 在庫回転日数

　どの程度の在庫を保有するかも運転資本に影響を及ぼしますが、売掛や買掛とは性質が異なります。在庫の持ち方はどこから調達するかという調達スキームによって異なります。品質上の問題や、現地では調達が難しいなどの理由から輸入に頼る場合、リードタイムが長くなってしまうため、一定の在庫を保有しておく必要があります。そのため、在庫回転日数は自然に長くなってしまいます。

　企業ごとに調達スキームが異なるため、在庫回転日数はバラツキが大きくなってしまいますが、売掛債権・買掛債務と同様に同業他社などベンチマーク先の現状を参考情報として把握しておくことは重要です。合わせて、現地調査のなかで在庫の考え方などの情報を収集しておくことが重要です。

QUESTION 20　事業シミュレーションの実施

あとはこれまでの内容をまとめてシミュレーションを行うだけでよいの
でしょうか。シミュレーションを行う際のポイントやその結果をどう判断
したらよいのか教えてください。

ANSWER

　事業シミュレーションを行う場合は、リスクなども勘案し、想定される
シナリオを整理します。特に最悪の事態に陥ってしまうケースを想定して
おくことは重要です。

　シミュレーション結果の投資判断は、主に「正味現在価値法（ＮＰＶ）」
「内部収益率法（ＩＲＲ）」「回収期間法」のいずれかで行うことが多いで
す。それぞれの特徴を把握して、自社の状況にあった方法を活用してくだ
さい。

≪解説≫

　これまでそれぞれの要素ごとに整理してきた内容を組み合わせ、損益計算書
（P/L）、貸借対照表（B/S）、キャッシュフロー計算書（C/S）を作成していき
ます。これらの財務諸表についてシミュレーションを行うにあたっては、リス
クも勘案しながら複数のシナリオパターンを想定しておくことが重要です。複
数のパターンを考えることで、最悪のパターンではどのようになってしまうの
かなどあらかじめイメージすることができるからです。そして、それらの状況
を踏まえて投資判断ができるようになります。

　ここでは、そもそもシナリオパターンはどのように想定すればよいのか、ま
た、その得られた結果をもとにどのように投資判断をすればよいのかを解説し
ます。

（1） 事業シミュレーションの実施

a．シナリオ設計

　各財務諸表の作成にあたり、想定されるさまざまなパターンをすべて計算していては非常に時間がかかります。そのため、まず考えなければならないことは、シナリオパターンを考える前の要素ごとに整理するなかで、可能な限り方針を決定することです。例えば、調達スキームを考える際、複数の方法が候補にあがったとします。その場合、会社全体の事業シミュレーションを行う前に調達部分のみ切り出して費用を試算することで、どちらの調達方法が適しているか決定することができます。そうすることで、調達方法で場合分けするようなシナリオを考える必要がなくなります。

　では、その後、どのようなシナリオを描けばよいのでしょうか。少なくともリスクに応じて以下のように複数のパターンを想定することが重要です。

　①楽観シナリオ：うまく参入できた場合のシナリオ。どの程度の事業規模まで拡大する可能性があるか把握することができる。

　②通常シナリオ：想定どおりに物事が進んだ場合のシナリオ。可もなく、不可もない状況でどの程度の収益になるか、投資回収はどの程度の期間でできるかなど判断することができる。

　③悲観シナリオ：最悪の事態に陥った場合、どの程度の損害になり得るのか、投資回収がどの程度遅れるのか判断することができる。

　このなかでも特に「悲観シナリオ」を想定しておくことは重要です。海外進出する際は多くの場合、期待が込められることが多く、やや楽観的になりがちです。そのなかで、最悪の事態を想定しておくことで、そのリスクを取っても決断するかを見極めることができるからです。

b．シミュレーションの実施

　あとはシナリオに応じてシミュレーションを行います。計算するだけといえばそうなのですが、1点だけ留意することがあります。それはシミュレーションを修正しやすくしておくということです。実際にシミュレーションを行うとわかるのですが、結果をみて、この部分は少し変数を修正してみようと思うことが多々あります。精度を上げながら微調整するのです。その際、数字をべた打ちにしておりリンクが張られていない、変数を変えるためには1つずつセル

の計算式を修正しなければならないというような状況になっていると修正が複雑になるだけでなく、計算ミスをしやすくなります。細かい話かもしれませんが、ぜひ注意してください。

(2) 投資判断基準

さて、シミュレーションができたら、その海外進出の投資判断を行うことになりますが、具体的にどのように判断すればよいのでしょうか。

ここではよく利用される投資判断基準を紹介します。

【投資判断基準】

正味現在価値法（ＮＰＶ）

正味現在価値法とは、「投資を行うことによって得られるフリーキャッシュフロー（ＦＣＦ）を将来に渡って見通し、ＤＣＦ（ディスカウントキャッシュフロー）法を用いて現在価値（ＮＰＶ）を求め、そこから初期投資を差し引いて結果がプラスであれば、経済計算的には投資が合理的である」という投資判断方法。

具体的な計算方法は以下のとおり。

- ■ＦＣＦ＝営業利益×（１－実効税率）＋減価償却費＋／－当該設備投資によってもたらされる運転資本の増減額

$$\blacksquare NPV = C_1 \times \frac{1}{(1+r)} + C_2 \times \frac{1}{(1+r)^2} + C_3 \times \frac{1}{(1+r)^3} + \cdots$$

$$+ C_n \times \frac{1}{(1+r)^n} - 初期設備投資額$$

（注）１．C_n は n 年度のＦＣＦを表す

（注）２．割引率（r）は資本調達コストとして WACC（Weighted Average Cost of Capital：加重平均資本コスト）を利用

内部収益率法（ＩＲＲ）

正味現在価値を計算するときは割引率が想定できる前提に立ち、ＮＰＶの大きさで判断する。一方ＩＲＲの場合は「ＮＰＶが０となる割引率（内部収益率）を求め、その率が資本調達コストを上回っていれば、その投資は合理的である」という投資判断方法。

ＮＰＶは得られる収益の額に着目するが、ＩＲＲでは率に着目する。得られる収益率が調達コストよりも高ければ、収益が出るので合理的、という判断である。ただし、ＩＲＲではあくまで率で判断するため「投資規模が考慮できない」「調達コストが途中で変化するような場合には対応できない」というデメリットがあることには留意する。

回収期間法

　回収期間法とは「投資額をＦＣＦで回収するのに何年かかるか」で投資判断する方法。例えば、初期投資が100、初年度ＦＣＦ 20、2年目ＦＣＦ 30、3年目ＦＣＦ 40、4年目ＦＣＦ 50とすると、初期投資額全額を回収できるのは4年目のＦＣＦ50の20%の時点（20+30+40+10=100）ということになるので、回収期間は3.2年と計算することができる。

　この方法は一般的には最もわかりやすい評価基準だと考えられる。ただし、この方法は正味現在価値法や内部収益率法と異なり、時間的価値を考慮していないことに留意が必要。環境の変化が激しい状況のなかでは、投資回収期間が短いことは非常に重要なので、その意味では大事な指標といえる。

第3章
税　　　　金

日本親会社側における税務

QUESTION 21 日本親会社側における税務

　海外進出の準備、実施およびその後の事業活動にあたって、日本の親会社が税務上留意すべきポイントとして、どのようなことがありますか。

ANSWER

　日本の親会社に適用される日本の税制に加えて、進出する各国における税制を正しく理解し、適用することが、適切な税務申告と税金コストの削減の観点から重要です。

　特に留意すべき主要税制は、①外国税額控除、②外国子会社配当益金不算入、③過少資本税制、④過大支払利子税制、⑤外国子会社合算税制（タックス・ヘイブン対策税制）、⑥移転価格税制です。

　適切な税務プランニングの観点からは、海外進出の初期検討段階から、日本および海外における課税関係を的確に把握することが望まれます。

≪解説≫

(1) 日本の親会社で留意すべき税制

　日本親会社は、原則的には、国内源泉所得であっても国外を源泉とした所得であっても、すべての所得について法人税の申告納税義務を負います。国境を越えた経済活動を行うと、国内だけでなく海外においても課税されることがあり、同一の所得について国際的な二重課税が生じることがあります。そこで、海外と国内での二重課税を調整するといった観点などから、特別な制度がいくつか日本の税務では設けられています。

　具体的には、①外国税額控除、②外国子会社配当益金不算入、③過少資本税制、④過大支払利子税制、⑤外国子会社合算税制（タックス・ヘイブン対策税

制）、⑥移転価格税制があげられます。このうち、③過少資本税制、④過大支払利子税制は、主として外国企業が日本法人を設立した場合に適用される制度なので、本節では取り扱わず（同様の税制は、日本企業の海外子会社にとって現地国で適用される場合があるので、本章 **2** で取り扱います）、また、⑤の外国子会社合算税制（タックス・ヘイブン対策税制）および⑥移転価格税制については、本章 **3** で取り扱うこととします。したがって、本節では①外国税額控除、②外国子会社配当益金不算入について解説します。

　なお、上記の国内税法に加えて、租税条約でその取扱いに変更が加えられる場合があるので、租税条約の概要についても本節で取り扱います。

(2)　外国税額控除

　外国税額控除とは、外国で納付した税金の額を日本で納付すべき税金の額から控除する制度です。

　日本の親会社は、所得の源泉が国内であるか国外であるかを問わず、全世界における所得について法人税の申告納税の義務を負います。そのため、ある所得について国外でも課税されると、その所得について日本と相手国とで二重に課税されることになります。この二重課税を回避することが外国税額控除制度が設けられている趣旨であるといえます。

a.　二重課税の発生と外国税額控除による回避の仕組み

　二重課税の発生と外国税額控除によるその回避を単純化した例でみてみます。

　日本親会社は外国Aに支店を設立し、事業を行っています。日本親会社とA国支店での所得と税率は以下と仮定します。

【外国税額控除なしの場合】

	日本親会社	A国支店	合計
日本国内所得	100	－	
A国支店の所得	40 ◀	40	
合計	140　親会社所得に算入	40	
税率	30%	25%	
税額（所得×税率）	42	10	52

上記の例では、Ａ国支店の所得40に対し、Ａ国で10の税金が発生し、日本でも12（＝40×30％）の税金が発生し、二重課税の状態になります。

　しかし、外国税額控除の適用があれば、以下の例に示すように、Ａ国での税額10が日本の税額計算において控除され、二重課税が回避されます。この例では、仮に外国税額控除がなければ全世界での合計税額は52になりますが、外国税額控除が適用されることで合計税額は42となります。

【外国税額控除ありの場合】

	日本親会社	Ａ国支店	合　計
日本国内所得	100	－	
Ａ国支店の所得	40	40	
合　計	140	40	
税　率	30%	25%	
税　額（所得×税率）	42	10	
外国税額控除	（10）	－	
税　額	32	10	42

控除

ｂ．基本的な事項・用語

　外国税額控除に関連して、押さえておきたい基本的な事項・用語を以下に2点あげておきます。これらの基本的考えを押さえておくことは、国際税務を理解するうえで重要です。なぜなら、国ごとに税制は細部で異なるものですが、大きな考え方では共通する点も多いので、進出先の各国税制を理解する助けとなるからです。

①外国税額控除方式と国外所得免除方式

　国際的二重課税を排除するための方法として、国際税務においては大別して2つの方法があります。上記で説明した外国税額控除方式ともう一つは国外所得免除方式です。

　・外国税額控除方式

　外国税額控除方式とは、外国で稼得された所得（国外源泉所得）と自国内所得のすべてを課税対象としたうえで、自国での納税額から国外源泉所得に対して海外で課税された税額を控除する制度です。

　・国外所得免除方式

　国外所得免除方式とは、外国で稼得された所得（国外源泉所得）について、自国では免税とすることにより、二重課税を排除する制度です。例えば、海外子会社からの受取配当や利子、株式の譲渡益といった一定の国外源泉所得について、自国での課税を免除するといった例があります。日本における外国子会社配当益金不算入税制（後述）もその一つです。

【国際的な二重課税排除方式の仕組み】

■外国税額控除制度（支店形態）

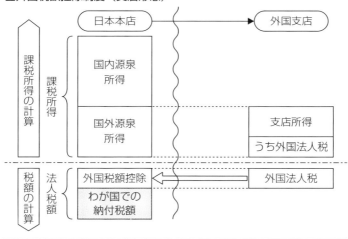

■外国子会社配当益金不算入制度（子会社形態）

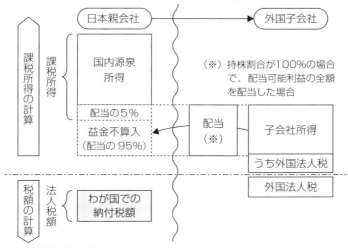

（出所：財務省ウェブサイト）

②直接税額控除と間接税額控除

　外国税額控除には、親会社が外国で直接納税した税額を控除する「直接外国税額控除」と、親会社が海外子会社から配当を受けた場合に、海外子会社が支払った法人税のうち親会社が受け取った配当に対応する部分の税額を控除する「間接外国税額控除」があります。なお、平成21年度税制改正により、従来の間接外国税額控除制度に代えて、外国子会社配当益金不算入制度が採用されています。

　ｃ．外国税額控除の計算

　外国税額控除の計算の全体像を簡略的に示すと以下の流れになります。

【外国税額控除の計算の全体のイメージ】

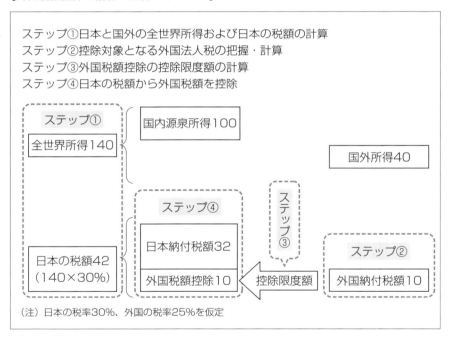

ステップ①日本と国外の全世界所得および日本の税額の計算
ステップ②控除対象となる外国法人税の把握・計算
ステップ③外国税額控除の控除限度額の計算
ステップ④日本の税額から外国税額を控除

ステップ①
全世界所得140

国内源泉所得100

国外所得40

ステップ④
日本納付税額32
外国税額控除10

日本の税額42
（140×30%）

ステップ③

控除限度額

ステップ②
外国納付税額10

（注）日本の税率30%、外国の税率25%を仮定

　ｄ．外国税額控除の対象となる外国の税金の範囲

①外国法人税に含まれるものと含まれないもの

　外国税額控除の対象となる外国の税金の範囲について留意すべきポイントの一つは、日本の法人税を算定するうえで、すべての外国の税金が外国税額控除の対象となるわけではないことです。

　外国税額控除の対象となる外国法人税は、日本の法人税に相当する租税であって、所得を課税標準として課される税になります。外国法人税のうち、一定のものを除いたものが「控除対象外国法人税の額」となります。

　外国税額控除は、そもそも所得への二重課税の排除を目的としたものですから、例えば、徴収の観点から「租税」に該当しないと考えられる、納税者が任意に還付請求できるような税や、「所得」を課税標準としないと考えられる税は、外国税額控除の対象となる外国法人税に該当しません。

　具体的には、以下のようになります。

■外国法人税に含まれるもの

　①超過利潤その他法人の所得の特定の部分を課税標準として課される税

　②法人の所得またはその特定部分を課税標準として課される税の付加税

　③法人の所得を課税標準として課される税と同一の税目に属する税で、法人の特定の所得につき、徴税の便宜のため、所得に変えて収入金額その他これに準ずるものを課税標準として課されるもの

　④法人の特定の所得につき、所得を課税標準とする税にかえ、法人の収入金額その他これに準ずるものを課税標準として課される税

■外国法人税に含まれないもの

　①納税者が、その税の納付後、任意にその金額の全部または一部の還付を請求することができる税

　②税の納付が猶予される期間を、納税者が任意に定めることができる税

　③複数の税率のなかから納税者と外国との合意により税率が決定された税

　④外国法人税に附帯して課される附帯税に相当する税その他これに類する税

　すべての外国税金が外国税額控除の対象となるわけではないので、企業にとっては、海外で課された税金の内容を的確に把握して、外国税額控除の対象となる外国法人税（控除対象外国法人税）に該当するかを確認することがポイントとなります。

②控除対象外国法人税額から除かれる額

　さらに、外国法人税のうち、以下は控除対象外国法人税の額からは除かれるとされています。

　①負担が高率な部分（外国での課税標準額×35％を超える部分）

②通常行われる取引と認められない取引に起因する税

③内国法人の法人税に関する法令の規定により法人税が課されないこととなる金額を課税標準として課されるもの（例えば、外国子会社配当益金不算入の適用を受ける配当に対する源泉税）

④その他政令で定める外国法人税の額

ｅ．外国税額控除の限度額

外国税額控除が認められる外国法人税の額には上限があります。

①上限（限度額）を設ける理由

外国税額の控除に限度額を設けている理由は、仮に日本の税率より高い国で納付した外国法人税のすべてを日本で控除するとした場合、国外所得に相当する日本の税額を超えて控除されることになり、日本の課税権が確保されないことになってしまうからです。

②控除限度額の算式

控除限度額の算式は以下となります。

控除限度額＝

$$\text{所得（全世界所得）に対する法人税} \times \frac{\text{その事業年度の国外所得}}{\text{その事業年度の所得（全世界所得）}}$$

この算式の要素のうち、分子となる国外所得の金額は、源泉地国の税法により計算された金額ではなく、日本の税法を適用して計算された金額になり、その計算も複雑な面があるため、計算にあたっては注意が必要です。

③控除限度超過額と控除余裕額の繰越

控除対象外国法人税額と控除限度額では、定められた計算式に従って計算を行った結果、差額が生じることが多く、控除限度額に過不足が生じます。控除対象外国法人税額が控除限度額を超える部分の金額を「控除限度超過額」といい、逆に控除対象外国法人税額が控除限度額に満たない場合の満たない部分の金額を「控除余裕額」といいます。この過不足分につき、一定期間（３年）の繰越を認めています。これは、外国法人税の納付時期と国外所得の発生時期が必ずしも同じ課税年度になるとは限らないことに対応したものです。実務的には、繰越が生じた場合、期限を適切に管理し有効に活用することが望まれます。

ｆ．みなし外国税額控除

①みなし外国税額控除の趣旨

　一部の開発途上国では、自国経済を発展させるために外国企業からの投資を積極的に誘致する政策の一環として、優遇措置として租税を減免することがあります。仮に減免後の税額のみが税額控除となる場合、その分日本での納付税額が増えることになり、税制優遇という本来の途上国の政策目的を損ねることになります。そこで、外国で減免されて納付していない税額についても、納付したものと「みなして」外国税額控除を認めることを、日本と途上国との租税条約によって認めている場合があり、一般にみなし外国税額控除（タックス・スペアリング・クレジット）とよばれています。その意味で、みなし外国税額控除は、通常の外国税額控除のように二重課税を調整するためのものではなく、途上国の政策を活かすための制度といえます。

②留意点

　近年の傾向として、日本はみなし外国税額控除を廃止する方向で租税条約交渉に臨んでおり、全体として見直し・縮小の方向にあります。みなし外国税額控除を適用しようとするときは、租税条約や進出国の国内法を確認し、廃止や期限切れになっていないかを確認することが重要です。2014年12月現在、日本の租税条約でみなし外国税額控除を適用している国は、中国、タイ、フィリピン、スリランカ、バングラディッシュ、ブラジルなどいくつかの国に限られます。

（3）　外国子会社配当益金不算入制度

　外国子会社配当益金不算入とは、外国子会社から日本親会社が受け取る配当について、一定のものにつき日本親会社の所得計算において益金に算入しない、つまり、課税対象から除外するという制度です。

ａ．外国子会社配当益金不算入の趣旨

　外国子会社配当益金不算入は、平成21年度税制改正により新たに設けられた制度です。それ以前の日本では、外国子会社等からの配当を課税対象としたうえで、海外子会社・孫会社の所得に対して課せられた外国での法人税を、日本親会社の税額計算において控除するという間接税額控除が認められていました。

　間接税額控除がいわゆる「外国税額控除方式」による二重課税の排除であるのに対し、外国子会社配当益金不算入制度は、いわゆる「国外所得免除方式」

により、海外現地法人から日本親会社が配当金を受け取る際の国際間二重課税を排除する制度です（国外所得免除方式および外国税額控除方式については、⑵外国税額控除を参照）。

【外国子会社配当益金不算入の全体像】

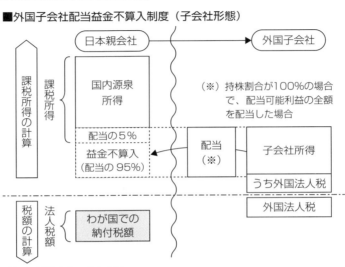

■外国子会社配当益金不算入制度（子会社形態）

（出所：財務省ウェブサイト）

　間接税額控除も外国子会社配当益金不算入制度も二重課税の排除を目的としている点では共通しています。それにもかかわらず平成21年度税制改正で、それまでの間接外国税額控除による二重課税排除の方式に代えて外国子会社配当益金不算入制度を導入しました。その狙いは、海外で利益を稼ぐ日本企業がますます増えるなかで、日本企業が海外に所得を留保するのではなく、配当を通じた日本への資金還流を促進して、ひいては日本経済を活性化させようというものです。間接税額控除制度では日本親会社に配当したときに二重課税は排除されたとしても、受取配当金は日本の税率で課税されてしまうので、企業は海外での再投資も意図すると資金を海外に留保しがちになります。そこで、海外法人からの配当について免税とすることで、日本への配当による資金還流時の日本での税負担を減らしたわけです。

b．対象となる外国子会社の範囲

外国子会社配当益金不算入制度の対象となる外国子会社は、原則として、その株式等の25％以上を6ヵ月以上、日本親会社が保有している外国法人です。

【外国子会社配当益金不算入制度における子会社の要件】

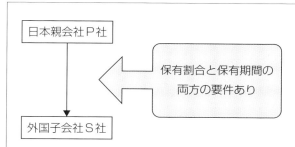

日本親会社P社

保有割合と保有期間の両方の要件あり

外国子会社S社

■保有割合の要件
　①と②のいずれかが25％以上であること。
　　①外国法人（S社）の発行済株式等のうちに内国法人（P社）が保有しているその株式等の占める割合
　　②外国法人（S社）の発行済株式等のうちの議決権のある株式等のうちに内国法人（P社）が保有しているその株式等の占める割合
（注）保有割合に関する要件②は、外国法人が議決権のない株式を発行している場合があるが、その場合、議決権のある株式のみで25％以上の保有割合を判定するものである。

■保有期間の要件
　保有割合の要件を満たした状態が配当等の支払義務が確定する日以前6ヵ月以上継続していること。

c．留意点

租税条約により、上記の保有割合（25％）が修正されている場合があり、25％未満であっても本税制の適用対象となるケースがあるので、日本と該当国の租税条約の内容の確認が重要です。例えば、アメリカやブラジルとの間では、保有割合の要件は租税条約で10％に変更されています。

d．その他のポイント[1]

①益金不算入割合は95％

益金不算入とされる額は、要件を満たした外国子会社からの配当の全額ではなく、子会社から受け取る配当の95％部分についてのみとされています。これ

は、配当を受け取るために要した費用に相当する額を配当から控除するのですが、その相当額を一律で5%とみなしているものです。

②配当に伴う外国源泉税の取扱い

外国子会社が日本親会社に配当する場合に、子会社の所在地国で配当に関して源泉税が課されることがあります。このような配当に関する外国源泉税については、日本において外国税額控除の対象にはなりません。これは、外国子会社からの配当については外国子会社配当益金不算入の適用によって日本において課税されないために、外国源泉税との二重課税は生じていないことによるものです。

同様に、本税制の適用を受ける場合は、外国子会社から受け取る配当について益金に算入されないことから、それに伴う外国源泉税は、損金にも算入されません。

③留意点

上記のように、外国源泉税について、外国税額控除の対象にすることもできず、損金の額に算入することもできないので、企業にとっては外国子会社から配当を受け取ると、外国源泉税分の資金負担が生じます。日本親会社は外国子会社から配当を吸い上げることがありますが、グループ全体の資本関係や海外子会社の所在地国などによっては、源泉税による税金負担額が変わってきます。例えば、外国子会社と日本親会社の間に、日本と当該子会社の所在国よりも有利な租税条約を持つ国に中間持株会社がある場合、企業グループ全体の源泉税による資金負担が軽減されることもあります。海外での事業展開に際し、特に地域統括会社や中間持株会社を設立する場合には、税務面での影響も考慮すべき要因の一つといえます（詳細は第7章「中間持株会社」を参照）。

1） 平成27年度税制改正（大綱）により、外国子会社配当益金不算入制度の見直しが行われており、外国子会社において支払配当が損金算入される場合には、本制度の適用対象から除外されている。

(4) 租税条約

租税条約とは、所得に対する国際的な二重課税を排除することや脱税の防止を目的として、二国間で締結されている条約です。

a．租税条約の意義

企業が国境を越えて経済活動を行うと、さまざまな原因による国際的二重課

税が生じます。二重課税が生じるのは例外ではなく、むしろ、通常起こり得るものです。この租税に関する二重課税をできる限り回避し、また、脱税及び租税回避等への対応を通じて二国間の健全な投資・経済交流の促進に資することを目的として、二国間で租税条約が締結されています。

ｂ．OECD モデル租税条約

租税条約には、国際標準となる「OECD モデル租税条約」があり、OECD 加盟国を中心に、租税条約を締結する際のひな型となっています。OECD の加盟国である日本も、これに沿った規定を採用しています。

OECD モデル租税条約の主な内容は以下のとおりです。

①二重課税の回避

　　源泉地国（所得が生ずる国）の課税できる所得の範囲の確定

　　　　―事業所得は、支店などの活動により得た所得のみに課税

　　　　―投資所得（配当、利子、使用料）は、税率の上限を設定

　　居住地国における二重課税の排除方法

　　　　―外国税額控除等

　　税務当局間の相互協議（仲裁を含む）による条約に適合しない課税の解消

②脱税及び租税回避等への対応

　　税務当局間の納税者情報（銀行機密を含む）の交換

　　租税に関する徴収共助

ｃ．留意点

租税条約は、居住地の判定、恒久的施設（PE）の定義、源泉地における課税の制限など、国際課税の原則に従った複雑な規定を有しています。多くの租税条約は OECD モデル条約に準拠していますが、その具体的な内容は租税条約ごとに異なります。同じ取引であっても、条約相手国が違えば租税条約の内容が異なり、結果として課税関係も異なることがあり得ます。

租税条約の適用により、日本国内における課税関係が変更されることや、海外の相手国における課税が免除されたり、軽減されたりすることがあるので、進出国との租税条約の締結の有無やその内容を確認することは重要です。

日本は、2014年10月現在で85の国・地域と62の租税条約を締結しています。

具体的な国・地域は以下のとおりです。

【わが国の租税条約の締結状況】

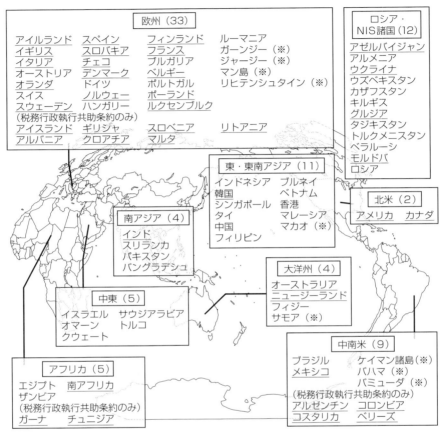

欧州（33）

アイルランド　スペイン　　フィンランド　ルーマニア
イギリス　　　スロバキア　フランス　　　ガーンジー（※）
イタリア　　　チェコ　　　ブルガリア　　ジャージー（※）
オーストリア　デンマーク　ベルギー　　　マン島（※）
オランダ　　　ドイツ　　　ポルトガル　　リヒテンシュタイン（※）
スイス　　　　ノルウェー　ポーランド
スウェーデン　ハンガリー　ルクセンブルク
（税務行政執行共助条約のみ）
アイスランド　ギリシャ　　スロベニア　　リトアニア
アルバニア　　クロアチア　マルタ

ロシア・NIS諸国（12）

アゼルバイジャン
アルメニア
ウクライナ
ウズベキスタン
カザフスタン
キルギス
グルジア
タジキスタン
トルクメニスタン
ベラルーシ
モルドバ
ロシア

東・東南アジア（11）

インドネシア　ブルネイ
韓国　　　　　ベトナム
シンガポール　香港
タイ　　　　　マレーシア
中国　　　　　マカオ（※）
フィリピン

南アジア（4）

インド
スリランカ
パキスタン
バングラデシュ

北米（2）

アメリカ　カナダ

中東（5）

イスラエル　サウジアラビア
オマーン　　トルコ
クウェート

大洋州（4）

オーストラリア
ニュージーランド
フィジー
サモア（※）

アフリカ（5）

エジプト　南アフリカ
ザンビア
（税務行政執行共助条約のみ）
ガーナ　　チュニジア

中南米（9）

ブラジル　　　ケイマン諸島（※）
メキシコ　　　バハマ（※）
　　　　　　　バミューダ（※）
（税務行政執行共助条約のみ）
アルゼンチン　コロンビア
コスタリカ　　ベリーズ

（注）　1．多国間条約である税務行政執行共助条約、および、旧ソ連・旧チェコスロバキアとの条約の
　　　　　　複数国への承継のため、条約数と国・地域数が一致しない。
　　　　2．条約数、国・地域数の内訳は以下のとおり。
　　　　　　・二重課税の回避、脱税及び租税回避等への対応を主たる内容とする条約（いわゆる租税条
　　　　　　　約）：52条約、63ヵ国・地域
　　　　　　・租税に関する情報交換を主たる内容とする条約（いわゆる情報交換協定）：9条約、9ヵ国・
　　　　　　　地域（図中、（※）で表示）
　　　　　　・税務行政執行共助条約（締約国はわが国を除いて全40ヵ国（図中、国名に下線）、うちわが
　　　　　　　国と二国間条約を締結していない国は13ヵ国）
（出所：財務省ウェブサイト「我が国の租税条約ネットワーク」）

2　現地法人側における税務

QUESTION 22　現地法人側における税務

　海外進出にあたって、現地法人が税務上留意すべきポイントとして、どのようなことがありますか。

ANSWER

　海外現地法人における税務上、留意すべきポイントの第一は、「税制は国ごとに異なる」という点です。現地で適切な税務申告や税務プランニングを行うには、各国税制を正確に把握することが欠かせません。

　海外進出先で留意すべき主要な税制は、①恒久的施設（PE）、②配当、利息、使用料に関する源泉税、③過少資本税制、④過大支払利子税制、⑤その他の税制の活用（優遇税制、繰越欠損金など）です。

≪解説≫

(1)　現地法人が留意すべきポイント

　海外現地法人における税務面で認識しておくべき事項の第一は、「税制は国ごとに異なる」という点でしょう。当然のことではありますが、税制は国ごとに異なりますので、日本や第三国での税制の知識に基づき、進出先の国での税制の適用を判断することはできません。一方で、各国で基本となる考えには共通しているものがあり、国際税務の一般的な考えや原則を理解することは、各国の税制を深く理解し、適切に適用するうえでの助けとなるでしょう。

　日本からの海外進出に際し、進出国での税務面での取扱いを把握・理解するには、企図する取引の事実関係を正確に把握したうえで、現地国の税制を正しく把握・理解することから始まります。国によっては頻繁に税制が変更されることもあるので、最新の税制を把握することも重要です。また、国際取引につ

いては、進出国の国内法に加えて、日本やその他取引の相手国との租税条約の有無・内容の確認も必要となります。正確な情報の把握には、日本の税法のみならず、進出国の税制に精通した専門家を活用することも有用でしょう。

日本企業が海外に進出するにあたって、進出先での税務面で検討すべき事項は、その進出形態・取引内容・規模等や進出先によって異なりますが、多くの場合において、一般的に適用されることが多いため留意すべきものもあります。主要なものは、①恒久的施設（PE）、②配当、利息、使用料に関する源泉税、③過少資本税制、④過大支払利子税制、⑤その他の税制の活用（優遇税制、繰越欠損金など）です。

これらの税制の詳細については各国で異なりますので、本節では税制の基本的なコンセプトを説明するとともに、参考として日本における該当する税制の内容を紹介します。実際の適用にあたっては、それぞれの進出国における該当税制の詳細を確認することが不可欠です。

(2) 恒久的施設（PE）

恒久的施設（Permanent Establishment：PE）とは、外国法人が事業を行う一定の場所をいい、通常は外国法人の支店や代理人などが該当します。PEについては、「恒久的施設なければ課税なし」という国際課税における原則的な考えがあります。

企業の海外進出方法として、子会社を設立する場合、支店を設立する場合、駐在員事務所を設立する場合、また、従業員を現地に派遣するだけといったさまざまな方法での海外進出が考えられます。その活動内容も多岐にわたり、現地での情報収集や市場調査といった補助的な業務活動から、親会社の代理人として契約交渉や販売活動などの重要な業務を行うといった場合があります。

一般には、恒久的施設を有する外国法人は、恒久的施設に帰属する部分の所得について課税され、当該所得について現地国で申告納税をすることになります。このように恒久的施設の有無によって課税関係が異なってくるため、海外進出に関する税務面において重要な基本事項の一つといえます。

a．恒久的施設の範囲―日本の場合

日本の税法では、恒久的施設は以下の3つに区分されています。

①支店、工場その他事業を行う一定の場所（1号PEとよばれる）

②建設、据付け、組立てその他の作業またはその作業の指揮監督の役務の提供を1年を超えて行う外国法人（2号PEとよばれる）

③国内に自己のために契約を締結する権限のある者その他これに準ずる者を置く外国法人（3号PEとよばれる）

また、OECDモデル租税条約にも恒久的施設の定義が規定されています。なお、OECDモデル租税条約については現在改定の作業が進められています。

b.　留意点

海外進出を行うときに、その進出形態や事業活動の実態に基づき、進出国で恒久的施設に該当するか否かを確認することが重要です。

例えば、海外進出の初期段階においては、駐在員事務所を設立して、現地国で市場調査や情報の収集を行うといったような活動を行うことがありますが、このような準備的な活動のみを行う場合には通常はPEには該当しないでしょう。一方、現地子会社が日本親会社の販売代理人となって販売交渉などの販売代理行為を行うような場合には、現地子会社が日本親会社の代理人PEに該当すると認定される可能性があります。この場合、日本親会社は現地で申告納税をすることが必要になり、そのための事務処理体制の整備や現地と日本での二重課税への対応が求められます。

恒久的施設の範囲は各国の国内法で定められていますが、その定めは国によって異なり、また、租税条約によって国内法とは異なる定めが置かれる場合があります。各租税条約の間でも異なることがあるので、その確認にあたっては留意が必要です。加えて、税務当局との解釈の相違も生じやすいので、現地での活動内容や取引関係と税制に従って、あらかじめ進出検討段階から慎重に検討することが望まれます。

(3)　配当、利息、使用料に関する源泉税

海外に進出してさまざまな取引を行うと、現地にて源泉税が課される場合があります。源泉徴収とは、ある支払をする者が、支払を受ける者に対して、支払額の一定割合を差し引いたうえで支払を行い、当該差し引いた額を国に対し納付するという納税方法の一つです。なお、納税の方法には、大別して申告納税と源泉徴収の2つがあり、申告納税とは、納税者自身が国に対して収入・費用などを申告して税金を納付する方法です。

この源泉徴収制度は、各国で広く採用されており、日本の法人が現地子会社等から利子、配当、使用料等の支払を受ける場合に、その支払時にその国で源泉徴収がなされることがあります。この場合、利子等の支払を行う外国法人側が、その国で納付を行います。

　このような源泉徴収制度の意義は、税務当局にとっては、支払を行う者が徴収することによって納税の確実性が担保されることがあげられますが、支払を受ける者（例えば日本親会社）の立場からすると、外国で申告を行わずに済むという点での簡便性にあるといえます。

留意点

①源泉徴収が必要となる取引（所得）および税率の確認

　日本法人が外国法人から支払を受ける場合、当該支払に関して源泉徴収の対象となるかどうか、また、適用される税率について確認が必要です。これらは所得源泉地国の税法によって異なるので、当該国の税法の確認が必要です。また、当該国と日本との間で租税条約が締結されている場合には、その内容が租税条約によって変更されていることがあるので、その点についても留意が必要です。参考までに、ASEAN主要国における、非居住者との取引にかかる源泉税率（日本との租税条約で軽減される場合は、カッコ内税率）の概要を示すと、以下のとおりです。

【ASEAN主要国における非居住者との取引にかかる源泉税率】

	利　子	配　当	使用料
タイ	15%	10%	15%
インドネシア	20%（10%）	20%（10%、15%）	20%（10%）
フィリピン	20〜30%（10%）	30%（10%、15%）	30%（10%、15%）
ベトナム	―／5%	―	10%
マレーシア	15%（10%）	―	10%
シンガポール	15%（10%）	―	10%

②適切な徴収と納付

　日本企業が海外に子会社等を設立した場合には、当該子会社が利子、配当や使用料の支払を行う立場になり、当該国で源泉税の徴収義務者として、納付を

行うことがあります。この場合においても、適切な徴収と納付を行うために、源泉徴収の対象範囲およびその適用税率について、所在地国の税制と租税条約が締結されている場合にはその内容を確認することが重要です。海外子会社は、徴収義務者として現地にて税務調査の対象となります。

　このほか、実務的な観点からは、取引相手との契約上、源泉税に関する取扱いを明示しておくことも有用です。例えば、契約上の取引金額が、源泉徴収前の総額か、源泉徴収後の純額かを明示しておくことが考えられます。

(4)　過少資本税制

　過少資本税制とは、外国親会社（例：日本親会社）から子会社（例：海外子会社）への資金供与を出資ではなく貸付で行い、子会社において支払利子を損金算入することにより課税所得を過度に減額しようとすることを防ぐために、子会社側での支払利子について損金算入を認めない制度です。

a.　制度の趣旨

　法人税の計算をするうえで、企業が支払う利子は損金の額に算入されるため、支払利子の分だけ課税所得は減少することになります。これに対し、配当は税金支払後の利益から行われるため、その支払額は損金に算入されません。企業は事業活動に必要な資金を株主（親会社）から調達する場合、出資を受けて資本により調達するか、株主（親会社）からの借入金で調達することが考えられます。出資に対しては株主に配当金を支払い、借入金に対しては株主に利息を支払うことで拠出資金の対価を還流することになりますが、税務上の取扱い（損金算入の可否）が支払利息と配当金とで異なるため、出資による調達部分を抑えて借入金を増やすことで、企業グループ全体での費用収益には影響させずに課税所得を減少させることができます。このような資本の状態を一般に過少資本（Thin capitalization）といいますが、過少資本によって税負担を回避することを防止するために設けられているのが過少資本税制です。

b.　制度の概要－日本の過少資本税制

　日本における過少資本税制は、内国法人が、各事業年度において、国外支配株主等または資金供与者に負債の利子等を支払う場合において、その負債が国外支配株主等の資本持分の3倍を超える部分の利子は損金の額に算入しないという制度です。つまり、簡略化していうと外国親会社からの借入金額が自己資

本の金額の３倍を超えるような場合に対象となり、一定の利子額について損金に算入されない制度となっています。

c. 留意点

上記のように、日本においては負債と資本の比率について「３倍」という比率が基準として設けられていますが、負債と資本の比率を含め、どのような場合に税務上、過少資本と扱うかは各国の税法によって異なるので留意が必要です。

日本企業の海外進出にあたって、現地過少資本税制の影響を検討すべき局面としては、例えば以下のケースが考えられます。

新たに海外子会社を設立して海外での事業展開を計画しているときに、子会社の運営資金をどのように調達するかを検討する局面では、進出国の過少資本税制の内容を把握する必要があります。子会社の資金の調達方法としては、親会社からの出資、親会社からの借入金、現地金融機関からの融資、現地資本からの資本出資などの選択肢が考えられますが、事業に最適な子会社の資本構成を検討するにあたっては、税務面において不利とならないよう、親会社からの借入と資本の比率など、現地での過少資本税制に該当するかどうかの確認も重要です。

(5) 過大支払利子税制

過大支払利子税制とは、過剰な支払利子が損金算入されることを制限する制度です。

a. 過大支払利子税制の趣旨と近年の傾向

過大支払利子税制の制度趣旨は、過少資本税制と基本的に同様であり、過剰な支払利子が損金算入されることを制限するための制度です。近年、主要先進国では、支払利子を利用して税負担を回避しようとする行為への防止策が強化される傾向にあり、各国で同趣旨の制度が導入されています。例えばドイツやイギリスで導入されており、日本では平成24年度税制改正で過大支払利子税制が導入されています。

支払利子が損金算入されることを利用した租税回避行為を防止するための制度としては、これまで移転価格税制や過少資本税制が導入されてきましたが、これに加えて過大支払利子税制を導入することで、支払利子の損金算入要件が

厳格化される傾向にあります。

　過大支払利子税制と、過少資本税制、移転価格税制の違いですが、過少資本税制は、負債と資本の比率に着眼して負債が過大（＝資本が過少）な場合に利子の損金算入制限を行う制度であり、また、移転価格税制は、グループ会社間の支払利子が、独立した第三者間の利率に比べて高率な場合に課税を行うという利率に着眼した制度です。これに対し、過大支払利子税制は、課税所得そのものとの関係で支払利子に関する損金算入を制限するものです。言うなれば、過少資本税制と移転価格税制であった抜け道をふさぐ効果があります。

b．制度の概要—日本の過大支払利子税制

　日本における過大支払利子税制は、関連者に対する純支払利子等の額（支払利子から受取利子を控除した金額）が、事業年度の調整所得金額の50％相当額を超えるときは、その超える金額に相当する額は所得金額の計算上、損金の額に算入しないとする制度です。関連者には、その法人との間に直接または間接の持分割合が50％以上の関係にある者、実質支配・被支配関係にある者、これらの者による債務保証を受けた第三者があります。また、調整所得は、所得金額をベースにして、関連者の純支払利子、減価償却費、受取配当の益金不算入額、貸倒損失などを調整して算定されます。

【日本の過大支払利子課税の仕組み】

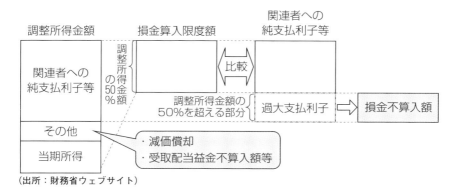

（出所：財務省ウェブサイト）

c．留意点

　過大支払利子税制を導入する国は近年増えてきていますので、海外子会社の借入に関する資金計画やグループ会社からの借入内容などを検討するにあたっ

ては、進出国での制度の有無やその内容を確認することが有用です。

(6) その他の税制

　海外子会社の所在地国の税制には、子会社の税金コストを低減させる税務プランニングに利用可能な税制があるので、これらを的確に把握し活用することは、子会社の生み出すキャッシュフローを最大化する観点から重要です。

　例えば、各国において、経済成長を促す政策の一環としてさまざまな税制優遇措置がとられていることは多いので、所在地国の税制優遇措置を把握し、自社で適用可能なものがあるか検討し、重要な漏れなく適用することは有用です。

　ただし、税制優遇措置は政策目的で導入されているため、期限付きであることや、税制改正で変更されやすいことに留意し、その時々で適時に制度を確認することが大切です。

　また、特に新たに海外で新規事業を開始する場合には、将来に向けた投資のために、事業開始当初の数年は欠損金を計上することがあります。このような場合には、繰越欠損金や欠損金の繰戻し還付に関する現地税制の内容（対象となる所得や期限など）を把握して、有効に活用することや、当該国に課税所得が発生している別のグループ会社があれば、連結納税の利用を検討することが有用です。

3 親子間取引における税務

QUESTION 23 移転価格税制

当社は海外に複数の現地法人を有しており、日本の親会社との間で販売・仕入などの取引を行っています。日本親会社と海外現地法人とが取引を行うにあたって、税務上どのような点に留意すべきでしょうか。

ANSWER

国外関連者との間を通じた恣意的な所得の海外移転を防止するため、その取引は、通常の取引価格（独立企業間価格）で行われたものとみなして課税されます（移転価格税制）。

移転価格税制が適用されると、所在地国と日本との二重課税が発生する場合があるため、企業側においては取引価格の算定過程を説明することができるように文書化しておくことが求められています。

≪解説≫

(1) 移転価格税制の概要

a．移転価格税制とは

日本企業が海外の関連企業（国外関連者）との取引について、取引価格（移転価格）を通常の価格と異なる金額で行えば、本来一方の得るべき利益を他方に移転することになります。移転価格税制は、このような国外関連者との間を通じた恣意的な所得の海外移転を防止するため、国外関連者との取引が通常の取引価格（独立企業間価格）で行われたものとみなして所得を計算し、課税する税制をいいます。

この移転価格税制は、企業側に租税回避の意図があったかどうかは問われません。また、この移転価格税制の適用局面は、棚卸資産の販売・仕入取引だけ

ではありません。次のような取引についても同様に適用の可能性があり、本税制について慎重な対応が必要です。

・海外子会社からロイヤリティを受け取る場合
・日本親会社が海外子会社に対して企画、会計財務、法務、事務管理等のサポートを行い、その役務提供に対する対価を回収する場合
・親会社における研究開発等の活動に要する費用について、その一部を海外子会社にも負担させている場合
・親子ローンにおいて貸付金利を通常より低い（または高い）利率としている場合

なお、国外関連者とは、外国法人で、法人との間に次のような「特殊の関係」のあるものをいいます。

①発行済株式等の50％以上の株式等を直接または間接に保有する関係（親子関係）
②同一の者によってそれぞれその発行済株式等の50％以上の株式等を直接または間接に保有される関係（兄弟関係）
③役員や使用人の兼務等により、一方の法人が他方の法人の事業の方針の全部または一部について実質的に決定できる関係

このように、移転価格税制の課税対象は基本的に50％以上子会社であり、100％子会社に限られません。現地パートナーとの合弁会社による場合は、パートナー側の利益に配慮して現地法人に一定の利益を確保するケースも多いものと考えられます。後々の税務リスクとならないよう、進出当初の段階から移転価格税制を考慮した取引価格の設定を行っておくべきであるといえます。

b．なぜ移転価格が問題となるのか

例えば、下記の図のように日本親会社において原価100円の商品があり、これを販売会社である海外子会社に160円で輸出し、海外子会社ではエンドユーザーに180円で売り上げているとします。この場合の利益は日本側で60円、海外子会社側で20円となります（パターン①）。

これについて、もし日本親会社から海外子会社への販売価格を120円としたら、その利益は日本側で20円、海外子会社側で60円となります（パターン②）。

いずれもグループ全体の利益としては80円であり、変わりません。ところが、それぞれの所在国の税率が異なると問題が発生します。

　すなわち、日本の税率が40％、海外子会社の所在国の税率が20％とすると、グループ全体としての税引後利益は大きく異なることになり、この例では8円の差額が生じています。

　これを課税当局の側からみると、本来日本側において得られた（と推定される）税額について、所得の移転によってその課税機会が失われたと考えることになります。そこで、国外関連者との取引が、通常の取引価格（ここでは160円）で行われたものとみなして所得を計算しようとする税制が移転価格税制なのです。

【移転価格税制のイメージ】

日本親会社　[①] 売上金額 160 円　　海外子会社　180 円　エンドユーザー
　　　　　　[②] 売上金額 120 円

	パターン①			パターン②		
	日　本	海　外	合　計	日　本	海　外	合　計
売上高	160	180		120	180	
原　価	100	160		100	120	
利　益	60	20	80	20	60	80

税額を考慮すると…　　差額0

	パターン①			パターン②		
	日　本 （税率40％）	海　外 （税率20％）	合　計	日　本 （税率40％）	海　外 （税率20％）	合　計
売上高	160	180		120	180	
原　価	100	160		100	120	
税引前	60	20	80	20	60	80
税　金	24	4	28	8	12	20
税引後	36	16	52	12	48	60

差額8

上記の例において、仮に親子間の取引価格（移転価格）を「パターン②」（120円）で行っていたとします。そのとき、日本親会社が同一の商品を第三者に対して「パターン①」（160円）の価格で取引していたとすると、日本の課税当局は本来の取引価格（独立企業間価格）は160円であるとみなし、課税を行います。一方の海外子会社側ではこれに応じて自動的に税額が減額されるわけではないため、結果的に「二重課税」の状態が発生することになります。これが移転価格税制が適用された場合の最大のリスクであるといえます。

【二重課税のイメージ】

■当初の税額

	日 本 (税率40%)	海 外 (税率20%)	合 計
売上高	120	180	－
原 価	100	120	－
税引前	20	60	80
税 金	8	12	20

■移転価格税制適用時

	日 本 (税率40%)	海 外 (税率20%)	合 計
売上高	160	180	－
原 価	100	120	－
税引前	60	60	120
税 金	24	12	36

16の税負担増

(2) 移転価格税制への対応

a．独立企業間価格の算定方法

移転価格税制の適用に伴う税務リスクを回避するためには、グループ会社間取引を、第三者間取引において成立する通常の取引価格（独立企業間価格）によって行うことが必要となります。

日本における「独立企業間価格」の算定方法は、OECD 移転価格ガイドラ

インにおいて国際的に認められた方法に沿ったものとして、次の基本三法や取引単位営業利益法、利益分割法のなかから適切な方法を選択することとされています。

①基本三法

・独立価格比準法（CUP法）

国外関連者との取引価格と独立第三者間の同種の取引における価格とを直接比較する方法

・再販売価格基準法（RP法）

国外関連取引に係る価格を、独立第三者間取引において稼得されている売上総利益率を基礎として比較評価する方法

・原価基準法（CP法）

国外関連取引に係る価格を、独立第三者間取引において適用されているマークアップ率（売上総利益÷売上原価）を基礎として比較評価する方法

②その他の算定方法

・取引単位営業利益法（TNMM）

比較対象取引から得られる営業利益の水準から国外関連取引に係る価格を比較評価する方法

・利益分割法（PS法）

各関連者の合算利益（分割対象利益）を一定の配分割合を用いて各関連者に配分する方法で、比較利益分割法、寄与度利益分割法、残余利益分割法の3種類があります。

なお、平成23年度税制改正において、基本三法を優先するという、独立企業間価格算定方法の適用優先順位が廃止されました（最適方法ルール）。したがって、後述する文書化にあたっては、採用した移転価格算定方法がほかの方法より適している旨を加えておくことが、税務調査における否認リスクの軽減につながるといえます。

ｂ．文書化義務

独立企業間価格にはさまざまな算定方法があり、最適な方法を選択し、かつ適切な価格を算定するためには、多大な労力が必要となるうえに、税務調査の際にはその算定過程を説明することも必要となります。

平成22年度税制改正により、移転価格調査の際に提示または提出を求められる書類が明記されました。移転価格に関する文書を作成することを一般に「文書化」といいますが、本改正により多くの企業において文書化のための対応が求められることとなっています。企業においては、形式的に「国外関連取引に係る独立企業間価格」の算定過程に係る書類を用意するだけでなく、移転価格の合理性を裏付けられるだけの分析資料を作成しておく必要があるのです。

【日本において文書化が求められている書類】

①国外関連取引の内容を記載した書類
・国外関連取引に係る資産の明細および役務の内容 ・国外関連取引において法人および国外関連者が果たす機能ならびに負担するリスク ・法人または国外関連者が国外関連取引において使用した無形固定資産その他の無形資産の内容 ・国外関連取引に係る契約書または契約の内容を記載した書類 ・法人が、国外関連取引において国外関連者から支払を受ける対価の額またはその設定方法および当該設定に係る交渉の内容 ・法人および国外関連者の国外関連取引に係る損益の明細 ・国外関連取引に係る資産の販売、資産の購入、役務の提供その他の取引について行われた市場分析等に関する事項 ・法人および国外関連者の事業の方針 ・当該国外関連取引と密接に関連する他の取引
②国外関連取引に係る独立企業間価格を算定するための書類
・選定した独立企業間価格算定の方法およびその選定の理由 ・採用した国外関連取引に係る比較対象取引の選定に係る事項およびその明細 ・利益分割法を選定した場合の法人および国外関連者に帰属するものとして計算した金額 ・複数の国外関連取引を一の取引として独立企業間価格の算定を行った場合のその理由および各取引の内容 ・比較対象取引等について差異調整を行った場合のその理由および方法

　この文書化義務は、日本だけでなくOECD加盟国を含む多くの諸外国においても定められています。したがって、日本親会社と海外子会社の両方において移転価格に関する文書を準備しておく必要があるということになります。移転価格の問題は、日本だけでなく相手国の課税当局からみても重大な関心事で

す。

　日本の移転価格調査においては、海外子会社が作成した文書もその対象となることとされています。もし海外子会社がそれぞれ移転価格文書を作成した場合、グループ内で移転価格の算定方針について整合性が取れなくなり、日本側で課税を受けるというリスクも想定されます。文書化にあたっては、海外子会社側との整合性についても十分留意して準備を進める必要があるといえます。

ｃ．相互協議と事前確認制度（ＡＰＡ）

　平成21年度税制改正において外国子会社配当益金不算入制度が導入されました。この制度では、日本親会社が外国子会社から受ける配当はその配当の95％が益金不算入とされているため、外国子会社の利益の日本国内への資金還流時にはほとんど課税ができないことになります。したがって、今後は利益稼得段階への課税の一つとして、移転価格税制の執行が強化されることが予想されます。

　海外子会社との取引について、万一、親会社または海外子会社のいずれかで移転価格課税がなされた場合、一時的に二重課税の状態が生じることになります。この状態を排除するため、海外子会社の所在国と日本との間で租税条約が締結されていることを前提として、両国の当局間で「相互協議」といわれる政府間協議が行われ、これによって相手国で還付を受けることができることとなっています。

　ただし、相互協議は政府間協議であるため企業は直接参加することができず、また、あくまで合意に向けた努力義務にすぎないため、必ずしも合意に至らない可能性もあります。この点からも文書化を含めた事前準備を行っておくことや、税務調査の段階において十分な説明を行っておくことが重要といえます。

　なお、このようなリスクを事前に回避するための制度として、「事前確認制度（APA）」も設けられています。

　事前確認制度は、国外関連者との取引に係る移転価格について、採用する独立企業間価格およびその算定方法の合理性について、税務当局が事前に確認する制度です。これにより、移転価格調査による更正等のリスクを未然に回避または減少させることができるようになります（事前確認には、日本の税務当局のみから受ける国内 APA だけでなく、２ヵ国以上の税務当局から確認を受ける APA もあります）。

ただし、APA の取得には専門家等の利用によるコストがかかるほか、通常多くの時間を要します。国税庁の公表する資料によると、平成25年度の APA の処理件数は141件で、同じ年度の発生件数152件をも下回り、翌年度への繰越件数は302件にもなっています。あくまで APA の取得には長期にわたる時間を要することを前提として対策を進める必要があります。

【相互協議案件数の推移】

事務年度 （7月1日〜翌6月30日）		相互協議事案の種別			合　計
		事前確認	移転価格 課税	その他	
平成23年度	発生	112	21	10	143
	処理	135	15	7	157
	繰越	289	51	19	359
平成24年度	発生	131	30	6	167
	処理	129	33	8	170
	繰越	291	48	17	356
平成25年度	発生	152	37	8	197
	処理	141	21	12	174
	繰越	302	62	15	379

（出所：国税庁報道発表資料）

QUESTION 24　外国子会社合算税制

　当社では税負担の軽減を目的として、低税率国に現地法人を設立することを検討しています。そのような場合、移転価格税制のほかに、税務上どのような点に留意すべきでしょうか。

ANSWER

　税負担率の低い子会社を利用した租税回避行為を防ぐため、一定の税負担の水準（20％）以下[1] の海外子会社の所得は、原則として日本法人の所得とみなし、それを合算して課税されます（外国子会社合算税制）。

　ただし、すべての外国子会社等が合算課税の対象となるわけではなく、一定の「適用除外基準」が設けられ、これらの基準をすべて満たせば、合算課税の対象から除外されることとなっています。

≪解説≫

(1)　外国子会社合算税制の概要

　Q23でみたように、高税率国に所在する会社の所得の一部を低税率国のグループ会社に移転すると、グループ全体としての税負担が軽減されることになります。

　外国子会社合算税制とは、日本法人による、税負担の著しく低い海外子会社を利用した租税回避行為を防止するために設けられた制度です。この制度では、一定の税負担の水準（20％）以下の海外子会社の所得を日本法人の所得とみなし、それを合算して課税されます。なお、この制度は、以前は「タックスヘイブン対策税制」とよばれていましたが、平成16年度より「外国子会社合算税制」と称されています。

1 ）平成27年度税制改正により、「20％以下」から「20％未満」に変更されることが予定されている。

【外国子会社合算税制の仕組み】

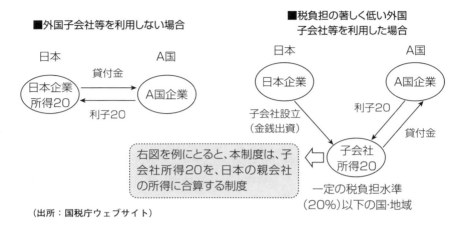

（出所：国税庁ウェブサイト）

　この制度では「適用除外基準」が設けられており、そのすべての条件を満たす場合には合算課税の対象とはなりません。ただし、その海外子会社が得る資産運用的な所得については、適用除外基準を満たす場合でも、日本法人等の所得と合算課税することとされています（資産性所得の合算課税）。

【外国子会社合算税制適用の流れ】

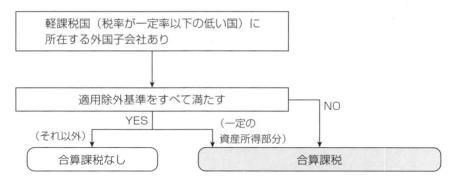

(2)　適用対象となる外国法人

　外国法人として外国子会社合算税制の適用対象となるのは、日本の居住者および日本法人によって発行済株式の50％超を直接・間接に保有されている「外国関係会社」のうち、税負担が著しく低い国等に所在する「特定外国子会社

等」に該当する法人です。

この「外国関係会社」の判定にあたっては、日本法人や居住者のほか、国外に居住する親族等（「特殊関係非居住者」といいます）の持分も含めることとされているため、留意が必要です。

また、税負担が著しく低い特定外国子会社には、次のような外国関係会社が該当します。

①法人の所得に対して課される税が存在しない国または地域に本店または主たる事務所を有する外国関係会社

②その事業年度における租税負担割合が20％以下である外国関係会社

このように、基本的には（トリガー）税率が20％以下の国に所在する外国関係会社は特定外国子会社等に該当する可能性が高いといえますが、租税負担割合を算定する際の対象となる「所得」には非課税所得（一般には配当など）も含めることとされており、実際の租税負担割合が表面税率よりも低くなるケースもあり、この点でも注意が必要といえます。また、進出国で優遇税制を受けていると実効税率が20％以下となる場合も考えられます。

なお、アジア主要国のなかで法定実効税率が20％以下となっている国としては、シンガポール（17％）、香港（16.5％）、台湾（17％）などがあり、またタイについても時限立法で2013年1月1日以降に始まる2会計年度について20％となっています。

(3) 合算税制を回避するための適用除外要件

税率の低い国や地域に展開する企業のなかには、日本に比べての税率の低さが進出理由の一つになっている場合もあると思われます。海外子会社が特定外国子会社等に該当すると、原則として子会社の稼得した所得が日本親会社の所得と合算されて日本側で課税、すなわち日本における税率が適用されることになるため、そのような企業にとっては重要な課税上の不確実性を抱えることになってしまいます。

一方、本制度において、すべての特定外国子会社等が合算課税の対象とされているわけではありません。すなわち、一定の「適用除外基準」が設けられ、これらの基準をすべて満たせば、合算課税の対象から除外されることとなっています。

「適用除外基準」は、次の４つの要件から構成されています。

【適用除外基準の４つの要件】

適用除外基準

①事業基準：主たる事業が持株の保有等、一定の事業でないこと

②実体基準：本店所在地国に主たる事業に必要な事務所等を有すること

③管理支配基準：本店所在地国において事業の管理、支配および運営を
　自ら行っていること

④次のいずれかの基準
　④-1) 所在地国基準：主として本店所在地国で主たる事業を行ってい
　　　　ること（主たる事業が下記以外の業種の場合）
　④-2) 非関連者基準：非関連者との取引割合が50％超であること
　　　　（主たる事業が卸売業、銀行業、信託業、金融商品取引業、保険
　　　　業、水運業、航空運送業の場合に適用）

このように、①あえて軽課税国で事業を行うことに経済合理性があって、②ペーパーカンパニーではなく、③当該子会社が独立性を持って管理・運営されており、④その国において事業を行っていることの合理性があることや独立した第三者との取引を行っていることが示せるかどうかが判定のための要件となっています。

そして、これらの要件は主観的な部分を多く含んでいるため、税務調査において思わぬ判定を受けることを避けるよう、判定過程やその根拠を疎明できるだけの資料を準備しておくことが重要です。

なお、適用除外要件をすべて満たすことによって合算課税の適用対象外とした場合には、確定申告書においてその旨を示した書面を添付することが求められています。

(4)　二重課税の排除

税率の低い国にある海外子会社が外国子会社合算税制の適用を受けると、その子会社の稼得した所得は日本の親会社の所得に合算され日本で課税を受けることになります。一方、その所得は現地国においても課税を受けていますので、二重課税が発生することになります。

　このような二重課税を排除するため、合算課税の対象となった所得に対応する外国法人税額について、外国税額控除を適用する仕組みが設けられています（本章■参照）。つまり、日本側で合算後の所得に対して課税される税金から、これに対応する外国法人税を控除することにより、調整が図られるのです（ただし、日本親会社において外国税額控除の枠が不足する場合には完全に二重課税を排除することはできません）。

　また、合算課税された外国法人から剰余金の配当等を受ける場合、合算された所得（特定課税対象金額）を原資とした配当等については、全額が益金不算入となり課税されません。特定課税対象金額を超える配当等については、当該子会社が外国子会社に該当することを前提とすると、外国子会社配当益金不算入制度の適用により、配当額の95％が益金不算入（別途5％部分の調整計算あり）とされ、いずれにおいても二重課税が排除されています。

QUESTION 25 国外関連者に対する寄附金課税

当社では新たに設立した海外子会社に当社の社員を出向させていますが、現地との給与水準の差などを勘案し、給与負担金（当社が支給する出向者給与のうち、出向先法人が負担すべき給与相当額）は受け入れていません。税務上どのような問題が想定されるでしょうか。

ANSWER

日本親会社が海外子会社等の国外関連者に無償で資産の譲渡やサービスを行った場合には、寄附金課税を受ける可能性があります。

このような寄附金は、その全額が損金不算入となります。

≪解説≫

(1) 寄附金の基本的な取扱い

法人が支出した「一般寄附金」については一定の損金算入限度額が設けられ、その範囲内において損金の額に算入されます。しかしながら、法人が「国外関連者」に対して支出した寄附金については、その全額を損金の額に算入しない（損金不算入）こととされています。

ここでいう寄附金は、金銭その他の資産の贈与をした場合に限りません。寄附金、拠出金、見舞金等の名目を問わず、経済的な利益の無償の供与をした場合も含まれます。その際の対象となる金額は、贈与の時の価額または経済的な利益のその供与時の価額となります。

また、資産の譲渡や経済的な利益の供与をした場合において、その対価の額が、その時の価格に比して著しく低いときは、その対価と時価との差額のうち実質的に贈与または無償の供与をしたと認められる金額についても寄附金に含まれることとされています。

つまり、企業の行う取引が対価性のない無償取引である場合や、その取引に実質的に贈与となる部分が含まれている場合も含め、寄附金は幅広く課税の対

象としているのです。

(2)　移転価格税制との関係

　企業が国外関連者との間で取引をするとき、その取引価格と独立企業間価格との差額は移転価格税制の適用対象となる可能性があります。

　このように寄附金課税と移転価格課税とは共通する部分がみられますが、「実質的に贈与または対価性のない無償取引」と認められた場合には寄附金課税となります（移転価格課税において移転価格が問題となる取引は、一般に有償取引であると考えられます）。

(3)　海外子会社との取引にあたって注意が必要な取引

　国税庁から公表されている「移転価格事務運営要領」では、寄附金課税となる可能性のある国外関連者との取引例が示されています。

　・寄附金課税の適用を検討することになる場合

　　　法人が国外関連者から経営・財務・業務・事務管理等の役務提供を受け、その対価の額の適否の検討に際して、国外関連者から受けた役務の内容等を記載した書類等によって役務の提供に係る実態等が確認できないとき

　例えば、事業立ち上がり段階で海外子会社の業績が厳しいときに、情報提供料や市場調査費用等の名目で支援を行うようなケースがみられますが、海外子会社側から受けた具体的な役務提供の内容を示す資料等を準備しておかなければ、国外関連者に対する寄附金として認定される可能性があります。

　・寄附金課税の適用がある場合

　　①法人が国外関連者に対して資産の販売、金銭の貸付、役務の提供その他の取引（以下「資産の販売等」といいます）を行い、かつ、その収益を計上していない場合において、その資産の販売等が金銭その他の資産または経済的な利益の贈与または無償の供与に該当するとき

　　②法人が国外関連者から資産の販売等に係る対価の支払を受ける場合において、その国外関連者から支払を受けるべき金額のうち、実質的に資産の贈与または経済的な利益の無償の供与をしたと認められる金額があるとき

　　③法人が国外関連者に資産の販売等に係る対価の支払を行う場合において、

その国外関連者に支払う金額のうち、金銭その他の資産または経済的な
利益の贈与または無償の供与をしたと認められる金額があるとき

　例えば、子会社への出向者に係る人件費や交通費を親会社で負担している場
合や子会社に対する低利での貸付、親会社が有する無形資産の無償での使用許
諾などがある場合、国外関連者に対する寄附金として取り扱われて日本親会社
側では全額が損金不算入となるため、取引にあたっては慎重な検討が必要であ
るといえるでしょう。

(4)　金融機関実務のポイント

　現地子会社への出向者の給与の一部を日本の親会社が負担することは往々に
みられるケースです。税法上、出向先との給与条件の較差を補填するための支
給額は日本側で損金算入されることになっていますので、負担金額の合理性を
説明できる資料を準備することはもちろんのこと、負担額も子会社の成長に応
じて定期的に見直しをするようアドバイスすべきでしょう。

4　事業撤退時における税務

QUESTION 26　事業撤退時における税務

　当社は製造・販売を目的とした現地法人を運営しておりますが、業績不振のため撤退を検討しています。撤退にあたって税務上どのような点に留意すべきでしょうか。

ANSWER

　現地からの事業撤退の方法には、現地法人の解散（清算）や売却などの方法があり、それぞれ日本と現地の双方について検討が必要です。
①現地法人（子会社）の清算
　・現地国における清算所得課税制度の有無
　・日本におけるみなし配当課税や株式譲渡損益課税へのインパクト
②現地法人（子会社）の売却
　・現地国における譲渡益課税の有無
　・日本における外国子会社配当益金不算入制度の適用の可否

≪解説≫

(1)　現地法人の清算

ａ．清算にあたっての一般的な留意点

　海外事業の撤退に伴って海外子会社を清算する場合、一般的にはまず海外子会社が清算を決議し、清算人を選任します。清算人を中心として資産の処分、債務の弁済が進められ、残余財産が日本親会社に分配されることになります。
　清算にあたっては、現地従業員の解雇に伴う追加的な退職手当や解雇手当の支給など、さまざまな手続や負担が必要となります。
　税務面については、日本親会社側のみならず現地子会社においても何らかの

課税問題が発生するケースが多く、日本と現地との双方から税務インパクトを検討することになります。

b．海外子会社における検討事項

清算時の課税方法は所在地国によってさまざまです。一般に、残余財産の価額から解散時の資本金等および利益積立金相当額を控除した金額を「清算所得」といい、日本においては平成22年度税制改正前まで清算所得課税が行われていました（現在は廃止）。中国など一部の国では清算所得課税制度が規定されており、そのような国においては、清算時に課税が生じる可能性があります。

一方、清算所得課税制度のない国においては、特に海外子会社が含み益資産を多く有する場合について、日本側で外国子会社合算税制（タックスヘイブン対策税制）の適用がなされる可能性があり、その要否について検討が必要となります。すなわち、外国子会社合算税制が適用されるトリガー税率（20％）を算定するための「租税負担割合」の分母には非課税所得も含めることとされており、清算所得が非課税とされる場合には分母にこれが加算されることにより、結果的に租税負担割合が20％以下となって同税制が適用されてしまう可能性があるのです（本章**3**参照）。清算所得課税の有無にインパクトを与える含み益資産は不動産に限られず、海外子会社の傘下に孫会社を有していてこの孫会社株式が含み益となっているような場合も想定されます。

また、清算に伴って現地国において「みなし配当」（後述）とよばれる課税が行われると、配当に対して源泉税が課せられる場合があります。この源泉税について、日本側においては外国子会社配当益金不算入制度の導入に伴い、外国税額控除の適用ができず、そのままグループとしての税務コストとなるケースが多いものと思われます。

なお、現地子会社の清算にあたっては、最終の税務調査の完了を清算結了のための条件とする取扱いが多くみられます。そのような調査は長期間にわたることも多く、結果的に会社清算までの期間が長期となり、会社の維持コストの発生や、清算によるタックスプランニングの不確実性要素となりますので、留意が必要です。

c．日本親会社における検討事項

①みなし配当と株式譲渡損益

日本においては、海外子会社独自の清算課税制度があるわけではないため、

通常の税法規定が適用されます。日本の税法においては、海外子会社が行う清算配当について「みなし配当」および「株式譲渡損益」が認識されます。

みなし配当と株式譲渡損益は、次のように計算されます。

みなし配当＝残余財産の時価（払戻額）－対応する資本金等の額

株式譲渡損益＝（払戻額－みなし配当）－子会社株式の帳簿価額

下記の図の例では、簿価300の100％子会社株式を清算し、これによる残余財産として1,000の分配を受けたケースを示しています。子会社株式の対応する資本金等の額が100であるため、みなし配当額は900（＝1,000－100）となり、株式譲渡損益は△200（＝（1,000－900）－300）と計算されます。

このうちみなし配当部分（900）については、外国子会社配当益金不算入制度の要件を満たしているとすると、その95％は益金不算入（＝課税されない）となります。一方で、株式譲渡損（△200）はそのまま損金の額に算入されます。

【清算に伴う日本側での課税関係のイメージ】

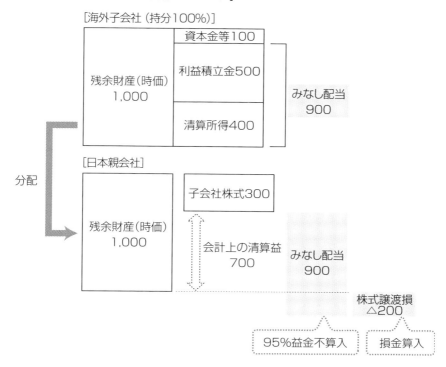

したがって、課税所得に対する影響額を考えると、下記の表のように△155となります。

項　目	金額
受取配当金（みなし配当）	900
益金不算入	△855（＝900×95％）
益金に算入される額	45
株式譲渡損（損金に算入される額）	△200
課税所得に対する影響額	△155

　このように、清算に伴う残余財産の分配取引は、結果的に課税関係に対して大きな影響を与えることがあります。

　先ほどの株式譲渡損益の式は、次のように組み替えることができます。

　　　株式譲渡損益＝対応する資本金等の額－子会社株式の帳簿価額

　したがって、株式譲渡損は子会社株式の簿価が対応する子会社の資本金等を上回る場合に発生することになり、結局、設立時から保有している海外子会社ではなく、M&Aで買収した子会社を清算する場合、株式譲渡損と外国子会社配当益金不算入制度の適用により、重要な税務インパクトが発生する可能性があります。

　なお、外国子会社配当益金不算入制度が適用される場合、配当に係る源泉税には外国税額控除が適用できず、また、損金の額にも算入されないこととなります。したがって、海外子会社の所在地国における残余財産の配当に係る源泉税は、日本親会社にとって純粋な税務コストとなります。

②子会社に対する債権放棄損の取扱い

　業績不振により債務超過となっている海外子会社を清算する場合、債務超過部分は親会社からの借入（親会社からみれば貸付）により賄われているケースが多いものと思われます。一般に、このような子会社の清算にあたっては、日本親会社はその債権を放棄し債務超過相当分の損失を負担します。この損失負担が日本親会社から海外子会社に対する寄附金であると認定されると、国外関連者に対する寄附金として、親会社側においてその全額が損金不算入として取り扱われることになってしまいます（本章**3**参照）。

この点、法人税基本通達9-4-1において、法人がその子会社等の解散等に伴い子会社等のために債務の引受けその他の損失負担または債権放棄等（以下「損失負担等」といいます）をした場合において、その損失負担等をしなければ今後より大きな損失を被ることになることが社会通念上明らかであると認められるためやむを得ず行われたもので、相当な理由があると認められるときは、その損失負担等により供与する経済的利益の額は、寄附金として取り扱わない旨が示されています。

したがって、債務超過となっている海外子会社を整理する際には、寄附金課税を受けないために、親会社側で損失負担をするにあたって、負担の範囲・金額や合理的理由の有無などについて、慎重な検討が必要であるといえます。

(2)　現地子会社の売却

ａ．子会社売却にあたっての一般的な留意点

子会社の売却は、相手側からみれば株式買収となるため、価格交渉やデュー・デリジェンス（買収調査）への対応、契約条項のすり合わせなど多くの労力を必要とします。

しかしながら、株式の売却形式をとれば、原則として権利義務は包括的に移転し、従業員の再雇用や債権者に対する債務弁済などの個別の手続を行う必要がないため、手続全体としては清算よりもはるかに簡便であるといえます。

税務面については、日本親会社側で子会社株式の売却損益に対する課税が発生するのはもちろんですが、現地子会社においても課税問題が発生するケースもあり、日本と現地との双方から税務インパクトを検討することになります。

ｂ．現地国における課税

①株式の譲渡益に対する課税

子会社が日本国内にある場合、親会社による子会社株式の売却は、子会社側からみれば単なる株主の異動にすぎません。したがって、子会社側において、売却に伴って特段の課税関係が発生することはありません。

ところが海外子会社については、一般的には租税条約で現地国での課税が制限されているものの、所在地国の国内法の規定により、その国の会社の株式が売却対象となった際に譲渡益課税が行われる場合があります。

例えば、日本親会社が中国子会社の持分を譲渡し譲渡益が生じる場合、中国

企業所得税法により、この譲渡益に対して一定の企業所得税が課されるケースが多くみられるようです。

【中国子会社を売却し、譲渡所得に課税される場合】

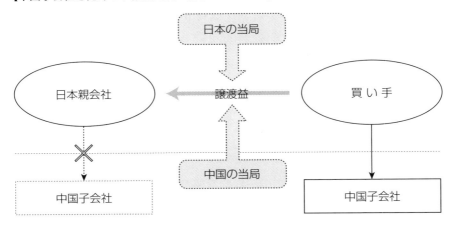

②二重課税の排除

上記の中国子会社の例のように海外子会社の所在地国において課税がなされると、日本親会社側でも譲渡益課税がなされるため、二重課税の状態が発生することになります。これについて、平成23年度税制改正において、租税条約の規定に基づき相手国にて課税された所得は、わが国における外国税額控除の控除限度額の計算において国外源泉所得に該当することが明記されました。

すなわち、対象となる所得が次の2つを充たすことを前提として国外源泉所得として取り扱われ、外国税額控除の適用を受けることにより二重課税が排除できることになります。

　・租税条約の規定により条約相手国において租税を課することができることとされる所得
　・租税条約の相手国において外国法人税や外国所得税が課される所得

c．日本における課税

①譲渡損益に対する課税

日本の国内法において、海外子会社の譲渡損益の取扱いについて特段の規定はありません。したがって、国内の子会社の売却と同様に、売却による譲渡収

入と譲渡原価との差額を譲渡損益として認識するのみとなります。

②グループ会社への売却の場合

日本親会社が行う海外子会社株式の譲渡について、譲渡先が外部第三者ではなく国内のグループ会社であった場合、平成22年度税制改正において導入されたグループ法人税制の適用を受けることになります。

グループ法人税制においては、「完全支配関係」がある他の内国法人に対して子会社株式等の一定の資産（譲渡損益調整資産）を譲渡した場合、譲渡側の所得計算上、その資産に係る譲渡損益を繰り延べることとされています。

したがって、海外子会社株式の譲渡先がグループ内の他の100％子会社である場合、これに伴う譲渡損益に係る課税は繰り延べられることになります。これにより、グループ内における海外子会社を含めた資本関係の再編を行いやすくなっているといえます。

なお、この制度が適用されるのは、譲渡法人と譲受法人がともに内国法人である場合に限られています。したがって、譲渡先（譲受法人）が外国法人である場合には、100％グループ内の取引であっても、譲渡損益の繰延は行われませんので注意が必要です。

グループ法人税制における完全支配関係とは、以下のような関係をいいます。

・ある者が法人の発行済株式等の全部を直接または間接に保有する関係（親子関係）

・ある者との間に当事者間の完全支配関係がある法人相互の関係（兄弟関係）

また、対象となる譲渡損益調整資産は以下のとおりです。

固定資産、土地等（固定資産を除く）、有価証券（売買目的有価証券を除く）、金銭債権および繰延資産のうち譲渡法人における帳簿価額が1,000万円以上の資産

③売却前の海外子会社からの配当の吸い上げ

海外子会社に留保利益が蓄積されている場合、売却に先だって日本親会社に対して剰余金の配当を行うことが考えられます。配当を行うと子会社の純資産が減少するため、対象会社株式の譲渡価格はその分減額され、株式譲渡益は圧縮されます。

この点、外国子会社配当益金不算入制度の適用を受けることができるとすれ

ば、配当額の95％が益金不算入（課税されない）となるため、トータルとしての課税額を抑制する効果があるといえます（ただし、所在地国側での配当源泉税は追加的な税務コストとなります）。

　特に現地の税務当局による譲渡益課税が想定される場合には、事前に配当を行っておくことにより、譲渡益課税のリスクを軽減する効果にもつながります。

【売却スキームによる税務インパクト】

■単純売却のケース

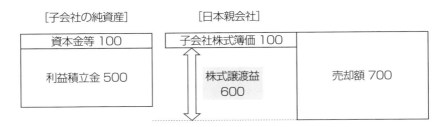

■配当＋売却のケース

項目	単純売却	配当＋売却
株式譲渡損益	600	100
受取配当金	―	500
うち、益金不算入	―	△ 475
課税所得への影響額	600	125

課税所得へのインパクトの差 475

第4章
資　金　計　画

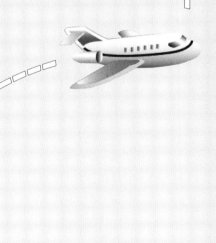

1 資金調達の全体像

QUESTION 27 投資総額の考え方

初期投資として、投資総額はどの程度必要になるのでしょうか。考えなければならない項目、考え方など教えてください。

ANSWER

総投資額は、土地代、建物代（工場の建設代金）、機械代金などに加えて、操業前費用、長期運転資金なども含めて考えるべきです。進出当初は最少額に抑えるのが鉄則です。5年程度のキャッシュフロー表を作成して、今後の必要資金も確認しておきます。

≪解説≫

(1) 投資総額の範囲

投資総額には、一般的な工場進出の場合、土地代、建物代（工場の建設代）、機械代金、操業前費用、長期の経常的に発生する運転資金などが含まれます。

機械代金には運送費用と据付費用や輸入関税も含みます。操業前費用には現地へのF/S調査や現地立上げ支援の本社出張費用、コンサルタントなど専門家へのフィー、会社登記や定款作成・登録の公的手数料などを含みます[1]。F/S費用などの本社費用は厳密にはプロジェクトの総投資額には含みませんが、必要コストには違いなく、投資コストに算入しておきます。また、運転資金は経常的に発生する長期の運転資金に加えて、現地法人が安定的に操業できるようになるまでの期間（半年から1年程度）の短期運転資金も考えるのが理想です。

これらは、仮に、進出計画が途中で中止になったりすれば損失額となる可能性があります。したがって、土地代や建物代を発生させないレンタル工場にするなど、最初はなるべく小さい金額に抑えてスタートするのが鉄則です。

1)　これらの費用を現地法人で費用計上できるかどうかは ASEAN・インド各国の規定によるので個別に確認が必要。一般的には、会社資本金の登録や定款の作成・登録などの公的手数料は現地法人の費用として計上できるが、本社の現地出張費用やコンサルタントなど専門家へのフィーなどの F/S 費用は本社経費とされることが多い。

（2）　具体的な投資額や費用の計算

　進出を行う場合の投資総額および関連費用の試算は、操業前支出額と少なくとも向こう5年のキャッシュフロー（資金繰表）を含めて以下のような項目で作成・整理するのがよいと思われます。

【海外進出に伴う費用の例】

①操業前費用

費用の項目	説明
現地出張費用（F/S 調査）	用地選定、現地市場調査などの出張旅費と宿泊費用等
現地出張費用（立上げ支援）	現地工場機械据付などの出張旅費と宿泊費用等
専門家フィー	会社設立や許認可取得の支援
定款作成・登録手数料	定款の作成とその登録のために現地で発生する手数料
資本金登録手数料	授権資本の登録のために現地で発生する公的手数料
本邦の書類作成費用	会社設立に必要な書類の公証や大使館査証取得のために本邦で発生する公的手数料
その他	予備費用

②現地設備投資など（初年度、操業開始前の費用）

費用の項目	説明
土地代	工場用地購入費用や当初一括払込みリース代金
建物代	工場・事務棟の建設費用
機械代金	工場の設備費用とその運送費用・据付費用・関税
事務用機器代金	事務棟の設備（机や OA 機器など）の費用
その他	予備費用

③5年間のキャッシュフロー

		初年度	・・・・・	第5年度
収入	売上合計			
	資本金			
	借入金			
	銀行借入金			
	親会社借入金			
支出	仕入原価			
	内国内			
	内輸入			
	人件費			
	内派遣邦人			
	内現地スタッフ			
	その他諸経費			
	光熱費			
	・・・・・			
	財務支出			
	借入金返済			
	投資支出			
	設備投資（※）			
当期資金過不足				
前期末現金残高				
当期末現金残高				

（※）上記の②現地設備投資など（初年度、操業開始前の費用）の金額

（3）　金融機関実務のポイント

ａ．総投資額を確認する

　取引先の海外進出計画について相談されたときは、まず総投資額をどのように考えているかをヒアリングして、親会社の売上高の規模や最近の利益の状態から考えて、どのくらいの影響度をもつものかを確認することが重要です。

ｂ．総投資額の中身をチェックする

　投資総額の概算がわかった場合でも、その金額がどこまでをカバーしているのか、できれば上記の表の①操業前費用や②現地設備投資など（初年度、操業開始前の費用）を参考にさらにヒアリングしてください。取引先にとっても必要な費用項目の再確認として有益です。

ｃ．投資の回収時期を想定する

　取引先はこれから海外に進出するわけですから、将来の投資の回収まではあまり客観的には捉えきれていない可能性があります。できれば上記の表の③5年間のキャッシュフローを参考に各項目をヒアリングして、現在の前提条件における投資回収の目処を取引先と共有することも可能です。

QUESTION 28 資金調達方法

資金を調達する際の基本的な考え方について教えてください。

ANSWER

　少なくとも土地代と建物代は資本金、それ以外については資本金か長期借入金にするべきです。運転資金については長期借入金などの外部負債とするのが基本です。借入については、進出先の現地通貨か円や米ドルなどの外貨になりますが、その選択は金利の水準よりも為替リスクを重視して選択します。

≪解説≫

(1) 資本金と外部負債

　総投資額の調達は、本社からの資本金と外部負債で賄います。外部負債とは借入のことで、現地銀行からの借入、本邦銀行からの借入、親会社（株主）やグループ会社からの借入が考えられます。なるべくなら全額を資本金で賄うのが安全ではありますが、いったん出資した資本金の減額は現地の会社法に沿った減資手続を行わなければならず、手間とコストがかかるのも事実です（Q29「(1)返済の義務」参照）。

　したがって、少なくとも土地代と工場建設代は資本金、運転資金は外部負債として、それ以外は資本金か長期借入金を考えますが、許す限り資本金を多くするのが基本的な考え方です。

　なお、国によっては資本金と外部負債の比率（資本負債比率：Debt Equity Ratio）に規制があります。したがって、この点も踏まえて調達計画を作成します（本章**2**Q32参照）。

【ASEAN 5ヵ国・インドの資本負債比率に関する規制】

タイ	原則として1：7以下 BOIの投資奨励申請には資本負債比率1：3以下が条件
インドネシア	外資企業の場合は投資許可申請において資本負債比率は1：3以下が条件（総投資額は100億ルピア以上）
フィリピン	特になし
ベトナム	外資企業が取得する投資許可証の総投資額、登録資本金等に制限
マレーシア	特になし
インド	特になし ただし、ECB（対外商業借入）が5百万米ドル超の場合で貸手が25%以上の株主の場合は資本負債比率1：4以下が条件

(参考) タイ：BOIプロジェクト認可基準、インドネシア：BKPM長官令2013年第5号、インド：
　　　中銀 Master Circular No.12/2014-15

(2)　長期資金と短期資金

　資金調達には借入期間によって短期（原則として返済期間が1年以下）と中長期（1年超）があります。もちろん返済義務のない資本金は典型的な長期資金ですが、借入の場合は長期借入と短期借入の組合せを検討することとなります。借入条件（金利水準や担保・保証）は長期借入がより厳しくなりますが、原則として海外進出投資の資金調達においては、返済期限が少なくとも1年超の長期借入になります。

【長短資金の調達と使用目的】

長期・短期の区別	資金の目的	調達手段
長期資金	土地代	資本金
	建物代	
	設備・機械代	資本金か長期借入のどちらか
	長期運転資金	
短期資金	短期運転資金	短期借入

（3）　ハードカレンシーと現地通貨

　資本金は外貨で送金しても現地通貨で送金しても、現地では最終的に原則として現地通貨として入金されます（一部の国では外貨預金に外貨のまま保有することも可能。本章**2** Q34「(3)資本金送金の通貨」参照）。一方、借入については現地通貨か円やドルなどのハードカレンシー[2]かを選択することができます。ただし、一般的な傾向として、親子ローンや本邦の銀行からローンを調達する場合の通貨は円やドルとなります。これは、日本など海外で貸手側が現地通貨を用意することが難しいためです。また、ＡＳＥＡＮ・インドなどの現地銀行からのローンは現地通貨あるいは米ドルなどの外貨となります（本章**4** Q41「(2)多様化した資金需要への対応」参照）。

　通貨の選択はそれぞれの通貨の金利水準の高低ももちろん大事ですが、むしろ後述する為替リスクに注意して決定することが重要です。

[2]　国際市場での交換性が保証されている通貨で、米ドル、ユーロ、円など。

QUESTION 29 資本金・借入の選択

　資金調達する際、資本金と借入金それぞれのメリット・デメリットを教えてください。

ANSWER

　資本金は返済義務がなく金利コストも発生しませんが、借入は返済期限があり金利コストが発生しますので、現地法人にとっては資本金が有利です。また、借入金は返済時の為替リスクに注意する必要があります。一方で、親会社からみると、いったん払込んだ資本金の回収（減資）は手続上簡単ではないので、実際は資本金の回収は配当によるしかありません。

≪解説≫

(1) 返済の義務

　資本金は返済期限もなく金利コストもありませんので、現地法人にとっては非常に安心できる資金です。ただし、資本金の返却は現地の会社法で規定されている減資手続をとらなければならず、時間と手間がかかるのが通常です[3]。したがって、本社など親会社にとっては、いったん出資するとその資金の回収は実務上は配当でしか行えないと考えるのが現実的です。

　一方で、借入金は返済期限が定められているので現地法人としては返済義務を果たし金利支払を行わなければなりませんが、親子ローンの貸手である親会社の立場からみると一定期間の後に資金の回収が可能となります。また、現地法人側からみても借入の場合には資金管理が徹底するという利点があります。特に、銀行など外部からの借入の場合は第三者への説明責任も必要となり、資金管理の透明性が向上します。

---

3) 減資手続は各国の会社法に規定されるが、一般的には、株主総会特別決議、当局への通知・登録、公告、債権者への通知と異議申立て受付けなどとなっていて、時間と手間がかかる。

(2) 為替リスク

資本金は原則として現地通貨建てで入金され、また、返済義務がないので現地法人側に為替リスクは発生しません。さらに親会社（株主）側についても、現地法人出資金は出資時のレートで記帳されるので決算時の評価損益が発生しません。

一方で、借入金については現地法人において為替損益が発生する可能性があります（本章**3** Q36「(2)デメリット」参照）。

(3) 配当と金利

資本金に対しては配当が支払われ、借入金には利息が支払われます。配当金は現地法人側の利益が支払原資になるので、現地に利益がないと支払えません。また、その支払は法人税など現地の税金を納付した後の税引後利益から、現地法で義務づけられている積立や引当がある場合はそれらを差引いた後でなされます。また、国によっては源泉税や配当支払税が発生しますので注意が必要です。以下に ASEAN 5ヵ国・インドについて整理しています。なお、現在は本邦では外国子会社配当益金不算入制度[4]が導入されており、日本の株主である親会社の課税率は低くなっています。このように、配当による回収は親会社にとっては現地法人の決算の状況、現地会社法上の積立や引当の制度、現地と本邦の税制などにより影響を受ける度合いが強いといえます。

一方で、借入金の金利は現地法人の決算が赤字でも契約で決められた金利を支払う義務が生じます。また、この金利は原則として現地法人の経費となります[5]。現地法人の観点からみると、金利は財務が苦しいときでも常に経費として発生し支払わなければなりませんが、配当金は利益が出たときに支払えばよいので、決算上は有利といえます。

4) 25％以上の出資をしているなど一定の条件を満たした「外国子会社」からの配当金についてはこれに係る費用の額として5％を差引いた95％の益金が益金不算入とされる（法人税法§23、法人税法施行令§22）。
5) 過少資本税制などにより一定額以上の親子ローンなどの金利について損金算入できない場合があり得るので、各国について個別に確認する必要がある。上記の ASEAN 5ヵ国とインドに関しては、明示的な過少資本税制はないが税務当局の判断には注意が必要である。また、インドにおいては「25％以上の直接出資株主から金額5百万米ドル相当を超える借入を行うには資本負債比率1:4以下が条件」となっている。

【ASEAN 5ヵ国・インドの配当に対する源泉課税の一覧】

タイ	10%（タイ国内法）
インドネシア	25%以上出資株主は10%、その他は15%（日尼租税条約）
フィリピン	10%以上出資株主は10%、その他は15%（日比租税条約）
ベトナム	なし（外国契約者税の対象ではない）
マレーシア	なし（源泉税の対象ではない）
インド	なし（インド国内法で配当支払税 DDT あり）

QUESTION 30 財務リスクとは

資金調達する際、想定される財務リスクとはどのようなものがあるので
しょうか。

ANSWER

金利の変動によって適用金利が急に上がったり（金利リスク）、為替相
場の変動によって返済や金利支払のための外貨調達コストが上がったり
（為替リスク）、あるいは、政策の変更や市場の急な変化によって借入の実
行や書替が難しくなったり（流動性リスク）することが資金調達上のリス
クとして考えられます。

特に、アジアの現地通貨の場合、現地市場の規模はそれほど大きくない
ので現地金融当局の政策の変更やその他の要因で市場の変化は急速に現れ
ることも多く、それだけに情報の迅速な入手が重要ですが、この情報の入
手は現地でないと難しいのが実情であり、より注意が必要です。

≪解説≫

資金調達に関する一般的なリスクとして、金利リスク、為替リスク、流動性
（アベイラビリティ）リスクの３項目があり、調達する資金によってこの３種
類のリスクがどの程度あるのかをよく確認しておく必要があります。

(1) 金利リスク

貸付金利は、金利支払期間ごとに市場に沿って変動する変動金利と、借入期
間にわたって固定される固定金利があります。借入人からみると、変動金利の
ほうが原則としてその時点の固定金利と比べると低いので有利といえますが、
市場で急激に金利が上昇した場合は借入金利も当然上昇し借入コストが増加し
ます。これが金利変動リスクといわれるものです。このリスクを避けるために
は固定金利ローンを選択することとなりますが、タイミングが悪いと高金利の
まま固定されてしまいます。

　アジアの現地通貨の場合には金利スワップ市場も発達していないことが多いのでヘッジの方法もあまりなく、金利の予想などに関する情報も豊富とはいえないので金利の選択には慎重でなければなりません。金利リスクを避けるためといってもあまり長期間の固定金利を選択するのは逆にリスクが高くなるおそれもあるので注意が必要です。

(2)　為替リスク

　借入通貨とその返済原資となるべき売上金の通貨が違う場合に為替リスクが発生します。例えば、タイに進出してタイ国内の日系企業や現地企業にその製品をタイバーツ建てで販売している現地法人が、親会社や内外の銀行から円建てや米ドル建てのローンを借り入れている場合には、金利支払や元本の返済時に売上収入のタイバーツを円や米ドルにエクスチェンジして支払うこととなりますが、このとき円や米ドル相場がタイバーツに対して高くなっていると、返済のためのタイバーツ資金の額が大きくなってしまいます。これが為替リスクです（本章**3** Q36「(2)デメリット」を参照）。

　円の金利水準が低いからといって売上収入など返済原資の通貨を考えずに円で借り入れると、あとで為替リスクによって思わぬ資金負担を負うこととなります。したがって、為替予約などのリスクヘッジの手段を検討しておく必要がありますが、ヘッジ後の実質金利のコストは現地通貨建てローンと同じ程度になり、低金利のメリットは当然に少なくなります。

(3)　流動性（アベイラビリティ）リスク

　現地金融当局の規制内容の変更などによる金融市場や為替市場の急激な変化により通貨の調達が難しくなる場合があります。例えば、現地市場で米ドルの為替相場が一定のバンド内に管理されているような場合に国際市場で米ドル相場が急激に上昇（下降）した場合などでは、現地市場の一定のバンド内の相場では米ドルの売手（買手）が存在しなくなります[6]。あるいは、何らかの理由で現地当局がその国の通貨の急激な引締め政策を採った場合などで、現地の銀行が現地通貨の貸出を限定的にしか行わなくなったような場合には、現地通貨の調達が思うようにはできない状況になります。こういったリスクが流動性（アベイラビリティ）リスクといわれます。

このリスクを最小化するためには、借入通貨や借入先の銀行などもよく検討する必要があります。

6)　例えば、ベトナム・ドンの対米ドル相場はクローリングペッグ制で取引バンドが設定されているが、時として米ドル・ドンの実勢相場の水準が取引バンドから外にはずれ、米ドル・ドンのエクスチェンジ取引が成立しない場合がある。

（4）　金融機関実務のポイント

　総投資額をヒアリングできても、その全額が資本金とは限りません。むしろ、適切な額の借入負債は海外進出プロジェクトの成功の秘訣ともいえます。どういった種類の借入方法があり、それぞれにどのようなリスクがあり、どういった考え方で決めていくのか、しっかり議論しておくことが重要です。特に、アジア通貨の金利や為替の情報は待っていては入ってきません。日頃から、新聞記事や雑誌の特集、各種セミナーやインターネット情報などにアンテナを張っておくことが重要です。

2　資本金

QUESTION 31　授権資本金と払込資本金

授権資本金と払込資本金はどのように決めればよいでしょうか。

ANSWER

　一般的には、資本金には会社の資本金の上限とされる授権資本金と、実際に払込がなされる払込資本金の2種類があります。一般的に、授権資本金は定款に記載されるのでこの変更には株主総会の決議が必要ですが、払込資本金の増加（増資）は役員会の決議で可能です（国によって例外があります）。

　各国の法律や規制によって、授権資本金の金額と最低限必要な払込資本金の金額の比率や、最低資本金の絶対額が決められている場合があります。これらの法律や規制を確認したうえで資本金額を決める必要があります。

≪解説≫

(1)　授権資本金および払込資本金とは

　一般的に、資本金には定款に記載されている授権資本金と、実際に払込がなされる払込資本金の2種類があります。授権資本金は、会社として株式を発行できる最大金額として定款に記載する資本金です。この授権資本金（Authorized Capital）は登録資本金（Registered Capital）とよばれることもあります。一方、払込資本金（Paid-up Capital）は、授権資本金の枠内で当面の必要資金として株主により実際に会社に払込まれた資本金額をいいます。なお、タイやフィリピンのように、株主が引受けた株式（引受資本金）のうち一部だけを部分的に払込むことが許されている場合もあります。

(2) 資本金の変更

　一般的に、授権資本金（登録資本金）の変更は定款の変更が前提となり株主
総会の決議が必要ですが、授権資本金の範囲内での払込資本金の増加（増資）
は取締役会決議で弾力的に行うことができます。ただし、例外もあります。イ
ンドネシアでは増資はすべて株主総会決議（ただし、払込資本金の増額決議は
授権資本金の増額決議に比較して緩い条件）とされています。

(3) 各国の比率規制

　この授権資本金（登録資本金）と引受資本金、払込資本金との比率は、各国
の法律で一定の比率が規定されていることがあり、ASEAN・インド各国でも
制度が相違しているので進出国の制度をよく確かめなければなりません。

　例えば、インドやマレーシアには特段の規定はありません。タイでは登録資
本（授権資本）の全額について株式を発行し株主によってその全額が引受けら
れなければなりませんが、実際の払込は会社から要請があるまではその一部
（25％以上）でよいこととなっています。ただし、BOIの奨励証書を取得する
場合は授権資本の全額払込が条件となります。また、フィリピンでは、授権
資本金の25％以上を引受資本とし、その25％以上を払込資本としなければなり
ません。一方で、ベトナムの場合は投資許可証で認可された資本金が登録資本
（授権資本）で、払込についてはこの投資許可証に規定された条件で行うこと
となります。以下にASEAN 5ヵ国・インドについてその概要を整理します。

【ASEAN 5ヵ国・インドの授権資本と払込資本について】

タイ	授権（登録）資本金の全額を引受・発行、そのうち25％以上を払込資本とする
インドネシア	授権資本金の25％以上を引受、その全額を払込資本とする
フィリピン	授権資本金の25％以上を引受、その25％以上を払込資本とする
ベトナム	定款資本金を投資許可証で個別に規定
マレーシア	規定なし
インド	規定なし

(参考) タイ：会社法 (民商法典) §1104,1105、インドネシア：会社法 (2007法第40号) §33①、
　　　フィリピン：会社法 (The Corporation Code of the Philippines) §13

QUESTION 32　最低資本金について

最低資本金の規制にはどのようなものがありますか。

ANSWER

　各国の法律や規制によって、最低資本金が決められています。会社法では国内企業と外資企業の区別なく最低資本金が決められていますが、これとは別に、その国の外資規制で外資企業のみに適用される最低資本金が定められている場合があります。

≪解説≫

　最低資本金については、Q31と同様に各国の会社法で定められたものと、それとは別に外資法や外資規制などで決められているものがあります。前者については、外資企業と現地企業に共通で適用されますが、後者は外資企業だけに適用されるものです。また、前者の会社法の規定については、インドのように公開会社と非公開会社で別々の最低資本金額が定められているケースもあります。

　いずれにしても会社法上の規定は金額も小さく外資企業にとって問題になることはないと思いますが、後者については、総投資額のなかの資本金比率や資本負債比率（本章1 Q28「(1)資本金と外部負債」参照）、特定の規制業種ごとに設定された最低資本金、外国人の就労許可取得の条件としての最低資本金など、いろいろな規定の仕方がありますので、ビジネスに必要な実際の資本金額とは別に、それぞれの進出国の規制業種、日本から派遣する人員の有無などに沿って事実上の最低資本金をチェックする必要があります。

　特に、最近増えてきている卸売・小売や流通業などで海外に進出するケースでは、アジアなどの新興国では規制が多いので注意が必要です。例えば、タイでは外資企業（外資が資本の過半を所有）が小売・卸売を行う場合は資本金が100百万バーツ以上ないと商務省の許可が必要です。マレーシアで流通サー

ビス（その他流通業）などに外資が参入する場合は1百万リンギ、また、フィリピンで国内市場向けの商売を行う場合は20万米ドル（従業員50人以上か先端技術がある場合は10万米ドル）がそれぞれ最低資本金となります。以下にASEAN 5ヵ国・インドについてその概要を整理します。なお、ここでは、小売・卸売や流通・サービスについて主なものを記載しましたが、それ以外の業種と詳細は別途、規制や通達をご確認ください。

【ASEAN 5ヵ国・インドの会社法上および外資法上の最低資本金】

タイ	■会社法：特に規定なし ■外国企業の規制業種3百万バーツ、その他2百万バーツ ■卸売100百万バーツ（店舗あたり）、小売100百万バーツ（あるいは各小売店の資本が20百万バーツ） ＢＯＩの投資奨励申請には負債の額は資本の3倍以内が条件
インドネシア	■会社法：50百万ルピア（授権資本、なお、払込はその25%） ■外国企業ＰＭＩ：総投資額100億ルピア、引受・払込資本金25億ルピア ■小売・商業サービスは最低資本金などの特別規定はないが出資比率規制がある
フィリピン	■会社法：5000ペソ（払込資本） ■小売業：2.5百万米ドル ■外資40%超の国内市場向ビジネス20万米ドル（ただし、先端技術あるいは50人以上の直接雇用の場合は10万米ドル）
ベトナム	■会社法：特に規定なし ■外資企業の新規進出は投資許可証の審査で適正な資本金を指導される ■小売・卸売：最低資本金の特別規定はない
マレーシア	■会社法：特に規定なし ■製造業ライセンスを取得する場合：2.5百万リンギ ■流通サービス（その他流通業：外資企業は1百万リンギ）
インド	■会社法：非公開会社10万ルピー、公開会社50万ルピー（いずれも払込資本） ■複数ブランド小売：100百万ドル

（注）個々に記載した業種などの最低資本金条件などは、小売・卸売や流通・サービスについてのみ、その主なものを記載している。

（参考）タイ：外国人事業法§14、外国人事業法リスト3、インドネシア：ＢＫＰＭ長官令2013年第5号、フィリピン：第9次外国投資ネガティブリスト、マレーシア：工業調整法、ＭＤＴＣＣガイドライン、インド：新会社法、商工省2014年 Consolidated FDI Policy

QUESTION 33 資本金の金額決定

資本金の金額は何を基準に決定すべきでしょうか。

ANSWER

　海外への新規進出の場合、授権資本金は、会社として今後5年程度のビジネスを見通して決められ、また、払込資本金は2年から3年程度の当面の資金の必要性から決められるのが通常です。いったん払込んだ資本金は返金するのは実務的に簡単ではありません。したがって、払込資本金は必要な時期に必要な額を分割して払込んでいくのが鉄則です。

≪解説≫

(1) 授権資本の決め方

　授権資本（登録資本）については、進出後5年程度のビジネスの拡大を見込んで決定するのが一般的です。授権資本の増加は株主総会の決議が必要となり、現地法人内部の手続ではおさまらないので、頻繁に変更するには手間がかかります。したがって、ギリギリに抑えた授権資本金額で余裕がない（具体的には、払込資本との差額がない）場合は急に増資が必要になった場合などは困りますが、逆に不必要に授権資本金額を大きくすると、資本金の登録にかかる現地の公的手数料は授権資本の額に比例するのが一般的なので、無駄な費用がかかってしまいます。

(2) 払込資本の決め方

　上記の授権資本の枠内であれば、現地法人の取締役会で払込資本を増資することが可能です（インドネシアなどの例外はあります）。いったん払込んだ資本金はこれを返金することはできません。もちろん、減資の手続で株主に返金を行うことはできますが、日本の場合でも株主総会の特別決議や債権者への催告などの手続が必要で、実務的にはなかなか大変です（本章❶ Q29「(1)返済の

義務」参照）。したがって、増資については必要な時期に必要な金額だけを分割して払込んでいくのが鉄則です（本章**1** Q28「(1)資本金と外部負債」参照）。

【資本金が決まるまでの流れ】

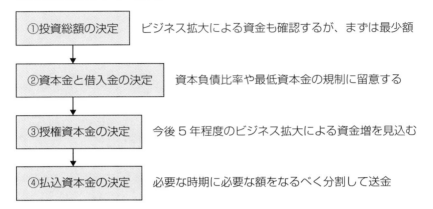

①投資総額の決定 ビジネス拡大による資金も確認するが、まずは最少額

②資本金と借入金の決定 資本負債比率や最低資本金の規制に留意する

③授権資本金の決定 今後5年程度のビジネス拡大による資金増を見込む

④払込資本金の決定 必要な時期に必要な額をなるべく分割して送金

QUESTION 34　資本金送金の注意点

資本金の金額が決定した後、資金を送金する際はどのようにすればよいのでしょうか。また、気をつけるべきことがあれば教えてください。

ANSWER

いったん払込んだ資本金は会社法などに基づいた減資手続をとらないと返金はできません。したがって、ある程度分割して確実に必要な額を送金していくことが重要です。

また、払込資本金は原則として円などから現地通貨にエクスチェンジするので、送金時期については為替相場の動向も注視しながら決定します。そのために時間的には余裕を持って検討する必要があります。日本で現地通貨にエクスチェンジして送金するのか、円や米ドルで送金し現地法人の口座に入金時に現地銀行でエクスチェンジするのか、あるいは外貨建ての資本金入金口座を開設して当面米ドルなど外貨のまま置いておくのか、アジアの国についてもいろいろなケースがあるので、あらかじめ検討しておく必要があります。

≪解説≫

(1)　資本金の返却は困難

資本金の送金については、当初の払込やその後の増資でも、いったん払込んだら返金は難しいので（本章**1** Q29「(1)返済の義務」参照）親会社と現地法人の間で資金計画をよく確認して、できる限り分割して少しずつ実施することが大切です。めんどうなのでとりあえず一括して送金するといったことは避けるべきです。

(2)　資本金送金の為替相場とタイミング

資本金は本邦から送金する際に、あるいは現地銀行で入金される際に現地通

貨に交換されるので、円と現地通貨の為替相場にも留意する必要があります。できれば円高のタイミングで送金を実施したいので、現地で資金支払が生ずる時期にある程度余裕を持って増資のタイミングを設定するとよいでしょう。

(3) 資本金送金の通貨

送金通貨は、本邦送金銀行で現地通貨にエクスチェンジして、資本金額や増資額と同額の現地通貨を銀行送金することが可能であれば手続上は最も簡単です。ただし、アジア通貨などでは為替相場が公示されておらず、日本側の送金銀行でエクスチェンジができないので、現地通貨建ての送金が実務上できないケースも多くあります。円や米ドルで送金して現地側で現地通貨にエクスチェンジする場合は、現地側の為替相場は本邦から送金する段階ではつかめないので、現地通貨建ての正確な入金額（したがって正確な払込資本金額）を外国送金を銀行に依頼する時点では確定できないという問題があります。一方で、ベトナムのように現地法人の入金口座（資本口座）が米ドル建てで開設できる場合、日本からの払込は米ドルで送金し、現地の米ドル（外貨）口座で米ドルのままで保有して、必要な時期に現地法人側で現地通貨にエクスチェンジするといったことも可能です。また、フィリピンでは中銀登録のためには円や米ドルなど外貨で送金することとなります。以下にASEAN5ヵ国・インドをまとめましたのでご参照ください。

【ASEAN5ヵ国・インドの資本金送金通貨（※1）】

タイ	バーツも可
インドネシア（※2）	原則として、米ドル・円などの外貨（現地で現地通貨にエクスチェンジ）
フィリピン（※2）	原則として、米ドル・円などの外貨（中銀登録が必要な場合（※3））
ベトナム（※2）	原則として、米ドル・円などの外貨（米ドル預金が可能なため米ドルが一般的）
マレーシア（※2）	原則として、米ドル・円などの外貨（現地で現地通貨にエクスチェンジ）
インド（※2）	原則として、米ドル・円などの外貨（現地で現地通貨にエクスチェンジ）

（※1）送金銀行によって取扱いが違う可能性があり、実際の取引にあたっては送金銀行に個別に確認が必要。

（※2）ＴＴＳとＴＴＢの両方あるいはＴＴＢのみが本邦では公示されていない。

（※3）中銀 Manual of Regulation on Foreign Exchange Transaction §34

（4）　現物出資

　日本から親会社の機械などを現地法人に持ち込む場合や、合弁事業の現地パートナーが所有している土地を工場用地として利用する場合などで、現物出資が検討されるケースがあります。この場合には、資産を価格に換算して資本金とすることとなりますが、一般的に、客観的で公正な価格評価には専門家の査定なども必要で簡単ではないこと、登記手続などのために特別の書類などを用意する必要が出てくることなどから、現地法人が通常の現金出資を受領した後で、改めて機械や土地を買い取る方法が簡単です。あえて現物出資を選択する場合は慎重に検討が必要です。

　また、将来に何らかの当局認可を取得したり、会社の清算などを行ったりする際に過去の増資のエビデンス書類を揃える必要がある場合がありますが、銀行送金による現金出資の場合は銀行の送金計算書や入金案内などの明確な書類が用意できるのも現金出資のメリットの一つです。

（5）　金融機関実務のポイント

ａ．タイミングを想定する

　取引先の海外進出支援において、資本金送金は一番のイベントです。土地の選定の完了や現地銀行の口座開設などの資本金送金に先立って行われるステップを考えて、資本金送金のタイミングをあらかじめ想定しておくことが大切です。

ｂ．為替相場情報を集める

　資本金送金に適用される為替相場は非常に重要なテーマです。通貨の為替相場の動向や先行きの予想について、市場専門家のコメントや解説などの情報を収集しておく必要があります。

ｃ．送金実務を確認する

　銀行送金が可能な通貨や現地入金銀行に向けた送金経路など、実務的な確認事項を済ませておく必要があります。

3 対外借入（親子ローンおよび本邦銀行からの直接借入）

QUESTION 35 対外借入とは

そもそも対外借入とは何のことなのでしょうか。

ANSWER

対外借入（クロスボーダーローン）とは、一般に現地法人が日本など国外の貸手から借入を行うことをいいます。親会社や株主から借り入れるいわゆる親子ローンや、日本の親会社の取引銀行から直接銀行借入を行う海外銀行ローンがあります。

≪解説≫

進出先の現地法人が資金を調達する場合には、前述のとおりに資本金と外部負債がありますが、この外部負債には現地国内借入と対外借入（海外からのローン）があります。また、対外借入はその借入先によって、親子ローンと海外銀行ローンがあります。親子ローンは、親会社など株主から借入を行い、海外銀行ローンは、日本の取引銀行などから現地法人が直接に資金を借り入れます。

資本金で入ってきた資金は返済義務や金利支払義務がないので現地政府の立場からも外貨準備として安心できるものですが、対外借入は将来の返済時や金利支払時に外貨の流出を伴うので進出先が新興国の場合、規制の対象になっていることが多くあります。ただ、この規制の内容は ASEAN 5ヵ国・インドでもさまざまで、タイやインドネシアのように中央銀行への報告で足りる比較的自由な国、ベトナムやフィリピンなどのようにローンの種別によって中銀への事前登録などが必要な国、インドなどのように細かな借入規制が強く残っている国があるので、事前によく確認することが必要です。

【親子ローンと海外銀行ローン】

■親子ローン

■海外銀行ローン

QUESTION 36 親子ローンのメリット・デメリット

親子ローンを実施する際、どのようなことがメリット・デメリットとして考えられるのでしょうか。

ANSWER

親会社からみたメリットとして、出資の場合は返済期限はありませんが、親子ローンの場合は一定期間後に返済が受けられること、金利は現地法人の収益状況にかかわらず支払を受けることができることなどです。これらは現地法人からみるとデメリットとなるでしょう。

また、銀行借入などに比べると交渉や外部報告の手間と時間が少なくてすむので現地法人としてはメリットが多いですが、逆にローンの社内管理などが甘くなるおそれもあるといえます。日本の企業の海外進出の場合、親子ローンは非常によく使われる方法です。

≪解説≫

(1) メリット

日本の企業が海外進出をして、その現地法人に資金を出す場合、資本金の次に検討されるのが親子ローンです。日本の企業は大企業から中小企業までこの親子ローンをよく使います。

資本金はいったん出資すると、仮に現地法人側に資金が余ってもこれを返金することはできませんが（本章■ Q29「(1)返済の義務」参照）、親子ローンであれば決められた返済期限に返済を受けることができます。また、親子ローンの場合は、銀行などへの定期的な財務報告なども要らないので管理の手間とコストは銀行借入と比べると小さいといえます。現地法人の業績が芳しくなかったり、別の設備資金が必要になったりと状況の変化から返済スケジュールの変更が必要になっても、親子間の話し合いで期限を延長することが可能です（現地当局への報告義務に注意）。万一、金利や元本の返済遅延が生じた場合も親

子間の社内で解決が可能なので、対外的なレピュテーションリスクが発生しないことも大きな利点です。特に、現地法人が100％出資会社の場合は、担保や保証なども不要と考えられます[7]。進出早々で人手が足らないなかでこの利点は大きいものです。

　また、現地法人の利益の有無にかかわらず親会社は金利の支払を受けることが可能です。増資では現地法人側の資金コストへの認識が甘くなりがちですが、親会社からするとローンの形式をとって金利負担もさせ返済期限も守らせることによって、現地法人の資金管理をしっかりしたいと思うのは当然です。

　親会社が海外進出の投資資金を本邦で銀行から借り入れる場合、この親子ローンの原資は、期日に現地法人から資金の返済を受けることが確定しているので、本邦の取引銀行に対しても融資を要請しやすいという利点があります。

7)　借入人である現地法人が合弁会社などの場合は、出資比率に応じた資金負担やリスク負担を踏まえて、担保や保証も含めて貸出条件の検討や契約書の作成が必要となる。

(2)　デメリット

　上記(1)で述べたメリットが見方によればデメリットとなります。現地法人からみた場合、資本金と違って返済期限があり金利負担もしなければならないこと、また、銀行借入と比べるとローン条件の設定が甘くなりがちで、元本や金利の返済期限の管理も親子間の馴れ合いになりやすいことなどが考えられます。

　為替リスクについては特に注意が必要です（本章 **1** Q30「(2)為替リスク」参照）。かつては進出先の現地法人で作った製品は日本や海外に輸出することが主流で、売上金（輸出代金）は外貨で回収されていましたが、最近の進出では現地マーケットで製品を販売したり、現地の日系企業に製品を納入したりするビジネスが増えていて、現地法人の売上金回収が現地通貨となっていることも多くなってきています。親子ローンの通貨は円か米ドルが一般的なので、親子ローンの金利支払や元本返済のために現地通貨をエクスチェンジして外貨を購入することは現地法人側に為替リスクが発生する原因となります。したがって、現地で為替予約を行うことも必要です。

QUESTION 37 親子ローンの現地規制

親子ローンを実施する際、現地の規制とはどのようなものですか。

ANSWER

アジアなどの新興国には対外借入の規制があることも多いので、この規制の有無や内容をまず確認しなければなりません。当局への申請や報告の方法と所要日数、および、貸出人、ローン期間、ローンの目的などの項目ごとの規制内容をチェックすることが必要です。

≪解説≫

(1) 親子ローンに対する規制

親子ローン（およびQ40で解説する「本邦の銀行からの借入」も同様）を実施する場合にまず確認することは、現地の対外借入規制の内容です。この規制内容は国によってまちまちで、ASEAN 5ヵ国・インドでも以下のとおりその規制の方針には相違があります。

①当局への申請や報告など

国によって事前申請、事後報告などがあります。インドのように自動認可ルートといっても中銀への事前登録に時間がかかるケースもありますので、実施には時間的な余裕が必要です。また、申請や報告についても現地外為銀行経由で実施する場合（インドなど）、借入人が直接に当局（中銀）あてに行う場合（ベトナムなど）があるので注意します。

②貸出人

マレーシアは、親会社など株主が貸手となる親子ローンと海外の銀行を含むその他の貸出人の場合で規制内容が異なります。インドの規制でも、認可される貸手として銀行や株主などが個別に規定されています。

③ローン期間

　１年超の中長期ローンが事前申請となるベトナム、また、その逆に期間３年未満の短いローンが自動認可ルートから外れてしまうインドなど、ローンの期間についての規制の方針も国によってまちまちです。

④金額と通貨

　一般的にはローンの通貨は米ドルや円などとなっていますが、タイやインドでは現地通貨建てのローンも可能です。また、マレーシアでは親子ローンなど株主以外からの現地通貨建てのローンは規制されています。

⑤金利

　具体的な規制がある国は少ないですが、インドのようにガイドラインでその上限を定めている国もあります。ただ、具体的な規制はなくとも、移転価格税制上では適正な水準である必要があります。

⑥目的

　フィリピンやインドのように目的を限定している場合があります。具体的な規制がなくとも、借入目的は、企業の定款の目的規定に沿ったもので、それぞれ外資認可（ベトナムの投資許可証やインドネシアのBKPM投資認可など）や国内の認可（マレーシアの製造業ライセンスなど）に準じたものであることが前提となります。以下にASEAN５ヵ国・インドの対外借入規制についてまとめましたのでご参照ください。

【ASEAN５ヵ国・インドの親子ローンに対する規制】

タイ	■事前申請・報告などの要否：為銀経由中銀へ報告（外貨建ての場合で5万米ドル以上の場合） ■貸出人：特に規定なし ■ローン期間：特に規定なし ■通貨：外貨・バーツ ■金利：特に規定なし ■目的（※1）：特に規定なし
インドネシア	■事前申請・報告などの要否：中銀へ報告 ■貸出人：特に規定なし ■ローン期間：1年超借入は事前報告対象 ■通貨：外貨 ■金利：特に規定なし ■目的（※1）：特に規定なし

フィリピン	■事前申請・報告などの要否：中銀へ事前登録（金利・元本返済にペソからエクスチェンジが必要な場合） ■貸出人：特に規定なし ■ローン期間：特に規定なし ■通貨：外貨 ■金利：特に規定なし ■目的（※1）：輸出志向プロジェクト、ＢＯＩ登録プロジェクト、ＩＰＰ優先分野他、短期ローンの場合は外貨需要目的
ベトナム	■事前申請・報告などの要否：中長期（1年超）の場合は中銀の事前認可 ■貸出人：特に規定なし ■ローン期間：1年超借入は事前認可 ■通貨：外貨 ■金利：特に規定なし ■目的（※1）：特に規定なし
マレーシア	■事前申請・報告などの要否：グループ会社や海外の直接株主から借り入れる場合は規制なし（中銀 Notice 2） ■貸出人：親子ローンなど株主・グループ企業からの借入は規制なし（※2） ■ローン期間：特に規定なし ■通貨：外貨・リンギ（※2） ■金利：特に規定なし ■目的（※1）：特に規定なし
インド（※3）	■事前申請・報告などの要否：貸出人、借入期間、借入目的、金利水準など詳細なガイドラインに沿って中銀事前登録（自動承認ルート）か中銀事前承認（個別承認ルート） ■貸出人：国際機関、国際銀行、株主（25％直接出資株主は自動承認ルート、ただし金額5百万米ドル超は資本負債比率1:4が条件）などを規定 ■ローン期間：金額20百万米ドル以下は平均期間3年以上、20百万米ドル超（750百万米ドルまで）は5年以上は自動承認ルート ■通貨：外貨・ルピー ■金利：3年以上5年以下 Libor ＋350bp 以下、5年超500bp 以下 ■目的（※1）：原則として設備資金（25％直接株主から平均期間7年以上の場合は運転資金も可）

（※1）定款・外資認可・国内ライセンスなどに沿った借入であることが前提。

（※2）株主・グループ企業以外の貸出人（外国企業や外国銀行）からの外貨建て対外借入は上限100百万リンギ相当、また、株主・グループ企業以外の貸出人（外国銀行を除く外国企業）からのリンギ建ての場合は総残高ベースで上限1百万リンギの金額規制がある。

（※3）詳細はインド中銀（RBI）Master Circular　No.12/2014-15 2014.7を参照

（参考）インドネシア：中銀規定 No.14/21/PBI/2012　中銀通達 No.15/17/Dint、フィリピン：中銀 Manual of Regulation on Foreign Exchange Transactions §22、ベトナム：政府 Degree134/2005/ND-CP、219/2013/ND-CP　中銀通達 No.09/2004/TT-NHNN、22/2013/TT-NHNN、12/2014/TT-NHNN、マレーシア：中銀 Notice 2、インド：中銀 Master Circular No.12/2014-15

(2)　金融機関実務のポイント

a．資本金と親子ローンはセットで考える

　一般的に、日本の企業が海外進出をする際の資金調達として、必ずといってよいほど親子ローンが使われます。したがって、取引先からの親子ローンについての相談に対応することは非常に重要です。また、この親子ローンの資金は金融機関にとっても融資のチャンスになります。

b．現地規制とリスクを確認する

　チェックポイントとしては、まずは現地の対外借入規制の有無と内容、次に、親子ローンの通貨と期間です。通貨と期間の選択で財務リスクが規定されますが、このリスクは親会社か現地法人のどちらかが負担することとなります。どちらで負担すべきかを総合的に判断して決定する必要があります。

QUESTION 38 親子ローンの注意点

親子ローンを実施する際に、現地の規制の確認以外に、どのような点に注意すべきでしょうか。

ANSWER

通貨の選定をする際には為替リスクについて注意が必要です。現地法人の返済資金の原資が現地通貨なのか外貨なのかをみて判断します。現地法人が輸出企業であれば外貨収入がメインでしょうし、現地での国内販売が主体であれば現地通貨建ての収入になっているはずです。

金利については移転価格税制の適用が拡大しており、親子間といっても正当性のある金利水準を適用しておかなければなりません。金利の支払は源泉税の対象になりますが、日本と進出先の租税条約による軽減税制の適用を確認し、本邦での外国税額控除の手続を行います。なお、契約書はたとえ親子間でもきちんと作成しておく必要があります。

≪解説≫

(1) 通貨の決定（為替リスク）

通貨については、円や米ドルが一般的ですが、現地法人に為替リスクを負わせたくないという意向が強い場合、まれに現地通貨建てというものもあります。この通貨の決定によって為替リスクが生じます。返済原資となるべき現地法人の収入がどの通貨なのかをまず確認することが重要です。

(2) 金利の決定

親子ローンの場合、金利は現地法人支援のためにあえて低金利にしたり、逆に現地法人の利益を還流させるために高金利にしたり、恣意的に決定されているケースもありますが、移転価格税制に抵触しないように親子間といえども市場金利などを基準に公正な金利水準としておく必要があります[8]。極端なケー

スでは現地法人支援の名目で無利子で貸付けているケースなどもありますが、低すぎる金利は日本（貸手側）の税務当局に、また、高すぎる金利は現地（借手側）の税務当局に指摘される可能性があります。また、インドなどのように対外借入規制上で上限金利を設定している場合（Q37の表【ASEAN 5 ヵ国・インドの親子ローンに対する規制】のインドの項を参照）は、もちろんこれに従って決めなければなりません。親子ローンの場合は、貸手と借手とも事務管理が簡単な固定金利などにしておくことも重要です。

8)　例えば、同様のローンを銀行から借りた場合に適用されるであろう金利など。

(3)　源泉税

　現地法人が支払う金利には現地で源泉税が課税され、原則としてこれを差引いた残余分が親会社に送金されます（Tax Lender's Account）。この源泉税は日本と各国との租税条約[9]で軽減されます。なお、タイなどでは銀行・金融機関への金利と、一定の出資を行っている親会社など株主への金利で税率に差異が出るケースもありますので注意が必要です。また、この現地で支払済みの源泉税は日本の外国税額控除制度（直接税額控除）[10]に基づいて親会社の法人税から控除することが可能となります。以下に、ASEAN 5 ヵ国・インドの金利に対する源泉課税についてまとめましたのでご参照ください。

9)　正式には「所得に対する租税に関する二重課税の回避及び脱税の防止のための日本国と XXX 国との間の条約」、2014年10月 1 日現在、日本は62条約（85 ヵ国・地域）と租税条約を締結している（財務省ウェブサイト）。
10)　親会社などの日本の法人が外国法人税を納付する場合は、一定の控除限度額を限度としてその外国法人税の額を法人税の額から控除することができる。

【ASEAN 5 ヵ国・インドの金利に対する源泉課税の一覧】

タイ	金融機関は10%（日泰租税条約） その他は15%（タイ国内法）
インドネシア	10%（日尼租税条約）
フィリピン	10%（日比租税条約）
ベトナム	5%（外国契約者税）
マレーシア	10%（日馬租税条約）
インド	10%（日印租税条約）

a．契約書を作成する（借入人の現地法人が100％出資の現地子会社の場合）

　100％出資の完全子会社の現地法人へのローンでも契約書の作成は必要です。銀行借入に用いられるような詳細なローン契約書は必要ありませんが、親会社と現地法人の担当者がいつでも必要なときに簡単にローンの条件の確認ができるように、また、当局など第三者に説明がきちんとできるように、必要最低限のものを英文で用意しておく必要があります。ローン契約書に記載されるべき必要最低限のものは以下のとおりです。

【親子ローンの契約書に規定すべき事項】

①日付：契約日とローン実行日　Contract Date, Drawdown Date
②金額と通貨　Amount, Currency
③金利水準と決定方法　Interest, Interest Calculation
④金利支払日　Interest Payment Date
⑤元本の返済スケジュール　Repayment Schedule
⑥期限前返済の可否　Prepayment

b．契約書を作成する（借入人の現地法人が合弁会社の場合）

　現地法人が合弁会社などの場合はより詳細なものを作成しておく必要があります。例えば、マレーシアに進出し現地企業パートナーとの合弁（日本側50％、マレーシア側50％）で現地法人を設立し、この現地法人に親会社から親子ローンを出す場合、現地法人の出資比率に応じてそれぞれローンを実行するのが原則です。ただ、日本と現地の株主がローン金額を折半して貸出を行うのは面倒なので、日本側がまとめて出すような場合もよくあります。こういった場合には、現地企業パートナーが本来ローンをする金額分については、日本側の貸出人あて保証を入れてもらいますが、こういった個別の状況に基づいた、より詳細なローン契約書や保証書の作成が必要となります。

【借入人の現地法人が合弁会社の場合の親子ローン】

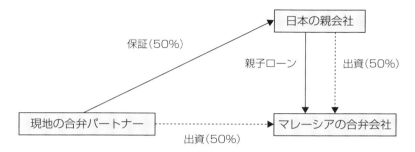

QUESTION 39 親子ローンに関連するスキーム

親子ローンに関連するスキームにはどのようなものがありますか。

ANSWER

　親子ローンのメリットと資本出資のメリットを併せ持ったものとして、優先株式（Preferred Stocks、Preference Shares）があります。また、親子ローンを出資金に転換するDEC（Debt Equity ConversionあるいはDebt Equity Swap）があります。

≪解説≫

　親子ローンと資本出資の中間の形態として償還期限付優先配当株式[11] があります。これはあくまで出資であり資本金の一部ですから現地通貨建てとなり、現地法人からみて為替リスクがありません。親会社への支払はあくまで「配当」なので利益が出ない場合は支払う必要はありませんが、配当の原資となる利益からは一般株式に優先して配当を支払うことができます。一般的に議決権は付与されません。一方で、親会社からみると償還期限がありローンのように期日の資金回収が可能です。優先配当株での出資はスキームとしては単純ではないのであまり一般的とはいえませんが、実施を検討する場合は、この方式による資金調達が現地の会計原則上で自己資本と扱われるかどうか、現地法人の定款で発行が許されているか、あるいは外資規制上の取扱いなどについて専門家への相談が必要です[12]。

　現地法人の資金状況などから親子ローンの返済が難しくなった場合、親子ローンの債権を出資金に振り替えるスキーム（DEC：Debt Equity ConversionあるいはDebt Equity Swap）も検討されることがあります。この場合も、専門家とよく事前相談する必要があります[13]。

11)　一般に、配当を普通株式に優先して受領でき、償還期限を付すこともできる。ただし、議決権が付与されないという制約を受けることが多い。詳細は各国の会社法などにより規定される。

12)　自己資本の扱いならば外資規制や取得しているライセンスなどの出資制限に抵触しないか、負債（対外借入）という扱いならば、現地の対外借入規制への抵触がないかなどの確認が必要。また、優先株の発行が定款上で規定されているか、発行に際しての役員会・株主総会での決議手続などの確認も必要。

13)　払込を伴わない増資になるが現地の外資規制への抵触の有無、親子ローンの返済は最終的に行われないが中銀報告の要否など対外借入規制上の手続はどうするか、役員会・株主総会での決議手続などの確認も必要。

QUESTION 40 本邦の銀行からの借入

日本の銀行から直接借入を行う場合、どのようなことがメリット・デメリットとして考えられるのでしょうか。

ANSWER

親子ローンの項とほぼ同じですが、アジアの一部の国では貸手が銀行などで親会社（株主）ではない場合は対外規制の内容、および租税条約上で軽減された源泉税の料率などが違っていることがあるので注意が必要です。

日本の銀行が現地企業に融資する場合には、借入人の確認を現地出張や書類上で行わなければなりません。また、日本の銀行が海外の現地法人から直接担保の差入れを受けることは実務上では難しいといえます。

≪解説≫

(1) 銀行が貸手の対外借入

日本の親会社から親子ローンの形態で資金援助を受けるかわりに、日本の親会社の取引銀行から直接に資金を借り入れる場合があります。貸手が銀行でも親会社など株主でも対外借入であることは同じですが、対外借入規制上の取扱いが若干違う場合がありますので注意が必要です。例えば、マレーシアは比較的対外借入には規制がありませんが、貸手が海外の金融機関など直接株主・グループ会社でない場合は借入金額や現地通貨建てローンは制限されています。インドでは対外借入（インドでは ECB：External Commercial Borrowings といわれます）の規制において自動承認ルートが認められる貸手が特定されており、株主以外による現通貨建てローンは制限されていましたが最近これは撤廃されました。

【ASEAN 5ヵ国・インドの海外銀行などのローンに対する規制】

タイ	■貸出人：特に規定なし（親子ローンと同じ） ■通貨：外貨・バーツ（親子ローンと同じ）
インドネシア	■貸出人：特に規定なし（親子ローンと同じ） ■通貨：一般的に外貨（親子ローンと同じ）
フィリピン	■貸出人：特に規定なし（親子ローンと同じ） ■通貨：一般的に外貨（親子ローンと同じ）
ベトナム	■貸出人：特に規定なし（親子ローンと同じ） ■通貨：一般的に外貨（親子ローンと同じ）
マレーシア	■貸出人：株主・グループ企業以外から外貨を借り入れる場合は100百万リンギ相当が上限 ■通貨：外貨（金融機関が貸手のリンギ建てローンは不可）
インド	■貸出人：国際機関、国際銀行、株主などを規定（親子ローンと同じ） ■通貨：外貨・ルピー（親子ローンと同じ）

(参考) Q37【ASEAN 5ヵ国・インドの親子ローンに対する規制】を参照。

(2)　源泉税

　Q38「(3)源泉税」で説明したように、対外借入の金利支払には借入国側で源泉税がかかり、その料率は日本と各国で租税条約がある場合は軽減税率が適用されることとなりますが、貸手が金融機関の場合と親会社など株主の場合とで違う料率が適用される場合があります。

　例えば、ASEAN 5ヵ国・インドをみても、貸手の区別なく10％としているインドネシア、フィリピン、ベトナム、マレーシア、インドなどに対して、タイでは貸手が金融機関の場合は低く設定されています。

　この源泉税は支払金利額から差引いて残額が日本側に支払われるのが一般的ですが、この部分は外国税額控除の制度を利用して本邦の法人税より控除されることになります。したがって、この控除が予定どおり行われないと金利収入が低くなり所定のマージンが得られないこととなりますので注意が必要です。

(3)　金融機関実務のポイント

a．借入人の情報をとる

　貸出人となる本邦の金融機関の担当者が、借入人となる現地法人の情報を直

接に手に入れることはなかなか難しいのが実情です。しかしながら、会社の所在確認は取引先の現地法人とはいえ確実に行う必要があります。可能であれば、現地へ出張して借入人たる現地法人の状況などを実際に確認することも有用です。たとえ短期間でも現地へ出張して会社と工場の視察を行い、現地取引銀行、JETRO、現地会計事務所などを訪問して状況を確認することも是非検討したいところです。日程の例を以下に示します。

【現地借入人への出張視察の日程例（ASEAN 5ヵ国の場合）】

第1日	日曜　DAY FLIGHT で現地入り	明るい間に現地視察
第2日	月曜　貸出先訪問、工場視察	貸出先状況確認
第3日	火曜　会計事務所、ＪＥＴＲＯ その日の夜行便で帰国	最新の日系企業動向や現地の問題の把握

　出張などが難しい場合は日本の取引先たる親会社経由で取得する書類で確認することとなります。貸出時の本人確認書類については、会社登録書（Company Registration、Certificate of Incorporation など）、定款（Articles of Association、Articles of Incorporation）、および外資投資ライセンスなども取得しておいたほうがよいでしょう。また、貸出実行後については少なくともASEAN 5ヵ国やインドでは法定会計監査が義務付けられていますので、会計年度（決算時）の確認を必ずしておいて、監査済の財務諸表を入手しておく必要があります。タイ、ベトナム、インドネシアなどの場合、書類は現地語で作成されていることが多いので、翻訳（少なくとも英文訳）を手配する必要もあります。

【借手の現地法人の確認書類の一覧】

会社の登録	会社登録証明書 Certificate of Incorporation
現住所	TAX Registration card など（※）
目的や内容	定款、外資投資の認可書やライセンス
財務状況	監査済み財務諸表

（※）設立時の登記関連書類では名目上の住所になっていることもあるので、納税登録証などで現住所を確認する。

ｂ．担保・保証を決める

　日本の金融機関など非居住者が、ASEAN などの新興国の現地法人から担保を直接に徴収することは実務的には難しく現実的ではありません。現地の法制で海外の会社に対して担保を差入れることを直接に制限していることは少ないと思われますが、抵当権設定の登記実務やいざというときの抵当権の実行（担保の取得とその売却・処分、受取代金などの日本への送金許可など、あるいは処分ができない場合の担保物件の維持管理などの実務）がスムーズには行かない可能性があるからです。したがって、日本の親会社の保証を求めるのが貸出人の立場からは一番合理的と思われます。ただし、親会社の立場で考えると、保証実行後は親会社が金融機関にかわって債権者になるので、もともとのローンが現地で許認可取得や届出をしている場合は、当局に対して行う貸出人変更報告などの手続をあらかじめ確認しておく必要があります。

ｃ．貸出人（金融機関）の立場からのメリット・デメリットを考える

　貸出人である金融機関としては、融資実行時には本人確認を出張や書類を通して確認することに加えて、その後の金利の支払や元本の回収を直接に海外からの被仕向送金で受領しなければなりません。また、親会社保証が条件となっていることが多いので、親会社保証書の取得も必要となります。一方で、親会社へ融資を行い、親会社がその資金で現地法人へ親子ローンを行う場合は、親子ローンの条件の内容ヒアリングや、現地法人の業況確認のための決算書類などの定期的な入手をしておく必要がありますが、これも親会社経由で行うことが可能であり、融資取引そのものは通常の国内取引の枠内で対応できるので、銀行側の事務手続はシンプルになります。

4 現地借入

QUESTION 41 現地ローンのメリット・デメリット

現地の銀行から借入を行う場合、どのようなことがメリット・デメリットとして考えられるのでしょうか。

ANSWER

メリットとしては現地通貨建てのローン、および、期間3ヵ月などの短期のローンが可能なことです。現地法人の現地販売先との決済条件もさまざまで資金繰りも複雑化していますが、きめ細やかなローンのニーズに対応することが可能となります。一方で、現地銀行への決算説明や定期的な業況の説明などを行う社内体制が必要になるなど、管理費用はかかります。

≪解説≫

(1) 為替リスクへの対応

進出先の現地の銀行から融資を受ける現地ローンの第一のメリットは、現地通貨建てのローンが可能であることです。進出先の現地法人の販売先・納入先は現地日系企業に加えて現地企業も多くなってきており、また、もともと現地市場や消費者への直接販売を目的として進出するケースも増えています。現地法人の売上金は現地通貨建ての比率が大きいのに、親子ローンの借入通貨が円や米ドルなどではそこに為替リスクが発生してしまいます。為替リスクについては1997年7月のタイバーツのフロート制移行で始まったアジア通貨危機[14]で経験したように、その衝撃は大きいものです。

14) 1997年当時、タイバーツは通貨バスケットに対するペッグ制であったが、実質的には米ドルにリンクしていた。1990年代後半のドル高と経常収支の赤字からタイバーツの過大評価がいわれていたが、1997年10月にはタイバーツは米ドルリンクを離れフロート制へ移行し対米ドルで切り下がるこ

ととなった。これを契機に主要なアジア通貨が対ドルで切り下げを余儀なくされた。当時、米ドル建てで借入を行っている企業は、現地通貨で換算した借入額は増大し、返済負担は重くなった。

(2)　多様化した資金需要への対応

　現地ローンの第二のメリットは、現地での資金需要に迅速に対応ができるということです。現地売りの比率増加に従って販売先との決済条件も多様化し、運転資金の金額や期間への迅速できめ細やかな対応も必要になってきました。現地法人にとってはより短期のローンの必要性も増大してきています。このような現地通貨建ての短期ローンは、親子ローンや海外銀行借入などの対外借入ではできないものです。また、国によっては現地銀行から米ドル建てローンなどの外貨を借りることも可能です。

　もちろん、増資や親子ローンを急遽実施することも不可能ではありませんが、先に述べたように（本章❶Q29「(1)返済の義務」参照）、増資はいったん行ったら返済ができず、親子ローンも国によっては対外借入の規制などがあります。現地の銀行からいつでも融資が受けられる体制になっていれば現地法人としては安心です。ただ、預金取引しかない現地の銀行に急に融資を申し込んでも、すぐに融資実行とはなりません。したがって、時間の余裕があるときに借入枠を申し込んでおくか融資取引を開始しておき、いざというときに迅速に追加融資が受けられるような取引関係を作っておく必要があります。

【ASEAN 5ヵ国・インドの現地での外貨ローンの可能性】

タイ	インドネシア	フィリピン	ベトナム	マレーシア	インド
可能	可能	可能	可能	可能	限定的

QUESTION 42 現地ローンの注意点

現地ローンを行う場合に注意する点を教えてください。

ANSWER

　アジア通貨建て現地ローンの場合、現地通貨市場はあまり大きくなく、したがって金利変動の幅も大きくなり、その予想なども難しい傾向があります。現地通貨金利の情報は現地でしか入手が難しく、日頃から現地での情報収集に注意しておかなければなりません。

　現地銀行からの借入では、通常は担保や保証の差入れが要求されますが、現地担保の差入れは実務的にも手間がかかることから、日本の取引銀行の銀行保証の差入れが一般的です。

　また、現地銀行との条件交渉や定期的な業況報告などを行う経理・財務のスタッフが必要で、返済期日や金利支払日などの期日管理や資金繰り管理のための社内体制も重要なポイントとなります。

　現地銀行には、地場の国営銀行や民間銀行、日本の銀行や外資系銀行の支店・現法などがあり、それぞれ特色があるので取引銀行の選定も重要です。

≪解説≫

(1) 金利リスク

　円や米ドルなどのハードカレンシー（本章**1** Q28「(3)ハードカレンシーと現地通貨」参照）であれ、タイバーツ、マレーシアリンギ、インドルピーなどの現地通貨（ソフトカレンシー）であれ、金利リスクはありますが、特にアジアの現地通貨の場合、流通市場がその国に限定されており当局の通貨政策の影響をダイレクトに受けることが多く、市場金利の予想なども難しいケースがあります。特に、現地銀行借入の金利はまだ完全には自由化されていない場合もあ

り、現地の金融当局の政策によって金利の変動が影響を受けやすく、変動金利条件では思わぬ金利負担を強いられたりする一方、長期固定金利条件では、金利を固定するタイミングをよく検討しておかないと、これも思わぬ高金利となってしまいます。

　現地通貨の金利動向などは現地市場でないとなかなか入手しづらく、常にアンテナを張っておき、現地銀行などからレポートを入手するなど現地での情報収集に注意しておく必要があります（本章**1** Q30参照）。

(2)　担保条件

　進出間もない現地法人は企業のトラックレコードがないので、現地の銀行から新規借入を行う際は担保・保証を要求されるのが通常です。この場合、現地法人としては親会社に親会社保証を差入れてもらうのが一番便利ですが、現地が日系銀行の支店などで日本でも親会社と取引があるような場合は別として、それ以外ではなかなか難しいといえます。また、工場や土地の物的担保の差入れについては、資産の評価、登記手続、契約書の作成など手続面で煩雑です。

　したがって、日本の親会社の取引銀行の銀行保証を差入れるケースが多くみられます（本章**3** Q35の図【親子ローンと海外銀行ローン】参照）。親会社の取引銀行が現地銀行と提携をしている場合は、その銀行に所定の保証あるいはスタンドバイL/Cを差入れてもらうこととなります。通常は、現地子会社がまず現地銀行に保証銀行や保証、スタンドバイL/Cの内容・様式などについて条件を確認したうえで、日本の親会社が日本の取引銀行と相談することとなります。保証料については、受益人である現地法人が負担するのが原則です。親会社保証の場合には、親会社が現地法人から保証料を受領することとなりますが、保証料率の妥当性には注意が必要です[15]。

　また、エビデンスとなる保証契約書の作成や、保証料送金に関して現地で源泉課税を差引かれている場合は日本での外国税額控除（本章**3** Q38「(3)源泉税」参照）の適用などに注意する必要があります。

---

15)　保証料率が公正な水準（市場における水準、例えば、第三者である銀行が保証した場合の保証料率など）と乖離していると移転価格税制に抵触するリスクがある。したがって、保証料を現地法人に請求していなかったり、料率が公正な水準より低い場合は本邦の税務当局に、また逆に高い場合は現地の税務当局に指摘を受ける可能性がある。

(3)　社内管理体制

　銀行借入を行っている期間は、貸出銀行に対して売上や収益状況などの業績についての定期的な報告をしたり、決算説明をすることなどが必要となります。また、現地法人の財務状況などに応じて、金利や返済期限の変更などローンの条件変更の交渉を説明資料を持って行うことが必要ですが、なかなか変更は難しいと考えておいたほうが無難です。したがって、資金繰管理や金利支払日や元本返済日の期日管理は徹底しておき、万が一にも事前の報告なく延滞が生じるような事態は起こらないようにしなければなりません。延滞については親子ローンでは大きな問題にはならないかもしれませんが、相手が銀行の場合はレピュテーションリスクの観点からも十分に注意する必要があります。

　こういったことから現地法人には経理・財務の専門スタッフを配し、現地銀行の担当者とも経常的にコミュニケーションをとる体制を作っておかなければなりません。こういった管理コストはかかるものの、資金管理や事務処理への意識が強くなり、社内ガバナンスが強化されるというメリットがあります。

(4)　現地銀行の種類

　現地の銀行には、現地地場資本による銀行、日系銀行の支店や現地法人、欧米や香港、シンガポールなど他国の外資系銀行の支店や現地法人などがあります。また、アジアの国などでは国営銀行も一般的です。それぞれに特色などがありますのでそれらを踏まえて選択することが重要です。

【 現地の銀行の特徴－ ASEAN の例（※）】

現地資本の銀行
・現地通貨の調達力が強く、現地通貨建てローンなどの商品が豊富
・現地での支店網が広く、進出国の遠隔地や地方都市の取引先との決済に有利
・個人取引のメニューが多く、従業員の給振口座の開設やクレジットカードの発行が便利
日系銀行の支店・現地法人
・日本本社との送金がはやい
・日本人スタッフが多く、日本語コミュニケーションが取りやすい
・日系企業取引に基盤があり、日系企業向けの外資規制や税務などの情報提供に強い

欧米系外資銀行

・歴史的に外資系企業や地場大企業との取引に強い

・個人取引に比較的力を入れている

（※）一般的な傾向として、あくまで参考情報として記載している。国や銀行によって違いがあるので、実際には個別に確認が必要である。また、最近では国によっては日系銀行と現地銀行の合弁も設立されているので業務範囲などは違ってきている。

(5)　金融機関実務のポイント

ａ．現地銀行を紹介する

現地銀行を取引先に紹介する場合はその銀行の現地におけるランキングや支店網などの情報もあわせて提供することが重要です。

ｂ．銀行保証を発行する

現地銀行に保証の差入れを行う場合は、保証方法がスタンドバイＬ／Ｃなのか銀行保証状なのかなど保証のフォームについてあらかじめよく確認しておかなければなりません。取引先が選択した銀行に保証状やスタンドバイＬ／Ｃを発行する場合は取引先経由でフォームを入手することとなりますが、発行フォームの内容のチェックも必要となるので、時間の余裕を持って入手するように取引先に依頼しておく必要があります。

5 輸出入ユーザンス

QUESTION 43 輸出入ユーザンスとは

輸出入ユーザンスによる運転資金の調達とはどのようなものなのでしょうか。メリット・デメリットがあれば教えてください。

ANSWER

例えば、日本の親会社から原材料を輸入し、製品をその親会社へ輸出している場合、現地法人の輸入決済を後払いにし、親会社の輸出決済を前払いや一覧払いにすることで、現地法人側の資金繰りに余裕を持たせることが可能となります。これにより親子ローンで運転資金を貸し出すことと同じ効果が出ます。信用供与の通貨・金額・期間が個々の貿易取引とひも付きとなっているので、貿易決済と一体管理も可能です。

≪解説≫

(1) 仕入れ決済と売上回収の足違いによるファイナンス

原材料の仕入代金の支払を遅らせるとともに製品の売上代金の回収を早めることで、手元資金に余裕を持たせ運転資金を調達することは可能ですが、実際には取引先との決済条件を自社に有利に変更する交渉はなかなか大変です。しかしながら、現地法人が親会社から原材料を輸入したり現地で生産した製品を親会社に輸出販売しているような場合には、親会社からの原材料輸入ではユーザンス期間を長くして、親会社への製品輸出では一覧払いや場合によっては前払いなどにすることで、現地で運転資金を作り出すことができます。

【輸出入ユーザンス】

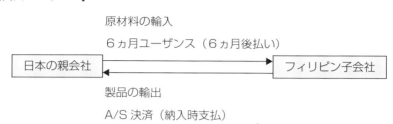

原材料の輸入

6ヵ月ユーザンス（6ヵ月後払い）

日本の親会社 ← フィリピン子会社

製品の輸出

A/S 決済（納入時支払）

(2)　輸出入ユーザンスのメリット

　この方法は、特段の契約書なども不要ですし、調達する運転資金の金額も決済額そのものですから余分な資金を借りたり不足があったりすることもなく、ユーザンス金利などの支払でも無駄が生じません。また、輸出入の決済と資金の管理が一体になっていますから、別途の借入管理などは不要で効率的です。

(3)　金融機関実務のポイント

　取引先が海外に現地法人を新規設立した後の親子間の原材料や製品の取引についてもよくフォローしておく必要があります。決済通貨や決済条件をよく確認して、輸出入ユーザンスを提案することによって現地法人の資金繰りを助けることも可能です。

QUESTION 44 リインボイスとは

リインボイスとは何のことでしょうか。注意点などもあれば教えてください。

ANSWER

　海外の現地法人の間で貿易取引がある場合、貨物は輸出者の現地法人から輸入者の現地法人へ直接に運送されますが、輸出入契約ではこの2者の間に日本の親会社、あるいはシンガポールや香港の統括会社などの第三者が仲介者として入り仲介貿易とする場合があります。

　仲介者となる本邦本社や海外の統括会社がインボイスを発行して中間マージンを得るとともに決済条件についても仲介者が輸出者と輸入者それぞれとの間で別個に定めることで、輸出者・輸入者に資金供与を行ったり、為替リスクを仲介者に集中したりすることが可能となります。

≪解説≫

⑴　リインボイスと仲介貿易

　企業の海外進出の拡大により、例えばベトナムで生産しインドネシアで販売するといったような海外生産・海外販売の取引は増加しています。今までは、日本本社で生産しインドネシアに輸出していたが、コスト削減のためベトナムに進出して工場を建て、そこに日本本社から生産機能を移転するといったケースです。この場合、ベトナム現地法人からインドネシア現地法人に直接輸出すると本社の売上は減少し、こういった取引が多くなっていくと日本本社は空洞化してコストセンターになってしまいます。また、これらの現地法人の相互間取引における製品価格や決済方法などの販売条件の決定も本社が直接には関与しないこととなります。こういった場合に、ベトナムとインドネシアの間に日本本社が入り仲介貿易にすることがあります。これをリインボイスといいます。製品はベトナムからインドネシアに直送されますが、インボイスはベトナム現

法−日本本社、日本本社−インドネシア現法と分割され、輸出入契約上やインボイス上ではベトナム現法から本社が仕入れ、本社がインドネシア現法に売却することとなります。こうすることで日本本社は仕入れと売上をたて、ベトナム現法からの仕入れ価格とインドネシア現法への販売価格との差額のマージンを計上し、また、両者の現法との決済条件を主体的に決めることができます。

　現地法人への財務支援の方法は、基本的に上記の親子間の輸出入ユーザンスと同じです。例えば、取引通貨を米ドルに統一し、本社は日本のメイン銀行などから通常の銀行取引のなかで借り入れた円を米ドルにエクスチェンジし、ベトナム現地法人からの輸入には早めに米ドルの支払をして、インドネシア現地法人への輸出には比較的長めのユーザンスを付けて米ドルの回収を先に伸ばします。そうすることで、ベトナムとインドネシア双方の現地法人に運転資金を提供することができます。その一方で、本社は米ドルの入出金のために為替予約などのヘッジを行って為替リスクを回避します。

【リインボイス】

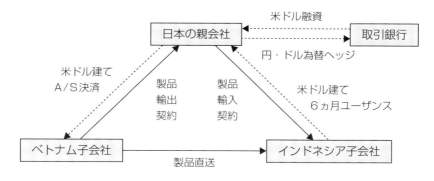

(2)　注意点

　最近はASEAN、ASEANと日本、ASEANと中国、ASEANとインドなどの間で締結されるEPAやFTAを活用して関税の削減を狙って地域内で分業を行うことがあります。EPAやFTAにおける特恵関税を享受するためにはそれらの条約に沿った原産地証明の入手が必須条件です。それぞれの協定でリインボイスが明示的に規定されているか、要求されている原産地証明の条件はどういったものかなどを具体的に確認して検討することが重要です。

QUESTION 45 輸出入ユーザンスの注意点

輸出入ユーザンスを利用する際の注意点とはどのようなものがあるのでしょうか。

ANSWER

輸出入ユーザンスの期間については、各国の外国為替管理法や関連の規則の対象となります。また、一定の期間以上は対外借入規制の対象になることがあります。したがって、これらのチェックが欠かせません。

また、親子間の輸出入ユーザンス取引の場合、親子間の為替決済なので管理が甘くなり、親会社あての輸入決済の期限が大幅に遅延していたり、決済遅延の取引が日常化するリスクも考えられます。

≪解説≫

(1) 輸出入管理法の規制

輸出入ユーザンスによるファイナンスは、親子ローンや海外銀行からの借入などを規制する対外借入規制とは別に、外国為替管理法や関連の規制による輸出入決済規制の対象となります[16]。新興国では、外貨獲得・外貨集中の強化のために輸出債権の回収期限を定める一方で、外貨建て債務の管理のために輸入決済期限（輸入ユーザンス期間の最長期間など）も定めていることが一般的です。

本件の場合、現地側に運転資金の余裕を作るのが目的なので輸出債権の回収期間に抵触することはあまりないと思いますが、輸入ユーザンス期間の規制には注意しなければなりません。以下に、ASEAN 5ヵ国・インドの輸出入ユーザンスやシッパーズユーザンスの期間についての規定をまとめていますので参考にしてください。

16) 例えば、ベトナム、フィリピン、インドでは対外借入規制のなかで一定期間を超過した輸入の後払いなどについてもカバーするとされている。

【ASEAN 5ヵ国・インドの輸出入ユーザンス規制など（※1）】

タイ	■輸出債権回収：360日以内 ■輸入ユーザンス規制：特になし
インドネシア	■輸出債権回収：90日あるいはユーザンスL／C決済後14日以内 ■輸入ユーザンス規制：特になし
フィリピン	■輸出債権回収：特になし ■輸入ユーザンス規制：L／C決済のユーザンスが1年以上の場合は中長期借入とみなされ、ペソからのエクスチェンジが必要な場合は中銀の事前許可が必要となる
ベトナム	■輸出債権回収：特になし ■輸入ユーザンス規制：中長期の輸入ユーザンスは外国ローン（Foreign Loan）の規制を受ける
マレーシア	■輸出債権回収：6ヵ月以内 ■輸入ユーザンス規制：特になし
インド	■輸出債権回収：9ヵ月以内 ■輸入ユーザンス規制：6ヵ月以内（ただし、20百万ドル以下の取引は外為銀行の判断で1年まで(資本財は5年まで)延長可能

（※）輸出入ユーザンスの期間の設定や変更などは中銀の通達などで出されることが多く、最新の規定については判り難いことも多い。したがって、実際の取引にあたっては現地の専門家などに最新の規制内容を確認する必要がある。

（参考）タイ：中銀通達 ECD（02）Wor.28/2551 2008 Feb 4 、インドネシア：中銀規定13/21/PBI/2011、フィリピン：中銀 Manual of Regulation on Foreign Exchange Transactions §9、ベトナム：政府 ORDINANCE PL-UBTVQH11 No.160/2006/ND-CP、中銀通達09/2004/TT-NHNN 2004 Feb.21、マレーシア：中銀 Notice 7、インド：中銀 Master Circular No.14/2014-15（輸出）、Master Circular No.13/2014-15（輸入）、Master Circular No.12/2014-15（ECB）

(2) 輸出入ユーザンスの注意点

　親子間の輸出入ユーザンスによって現地法人側に運転資金を作っている場合、ややもすれば管理が甘くなっていることがあります。もちろん、通常の親子ローンでも親子間なので管理が甘くなって金利や元本の支払が遅延しているケースが発生しがちですが、特に輸出入ユーザンスの場合、現地法人に対しての輸出で決済遅延が生じていても、親会社にとっては個別の輸出金額はあまり大きくありません。また、親子間貿易取引の売掛金回収遅延なので日常的にはあまり厳格な管理がされていないことも散見されます。実際に輸入決済を行う

段になって、輸入ユーザンスの規制に抵触し、現地の中銀へ輸入決済の許可申請を行わなければならないことが判明し、あわてて手続するようなことは避けなければなりません。個別の輸出入決済の管理はきっちり行っていくことが重要です。

（3）　金融機関実務のポイント

　現地法人の資金支援については、増資が行われたり、親子ローンの増額が行われていればわかりやすいですが、親会社の輸出売掛金が延滞している場合はなかなかその事実がわかりにくいので注意が必要です。

第5章
進出の実務と手続

1 外資規制

QUESTION 46 外資規制

国内企業が海外進出を検討する際、最低限必要とされる資本や活動できる業種および業態などの制限はあるのでしょうか。あるとすれば制限にはどのようなものがありますか。

ANSWER

ほとんどの国には、安全保障、産業政策、経済政策などの観点から外資規制とよばれる国内企業への外国資本に対する規制が存在します。

外資規制には、特定の業種に対する外国企業の参入制限や参入禁止、外国資本の出資比率制限などがあります。

外資規制の内容は各国ごとに異なり、その時々によっても変わっていきますので、海外進出する際は対象国の最新の法令等を把握する必要があります。

≪解説≫

(1) 規制の種類

アジアを中心に世界各国では、一定の外資規制が依然として幅広く残されています。国によってさまざまな形式での外資規制が存在しますが、自国の安全保障や産業保護のために、外国企業の活動を禁止する業種、および活動を規制する業種が定められるケースが一般的です。また、外国人からの出資比率が制限されている場合や、国によっては外国人または外国法人による土地の取得が制限されている場合もあります。

(2)　制限される業種

　海外進出を検討している企業は、自社が進出先において予定している事業や
サービスについて現地で活動することが可能か否か、また、可能である場合は
どのような形態であれば可能かを、事前に十分に検討する必要があります。国
によっては「外国企業」の定義にあてはまる要件も異なる場合がありますので、
予定している進出形態が外国企業に該当するか否かについても注意が必要です。

　規制される業種は国によって異なりますが、主に国家の安全保障に関する活
動、自国の自然環境に影響を与える可能性のある活動、公共事業に関する活動、
メディア活動等が規制の対象となっており、加えて自国の産業政策・経済政策
に基づいて、外国企業の活動が規制されます。主なアジア諸国の規制内容は後
掲の表に示したとおりです。

(3)　その他の留意点

　事業を行うにあたり、現地で承認を得るための手続が必要となりますが、国
によっては申請から認可までの手続が何段階にも及び、非常に時間がかかる可
能性があります。進出する国ごとに現地の専門家のアドバイスや関連機関の
ウェブサイトを参考にして、事前にできるだけ情報を集め、手続や想定される
コストおよび日数を調査しておく必要があります。

　具体的には管轄している組織、基づいている法律、申請に必要な書類、申請
前に日本で満たしていなければならない要件等を確認し、申請前に準備が必要
なものがあれば早急に確認・手配する必要があります。

　また、いったん情報を入手しても、国によっては比較的頻繁に関連する法律
が改正される場合がありますので、常に情報を最新のものにアップデートする
体制が必要となります。

　加えて、法律では明記されていないものの過去に認可された実績がない事業
や、慣習として外国人には許可されない事業があるといったケースもあり、必
ずしも日本の常識が通用するわけではありませんので、現地での実務に詳しい
スタッフや専門家のアドバイスが有効となります。

【アジア主要国の規制内容(1)】

	タイ	インドネシア	フィリピン	ベトナム	マレーシア
規制業種	外国人事業法（1999年改正、2000年3月施行）に基づき、規制業種を3種類43業種に分け、それら業種への外国企業（外国資本50％超）を規制している。	禁止業種および規制業種（大統領規程2014年第39号）が定められており、外国企業による活動を規制している。I. 禁止業種、II. 規制業種（ネガティブ・リスト形式で指定されている。	外国資本の投資が規制・禁止される業種は、1991年外国投資法（共和国法第7042号、1996年改正）の規定に従い、必要に応じ、定期的に改定される「ネガティブ・リスト」に記載される。ネガティブ・リストは、リストA（外国人による投資・所有が禁止されている業種）とリストB（安全保障、防衛、公衆衛生等を理由に外国資本を40%に制限）に分かれている。	一般投資法および投資法の施行細則を定める2006年9月22日付政令Decree No. 108/ND-CPにおいて、禁止投資分野と条件付投資分野が定められており、ベトナムの国防、文化遺産、国民の健康、自然環境を害する事業などがその対象となる。	一般に国家権益に関わる事業、すなわち水、エネルギー・電力供給、放送、防衛、保安等に関して、政府は外資参入を30%までに制限している。
外国企業の土地所有の可否	原則として外国人（法人を含む）は土地取得不可。しかし、工業団地公社（IEAT）やBOI奨励企業など、認定企業は、出資比	土地所有権はインドネシア国民（個人）にのみ認められている。法人は所有権に代わる権利を得たうえで、工場を建てる	土地の所有はフィリピン人もしくはフィリピン人が資本の60%を有する株式会社にのみ許可されている。外国人投資家	外資系企業、あるいは事業協力契約の外国当事者は、投資案件の実施にあたり土地を所有することは認められず、ベトナ	マレーシアの土地は州の管轄となっており、土地・不動産の所有に関しては州当局の認可を得て、土地の登記を行う。住

率にかかわらず土地取得が可能。また、改正1999年5月に改正された土地法では、4,000万バーツ以上の投資等の条件を満たした場合、居住用として1ライ（1,600平方メートル）以下の土地の取得も可能としている。	等して操業することができる。	ム政府から土地を賃貸する形になる。 が産業目的のみで土地を利用する場合、1回の更新を含み最長75年間のリースが認められる。	宅に関しては、外国人個人の登記も認められているが、商業物件、工業用地、農業用地は、現地法人を設立し、登記しなければならない。
資本金に関する規制 外国企業（外資マジョリティ）の最低資本金は200万バーツ以上。ただし、外国人事業法の規制業種に基づく特別の認可を取得する必要のある業種の場合は原則として最低資本は300万バーツ以上。タイ企業（タイ資本マジョリティ）は最低資本金の規則はない。	外国投資の場合は、投資許認可の指針と投資許認可に関する投資調整庁長官規定（2013年第5号）に従い（1）土地建物を除く投資額の合計が100億ルピアあるいは米ドル相当以上、（2）引受資本金と払込資本金は同額で25億ルピアあるいは米ドル相当額以上を満たす必要がある。	外国資本が40%超の会社は、国内市場向けの場合、最低払込資本要件は20万米ドルである。ただし、先端技術を有するか、50人以上を直接雇用する場合、最低払込資本要件は10万米ドルとなる。銀行等の特定業種には別途高額な最低資本金が課せられている。	一部の条件付投資分野に関しては法定資本が定められている（銀行業、保険業、海外向け労働者派遣、不動産、航空サービス、映画作成など）。	事業や許認可により最低資本金が定められている。製造業では250万リンギ、非製造業では100万リンギの最低払込資本金が定められている。

（出所：JETRO「各国・地域データ比較」）

[アジア主要国の規制内容(2)]

	インド	中国	シンガポール	ミャンマー
規制業種	ネガティブ・リストにより外国直接投資が禁止・規制されている業種・形態、土地出資比率などの規制がある業種、外国投資促進委員会（FIPB）の個別認可が必要な業種などが規定されている。	「外国投資産業指導目録」（2012年1月30日施行・改正）により、禁止、制限、禁止業種を指定。また、工商局資分野の重複を避けるため、投資禁止リスト（2004年4月〜）を発表。	外国資本による事業所有に関して、国家の安全保障に関わる公益事業、メディア関係等の一定の分野を除いて制限はない。	MIC通達49/2014により、禁止活動11分野、合併事業の形で許可される経済活動30分野が指定されている。1％でも外国資本が入っている場合、外国企業として扱われる。
外国企業の土地所有の可否	外国企業のインド法人および支店による不動産の購入は可能。ただし、土地売却代金の海外送金にはインド準備銀行（RBI）の事前許可が必要となる。また、ノンバンク駐在員事務所については不可。	土地の所有権は原則として国家に帰属し、外国企業の土地所有は認められない。ただし、土地の使用権は認められる。	居住用不動産法に基づき、国土庁（SLA）による一定の制限が設けられている。	不動産制限法により、外国人、外国企業には土地所有は認められない。なお、土地の賃借は当初50年間、10年の延長が2回可能。土地の賃貸は政府所有地だけでなく民間の所有地も可能。
資本金に関する規制	会社法に基づき、会社形態によって最低資本金規制がある。非公開会社の場合は10万ルピー、公開会社の場合は50万ルピーが必要になる。また、不動産開発業および建設・不動産開発業に対しては、個別に最低資本金規制が設定されている。	外資企業に対しては、総投資（会社設立から営業稼動までに必要な資金額）に占める最低資本金の定めらている。	国家の安全に関わる特定の業種に関する出資比率の制限があるが、それ以外に外国資本による資本金に関する規制はない。シンガポールで設立された企業の最低授権資本に関する法定要件もない。	外国人が投資する場合、MICは事業の性質に基づき、連邦政府の承認を得て事業分野により最低投資額を定めるとされている。

（出所：JETRO「各国・地域データ比較」）

184

2　合弁交渉

QUESTION 47　合弁事業とは（メリットと留意点）

　海外の企業と合弁で現地法人設立を検討しています。海外での合弁事業のメリットと留意点を教えてください。

ANSWER

　相手国企業との合弁事業は投資金額の軽減や相手企業の販売力や設備を利用できるメリットがある反面、会社経営上の相手側の事情や方針を調整する必要があり、パートナーを慎重に選ぶ必要があります。また、外国株式を全株一時に買い取る企業買収に比べ、一部を買い取る合弁の場合は、買い取られる側の抵抗や動揺を少なくすることができます。

≪解説≫

　海外に投資して会社を設立する場合、自社で100％の株を所有し単独で経営する方法と、他社と株を持ち合い共同して合弁企業として経営する方法があります。どちらの方法を選択するかは目的や内部事情、置かれている環境、進出国の規制にもよりますが、合弁形態での進出には単独進出と違ったメリットや留意点があります。

(1)　合弁形態での進出のメリット

　合弁形態での進出のメリットは、以下のようなものです。

①出資金や人材を合弁相手と分担することで投資額とリスクを軽減できる。

②現地企業との合弁の場合、相手企業の政治力、販売力や設備を利用でき、事業をスムーズに進めることができる。

③新興国などの出資比率等制限がある業種での進出の場合、進出形態として選択する場合がある。

(2)　合弁会社と買収の比較

　外国会社の株式の一部を買い取る場合は合弁になりますが、全部を買い取る場合は企業買収といわれています。新しく子会社を設立するより、既存の会社を買収し、その組織、社員、商権を継承して事業をすることは、うまくいけば、短期間で大きな成果を上げることができます。しかし、オーナーが外国企業へ変わることにより主要な社員が退職したり、取引先が離れて十分な成果が上がらない可能性もあります。

　一方、株式の一部を取得する合弁の場合は、買収のような急激な変化を避け、抵抗感や動揺を緩和することができます。

(3)　合弁形態での進出の留意点

　合弁形態での進出の留意点は、以下のようなものです。

①合弁相手の選択が難しく、開発途上国では資金力などの点で信頼に足る相手が少ないなどの難点がある。会社経営方針や配当方針を巡る紛争も考えられる。したがって、合弁を選ぶ場合には、しっかりとした「合弁契約」締結が必要となる。

②議決権や配当の権利が合弁相手に一定程度渡り、その結果として自社が経営権を握れない可能性がある。

③資本金はもとよりそれ以外の資金調達、例えば親会社からの貸付等についても、負担割合を合弁契約で定めておく必要がある。

④出資比率にもよるが、現地パートナーの経営管理能力に現地子会社の業績が左右される。

⑤事業から撤退する場合、親会社間の足並みが揃わず、一方の反対で難しい場合も想定される。

⑥上記①から⑤の留意点を検討する際の判断基準として、出資する目的が明確になっている必要がある。時々見受けられるが、頼まれたから出資するというのはリスクも高く意味がない。

(4)　よい合弁相手とは

　よいパートナーが存在するか否かが合弁事業の最大の鍵となりますが、事業

を成功させるには以下のようなパートナーが望ましいといえます。

- ・経営理念、方針等で共通点があり合弁事業に真剣に取り組めること
- ・日本式経営を評価していること
- ・民族主義をあまり表面に出さないこと
- ・事業活動において補充関係が期待できること
- ・法律やルールを遵守する社風があること
- ・合弁事業のための人材を擁していること
- ・合弁事業国で社会的信用があること
- ・合弁事業と競合する事業を別途持っていないこと

(5)　金融機関実務のポイント

　合弁事業の成功は相手側の良し悪しに左右される場合があります。経理部門が相手側に任されていて日本側ではよく把握できていないこともあります。本社の業績に影響が出る場合もあり、海外に合弁企業を設立した取引先に対しては、現地法人の業績の管理ができているか、あるいは現地法人の決算書の内容を把握しているか、大きな損害やトラブルがないかなど確認しておく必要があります。

QUESTION 48　海外合弁事業の規制への対応

海外で合弁事業を行う際の規制とそれに対する注意点を教えてください。

ANSWER

　海外企業に出資する場合は事前に相手国の外資規制について調査が必要です（本章**1**参照）。

　日本の外為法では、出資金額が10億円以下なら財務省への事後報告も不要ですが、業種によっては個別審査が必要な場合もあります。

≪解説≫

(1)　日本の規制

　海外に合弁会社を設立する、あるいは合弁事業として出資する場合、外国証券の取得となり、その出資比率が10％以上のものは「対外直接投資」になります。「対外直接投資」は原則として自由ですが、守るべき規制や規則が定められています。例えば、個別審査が必要なものには、漁業や皮革製造業、武器、麻薬などがあります。また、投資金額が10億円相当を超える場合は、日本銀行経由で財務省へ所定の報告書の提出が必要です（10億円相当以下は報告不要です）。

　また、出資比率が10％未満でも「役員の派遣や関連会社を含んだ持株の関係」で対外直接投資となる場合があり、その場合は1億円相当を超えると報告書の提出が必要となります。

(2)　進出国における規則（規制）

　各国には海外からの進出（現地法人設立等）に対して法律による規制があります。この規制は欧米先進国では緩やかですが、新興国では比較的厳しいものになっています。規制は「外資法」というような直接的な定めから、「技術移

転」「税法上の措置」「不動産の取得」「外国人雇用の制限」など広範囲に及びます。規制の狙いは自国産業保護や育成があります。

ａ．外資参入分野の規制

各国は外国人が投資できる産業分野を定めています。制限があるのは一般的にはその国の基幹産業、軍需産業、自然資源開発、通信産業などです。また、新興国では国内産業の保護、民族資本の成長を目的として、サービス業、国内販売業など一定の分野で進出の制限または禁止をしています。

規制の方法は外資の許認可という単純なものから、外資の出資比率制限、製造した製品の輸出義務、進出地域の限定、現地雇用義務といった条件面での規制もあります。国によっては投資ネガティブリストなどで制限を一覧で公表している場合もあります。

一方でハイテク分野や付加価値の高い産業では、技術やノウハウを吸収するため税の恩典などを与えて外資導入を積極的に推進しています。

ｂ．その他の規制

新興国にある規制ですが、国によっては外国企業との合弁で、その外資側持株比率を徐々に低下させていく政策をとっている場合があります。合弁会社が発展し、現地側が技術や経営ノウハウを習得すると、株式のマジョリティを現地側に取得させるためのものです。

また、進出国で調達可能な原料や部品はその国で調達することを義務づける制度もあります（「国産化率」といいます）。進出国内で原材料が調達できればそのほうがよいのですが、同じ原材料でも海外のものと品質が異なる場合もあり、注意が必要です。

(3)　規制に対する調査

このように合弁会社設立には進出国の許認可制度や規則を事前に調査する必要があります。日本国内でもある程度の情報の入手は可能ですが、それだけでは不十分です。入手先としては外国側パートナー、現地の法律事務所、会計士事務所、コンサルタントに調査を委託する方法があります。また、実際の許認可申請はこれらの専門家を通じて行うことになります。

(4)　合弁会社を解散する場合の規制

　合弁事業を始めても、うまくいかないケースがあります。原因は市場や環境の変化、生産のトラブルなど、さまざまなことが考えられます。やむなく事業を中止し撤退を決断した場合、合弁会社でポイントになるのが持株比率です。会社を解散する場合、進出国の会社法では株主総会の特別決議事項で、例えば株主の４分の３以上の賛成が必要と定めているのが一般的です。自社の持株比率が不足し合弁パートナーが反対の場合は、解散が否決される可能性もあります。株主総会で解散決議が得られなかった場合は、合弁パートナーに経営権を譲渡するか、ほかの出資者を探すなどの対応が必要になります。合弁会社設立に際しては、撤退する事態も想定して現地の法令をチェックし、契約書や定款に会社解散に関する特記事項を入れておくことも必要です。

QUESTION 49　合弁交渉の進め方

合弁事業の交渉はどのように進めればよいのでしょうか。

ANSWER

　合弁事業はパートナーの選定から始まります。候補が見つかるとお互いに初期の意見交換を行い、その後話が進めばＦ／Ｓ調査および本格的交渉をスタートさせます。交渉では事業構想、投資額、持株比率、役員、親会社の役割などが協議され、弁護士など専門家の助言も必要となります。

≪解説≫

　海外での事業目的を検討し合弁形態を選択した場合、どのような手順で事業を進めていけばよいのでしょうか。実際には、合弁事業のきっかけは相手側から合弁事業を持ちかけられたり、進出国の外資の持株比率規制上合弁形態にせざるを得ないなどさまざまな場合がありますが、一般的には以下のようなステップで進めることになります。

(1)　パートナーを見つける

　計画的に合弁事業を始める場合は、パートナーを探すところから始まります。パートナーの見つけ方としては、以下のような手段があります。
　①販売店契約先など既存の取引先との合弁事業の可能性を検討する。
　②銀行、商社、取引先から紹介を受ける。
　③自ら適切な相手を見つけて申込みをする。
　④コンサルタント会社等を使って調査し、候補先を選定する。

(2)　初期の意見交換

　パートナー候補が見つかると、お互いの意見交換を行います。この段階では合弁内容を具体的に話すのではなく、お互いの考えを述べ意見の交換を行い、

本格的に協議すべきか否かを決定します。また、同時にF/S調査を行います
（F/S調査については第2章参照）。

　事業が成功するための検討事項は以下のようなものです。

①双方の目的に共通点があるか。

②双方の合弁事業構想は一致しているか。

③双方が金や技術など必要なものを提供することができるか。

④マーケティングなどで双方と設立される合弁会社との間での調整は可能か。

⑤経営の主導権はどちらが持つか。

⑥相手側に信用力があるか。⇒専門業者などを通じ、相手方からの情報提供
　ではなく自社で信用力を調査する。

(3)　合弁交渉

　双方が相手との合弁事業を進めると判断した場合は、さらに突っ込んだ交渉
に入ります。目的や基本方針、具体的事業計画に基づき相手と協議します。

ａ．事業目的の明確化

　自社の目的と相手側の目的を踏まえ、合弁会社の目的を明確にします。

　親会社の事業と競合しないよう、むしろ相互補完関係ができるようにします。

ｂ．事業構想の構築

　以下のようなことを協議し、事業の全体像を描き上げます。

・合弁会社の事業内容は何か。

・合弁会社のコントロールはどうするか。

・合弁会社と各親会社の取引および協力関係をどうするか。

・合弁会社からどう利益を得るか。

ｃ．事業規模と投資額の検討

　事業の目的、構想を検討すると同時に、生産販売量や投資額、資本金を決定
します。投資額の構成は事前調査費、法律・会計事務所等の経費、設備資金額、
運転資金額などがあり、その拠出方法は以下のようなものがあります。

・親会社が経費として負担する。

・資本金として払い込む（現金出資と現物出資）。

・親会社や金融機関から融資を受ける。

　合弁会社の資本金の大小はお互いの事情により決定されますが、最初からあ

まり大きくしないのが一般的です。

ｄ．持株比率

合弁会社設立に際し、当事者間でよく対立する点に持株比率問題があります。持株比率により取締役会の構成比率、経営のリーダーシップ、資金調達時の義務の割合などが左右されるのが一般的です。

また、持株比率は当事者の意思だけでは決定できず、進出国の外資法で規制されており、外国企業がマジョリティを取れない場合もあります。持株比率の交渉では、以下の点を検討する必要があります。

- ・進出国での外資の持株比率制限
- ・進出国の会社法上の持株比率による権利と義務
- ・設立する合弁会社と親会社の間のライセンス契約が会社のコントロールに与える影響
- ・少数株主となる場合の権利行使の範囲
- ・取締役会の運営と役割

ｅ．役員

各国の会社法や慣習上、会社役員の権限や位置づけは異なりますが、合弁会社のトップをどちら側から就任させるかは、大きな問題です。トップは社長とは限らず、株主総会や取締役会の議長がなる場合もあります。持株比率や取締役会の構成比率で多数を占める側からトップが選ばれるのが一般的です。その他の役員や秘書役、財務部門の長などは合弁会社の役割によって決められますが、一方の側に偏らないようにすべきです。

ｆ．親会社の役割その他

双方の親会社が合弁会社の設立や運営について協力するのは当然ですが、一方の親会社が偏った援助や負担を強いられたり、合弁会社の自主性が損なわれては問題です。そのため各々の親会社の役割や協力事項を取り決める必要があります。検討事項としては以下のようなものがあります。

- ・合弁会社の設立手続は誰が具体的に作業をするか。
- ・合弁会社の事務所や工場は誰が探したり、提供するか、また、条件はどうするか。
- ・製造業の場合、どちらの親会社が、どのような技術をどのような条件で提供するか。

・製品の販売における親会社双方の協力をどうするか。また、親会社の商号、商標（のれん）を合弁会社にどの程度、どのように利用させるか。

・合弁会社の資金不足に対し、双方の親会社がどのように支援するか。

・どのような場合に合弁会社を中止するか。

(4)　合弁交渉の体制

　合弁交渉は企業内での経営陣、担当部署からの代表が行うことになりますが、弁護士や会計士、コンサルタントを使うことがよくあります。費用はかかりますが、合弁事業を推進するうえでの合理性、リスク回避などを考えるとプラスの面が多いといえます。あらかじめ必要経費として計上しておくべきでしょう。

QUESTION 50　合弁契約書作成の留意点

海外の企業と合弁契約を締結します。どのような点に注意をすればよい
のでしょうか。

ANSWER

契約書は合弁事業で相手側とトラブルが発生したときなどの判断の根拠
になる重要な取り決めです。作成にあたっては自社から相手側に原案を提
示するなど積極的に対応することが望まれます。個々の条文は英文契約書
の専門家の助言を受けながら検討しますが、技術供与の内容や対価、経営
権と拒否権、撤退条項などは特に留意する必要があります。

≪解説≫

(1)　早めの契約書原案の作成

交渉がある程度進んだ段階で契約書作成に入ります。場合によっては交渉の
初期段階で相手側から契約書原案を提示される場合もあります。欧米では特に、
契約書に自社に有利な条件を盛り込み、交渉の道具とする傾向があります。一
方、日本企業は、最初に根回し→相手の意向確認→自社の対応表明→セレモ
ニー的に契約書作成というような考え方のところがまだ多いようです。この場
合、協議内容と契約書が矛盾していても解釈問題として署名してしまうリスク
があります。合弁事業がうまくいっている間は問題ありませんが、失敗したり、
トラブルが発生した場合は、契約書が最大に機能を発揮します。

したがって、契約書の原案作成は、相手側と合弁事業をしようと決断したと
きから始めるべきで、その原案に沿って交渉を進めていくのがよいでしょう。

また、合弁検討時は新事業にお互いに前向きになっている状態でしょうが、
契約書は、事業がうまくいかず解消する場合も十分想定し作成する必要があり
ます。

(2) 自社の契約書原案の活用

契約書は自社側の原案（自社の土俵）で相手と交渉するほうが得策です。自社原案が土台になると、交渉によって相手側の意見を聞き取って契約書に組み入れていきますが、基本的土台は変わりません。逆に相手側原案が土台になると、訂正の申入れが依頼調になり、心理的に遠慮がちになります。

ただ、たとえ相手側原案で交渉することになっても、遠慮する必要は全くありません。

(3) 専門家の活用

専門家の重要性は交渉の部分でも述べました。合弁契約書も他の国際契約書と同様、英文で作成されるのが一般的です。条文のなかには法律英語も使用されますが、通常の会話や文章で使われる場合と意味が異なることもあります。そのため、社内に英文契約書の専門家がいない場合は、経営的な内容も含めて外部の専門家に相談することをお勧めします。

(4) 技術供与のロイヤリティ

合弁事業で技術移転をする場合は、技術援助契約を結び応分のロイヤリティを受け取ることになります。ロイヤリティの料率には制限や規制を設けている国もあるので、あらかじめ調査が必要です。また、ノウハウなど一度提供してしまえば流出してしまうものは、できるだけイニシャルとして定額で受け取ることも検討すべきです。

(5) 経営権と拒否権

自社側が持株比率でマジョリティを持っている場合は、出資比率に応じた取締役数の配分と議決要件など、自社の意向に沿った経営ができるよう契約書に明記する必要があります。逆に、マイノリティ出資で経営権を保持していない場合、自社側の拒否権を明記するなど重要な部分で意見を主張できるようにしておくことも重要です。

たとえ50％未満の少数出資者であっても、自社の技術や商標、ノウハウが重要である場合は、法令上の最小限の権利以上のものを契約で定めることはよ

くあります。

(6)　撤退条項

100％子会社の場合は自社の判断で決定できますので、撤退のルールを決める必要性は高くありません。しかし、合弁の場合には、一方の当事者のみが撤退したいと考えたとしても、他方が反対する可能性もあり、たとえ事業がうまくいっていなくても途中の撤退の交渉は難航することがあります。

そのような場合に備え、合弁契約書作成時に撤退のルールを定めておくことが重要です。撤退事由としては、一定の期間内に利益目標値が達成されない場合や累積損失が生じた場合、他方当事者が契約上の重要な義務違反を起こした場合などが考えられます。

また、撤退事由が発生した場合の持分譲渡や清算、および株式の譲渡価格の規準等も定めておきます。

ただ、持分譲渡および清算等に対する現地当局の許認可や、現地従業員の解雇を規制する法制等があるため、その法令を調べておくことが必要です。

(7)　競業避止義務

出資者同士が合弁事業を行うわけですので、一方の出資者が、合弁事業と競業する事業を営むことを禁止する条項です。商品やサービス、地域を明確にし、各国の独占禁止法も考慮した対応が必要になります。

3 会社設立手続

QUESTION 51 会社設立手続

国内企業が海外進出を行う場合、現地に会社を作るときの手続はどのようになっていますか。

ANSWER

国ごと、形態ごとに手続が異なりますので、それぞれ進出国ごとに調査・準備を行う必要があります。

法人設立の流れとしては、会社設立前に営業および投資の認可を受け、社名予約、定款認証、払込、設立総会、設立登記が一般的と考えられます。

国や設立形態によっては、例えば事業年数など事前に日本で満たしておくべき要件がある場合がありますので、早めの準備が必要になると思われます。

必ずしも明文に規定のない慣習もありますので、現地での法人設立等の経験のある専門家にサポートを受ける必要があると思われます。

≪解説≫

ここでは、企業が海外進出するときに選択する主要な形態である駐在員事務所、支店、現地法人について、そのメリット・デメリットの詳細と実際の設立手続についてみていきます。

(1) 進出の形態

海外に進出する場合に考えられる形態は、駐在員事務所、日本企業の海外支店、現地法人が考えられます。

それぞれの形態については(2)以降で詳述しますが、大きな違いは実施できる活動範囲、現地における法人格の有無、税務上の取扱いです。

【形態別の主な違い】

駐在員事務所	
活動範囲	情報収集、市場調査、広告宣伝等。営業活動はできない。
法人格	なし
税務上の取扱い	原則として現地では課税されない。費用は日本での費用として申告する。営業活動を行った場合等、恒久的施設と認定されるリスクがある。
支店	
活動範囲	営業活動も可能。
法人格	なし
税務上の取扱い	現地非居住者として扱われるため、一般的に税率が高めとなる。ただし本国親会社との損益通算が可能である。原則として現地での税務申告が必要。
法人	
活動範囲	営業活動も可能。
法人格	あり
税務上の取扱い	現地の税率で申告が必要となる。本国との損益通算はできない。原則として現地での税務申告が必要。

(2) 駐在員事務所

a. 駐在員事務所の特徴

　外国に事務所を設立し現地駐在員を置く方法です。駐在員事務所は現地における情報収集や市場調査、取引先との関係維持、製品のプロモーション等に目的が限られており、営業活動は禁止されています。現地での法人格はありません。

　営業活動ができないため直接収益を獲得することはできませんので、一般的には本格的な海外進出の前の調査という位置づけとなることが多いものと考えられます。

　ほかの形態に比べて設立コストが安く済むことや、法人ではないため取締役会などの機関が不要になるため作業コストもそれほどかからないことになります。また、税務上、海外での課税はされませんので日本国内の損益と通算する

ことができます。

　デメリットとして、ほかの形態に比べてコストは低く抑えられる傾向にあるものの、現地雇用に比べると駐在員の人件費は高いケースが多くその他駐在員事務所の維持コストが発生する反面、営業活動が行えないため収益が上がりません。特に円安が進むと日本からの駐在員コスト等は増加することになります。

　税務上でも、許可なく営業活動を行っていることが判明した場合等、恒久的施設（後述）と認定されるリスクがあり、現地法人所得税の申告義務が発生する場合があるため留意が必要です。

　加えて、税務上のみならずその他現地で法律上の問題が発生した場合、駐在員事務所があくまで本国本社の出先機関であることから、本国本社が直接当事者として対応する必要があります。

　国によっては駐在事務所の期間が定められている場合もあり、その都度更新が必要になり、また、現地の会社とは異なった規則により規制を受けるため、急な改正などが行われた場合の対応も必要となってきます。

　近年の外資規制緩和の流れのなかで、会社設立が以前ほど難しくなくなっているため、あえて駐在員事務所を置くニーズは減っているといえるかもしれません。

【駐在員事務所設置のメリットおよびデメリット】

メリット
・ほかの方法に比べて設立コストが安い。 ・原則として現地で課税されない。 ・取締役会等の機関が不要。 ・法人の設立に比べて撤退が容易。
デメリット
・営業活動が行えない。 ・日本からの駐在員コストは一般的に現地雇用よりも高い。 ・恒久的施設認定による現地課税リスクがある。 ・紛争については本国が対応する必要がある。

b．恒久的施設（Permanent Establishment：PE）

　恒久的施設とは事業を行う一定の場所等をいいます。具体的には、支店、事務所、工場、作業所、天然資源の採取場所、建設工事現場等が該当します。

　租税条約には、「PE なければ課税なし」という原則があります。すなわち、日本企業が進出先国で獲得する事業利得について、当該進出先国が課税することができるのを「恒久的施設（PE）を有する場合」に限定しています。また、そうした場合においても、課税対象となる事業利得は当該企業が得た利得のうち、PE に帰属するものに限るとしています。

　前述のように、駐在員事務所については、原則として現地国において課税が発生しません。ただし、これは一般的に駐在員事務所が PE に該当しないと考えられるためで、実質的に営業活動を行っていると判断されて PE 認定されてしまうと進出国で課税される可能性があります。

　また、新興国では自国の課税権の拡大を目的に、この PE の範囲を拡大解釈する傾向があり、二重課税の問題へとつながる場合もあります。

　なお、近年、出張者や出向者等による役務提供など固定的施設を必要としないものまで、PE として課税される傾向が強まっているので注意が必要です[1]。

ｃ．駐在員事務所設置の手続概要

　駐在員事務所の設置ついては原則として現地当局の認可が必要となり、設置のための手続は各国ごとに定められているためそれぞれの国によって異なります。

　例えばミャンマーのように駐在員事務所といっても実際は会社法に基づいて手続を行う必要のある国もありますし、インドネシアのように駐在員事務所の種類別（商事駐在員事務所、建設駐在員事務所、外国企業駐在員事務所）ごとに手続が定められているケースもあります。

　また、各国によって駐在員事務所に許可される活動内容や、その他の規制の有無が異なりますので留意する必要があります。例えば、駐在員事務所設立に現地従業員の雇用が必要条件になっているケース等があります。

　それ以外にも、例えばベトナムに駐在員事務所を設立できるのは、日本において設立後 1 年以上事業活動を行っている企業に限られるなど、駐在員事務所設置の際に満たさなければいけない条件が定められているケースがあります。設立する際に条件が満たされていないということがないようにできるだけ早めに情報を入手し、できる準備はすべて行っておくことが重要です。特に日本でできる準備は現地での手続を行う前に行っておく必要があります。

　一般的な設置の流れとしては、監督官庁を把握し、設立の条件が満たされて

いることを確認し、必要書類を提出、その後審査がなされて駐在員事務所設置の許可が得られます。

　申請書類や流れが国ごとに異なりますが、例えばタイの駐在員事務所開設の場合を例にとると、流れは下記のとおりです。

【タイの駐在員事務所開設の流れ】

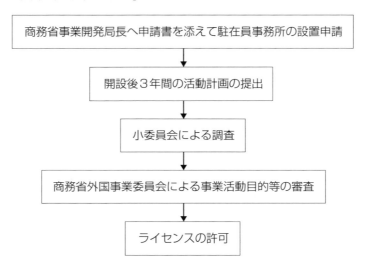

　タイの場合、設置申請書に技術移転計画書という書類が含まれ、設置後も毎年１回その実施状況を報告する必要があります。

　各国ごとの手続については JETRO のウェブサイト等で情報を入手することができますが、実際の設立に際しては英語に加え現地の言語でのやり取りが必要になるケースがありますので、経験のある専門家の協力を得ることが必要になります。

1）　参考：経済産業省貿易経済協力局貿易振興課「新興国における課税問題の事例と対策」

（3）　支店

ａ．支店の特徴

　日本本社の支店として海外に設立する方法で、駐在員事務所と同様に現地での法人格はなく、日本本社の出先機関として日本本社と同じ法人格となります

が、駐在員事務所とは異なり外国で営業活動を行うことができます。

　日本本社と法人格が同一ですので、外国事業からの赤字および欠損金は本社と通算することが可能です。税務コストの面で考えると、海外進出当初は赤字になるケースが多いと考えられるため、日本本社の黒字と通算することで税負担を引き下げ、黒字になるタイミングで現地法人化する等の方法が考えられます。

　また、現地での申告は必要となりますが、原則として移転価格税制への対応の必要はないため、文書化を含めた税務対応コストやリスクは法人設立に比べて減らすことができます。

　一方デメリットとしては、現地で事業展開する場合の対外信用力が子会社を設立するケースより劣る可能性があります。また、現地で法人格をもたないため、取引条件として現地の法人格を有することが含まれている場合は、取引を行うことができません。また、外資優遇制度についても活用できないケースがあります。

　現地で税務や法律上の紛争があった場合は、本社が直接対応しなければならないことになります。

　また、現地の会社法に従えばよい現地法人と異なり、国によっては海外法人の支店に関する扱いがはっきりとしないケースもあり、法人を設立したケースに比べて法的な取扱いが不透明になるリスクがあります。

【支店設立のメリットおよびデメリット】

メリット
・外国事業で損失が出た場合、税務上日本本社の損益と通算することが可能。 ・現地法人設立に比べて一般的に設立コストが低い。

デメリット
・法人に比べて信用度が低い。 ・法人格がないため、現地の法人格が必要な事業が行えない。 ・外資優遇制度が受けられない可能性がある。 ・法的に現地法人よりも不安定。 ・紛争については日本本社が対応する必要がある。

ｂ．支店開設の手続

　支店開設についても駐在員事務所と同様に、各国ごとに手続が異なるため個

別に調査が必要となります。

　インドネシアなど特定の業種を除き支店という形態がない国や、タイなどのように法的な不安定性のために支店を推奨しておらず、支店での進出が一般的でない国もあります。

　また、稀なケースではありますが、ベトナムのように日本で設立後5年以上事業活動を行っている企業にのみ許可されるケースがあります。

(4)　現地法人（子会社）

a．現地法人（子会社）の特徴

　海外で法人を設立する方法で、日本本社とは別法人になります。

　日本の本社とは法的に分離された存在であり、責任や業績を明確にすることができます。法律上の争いなども現地法人が直接取り扱うことができますので、日本の本社とは責任を分離することが可能です。

　また、現地での対外信用力が向上し、外資の誘致政策を行っている国においては、優遇税制等の活用が期待できます。

　外資規制等により、実際に行える業務は現地の会社に比べると制限がありますが、原則として当該国の法律に従うため法的な安定性は駐在員事務所や支店に比べると高まると考えられます。

　一方、現地法人が赤字となっても、日本の本社と損益通算することはできません。また、現地での申告業務が発生し、現地法人から本社への利益配当に対する課税や、日本の本社との間で移転価格税制の検討が必要になるなど税務コストが増加します。

　また、取締役会など法人としての機関が必要となるため事務コストが増加します。

　法人設立を行う場合、100%出資か現地株主との合弁事業かによっても違いますので、その点からの検討も必要となります。合弁による法人設立の詳細については、第5章**2**「合弁交渉」を参照してください。

　いずれにしても、諸外国では外資規制の緩和の流れのなかで、駐在員事務所や支店の設置よりも子会社の設立を推奨している国もあり、設立も容易になってきています。長期的に海外で事業を行うのであれば、現地に子会社を設立する方法が最も一般的だと考えられます。

【会社設立のメリットおよびデメリット】

メリット
・日本の本社と法人格が異なるため、責任を分離することができる。 ・外資優遇制度などが利用できるケースが多い。 ・駐在員事務所や支店に比べて現地での信用度が高くなる。
デメリット
・設立および運用のコストがほかの形態に比べて高い。 ・法人としての機関組織を備える必要がある。 ・合弁会社とした場合等は、撤退が難しいケースがある。

b．会社設立手続

　駐在員事務所、支店等と同様で会社設立の手続についても各国ごとに異なっており、必要な要件、書類、期間、許認可を行う組織はそれぞれの国ごとに事前に調査を行う必要があります。

　ただし、一般的な傾向として、会社設立はほかの形態に比べて必要な書類も多く、事務コストがかかり期間も長期間を要するといえます。

　設立が可能な形態としては、一般的には株式会社形態が多いのですが、国ごとに選べる会社形態が異なっているため、事前にどの形態での会社設立を行うか調査を行う必要があります。

　また、いくつかの国では、株主数に関して最低人数についての定めがありますが、国籍や居住地については特に定めがないケースがほとんどです。ただし、株主の国籍や居住地は会社設立には問題がなくとも、外資規制で100％海外資本の会社と現地企業との合弁会社では、許可される活動が異なる場合があるので、十分に注意する必要があります。

　設立手続について、一般的には会社設立前に必要に応じて監督官庁から投資許可や営業許可を取得する必要があり、その後社名予約、定款認証、払込、設立総会を経て設立登記をするという流れになります。ただし、国ごとに、また、会社形態、資本金の金額、会社が実施予定の事業活動によっても手続が異なりますので、個別に調査を行う必要があります。また、国によっては明文化されていない慣習もありますので、実際に経験のある専門家の関与が必要になります。

(5) 金融機関実務のポイント

　現地での会社設立手続は現地での規則に基づき行われる必要がありますので、事前に現地の正確な情報を入手する必要があります。

　手続の概要や現地の問合せ先等に関する情報は、JETRO や中小企業基盤整備機構のウェブサイトで入手することができます。

(6) アジア各国における拠点開設に関する留意点

a．タイ

　タイにおいては、支店については外国企業規制法上100％外国人による出資会社とみなされるため、現実問題として設置が認められるケースは少ないようです。駐在員事務所の開設は可能となりますが、営業行為を行うことができません。現地法人としては、民法法典に基づく株式有限責任会社形態があります。外国資本により行うことができる業種には制限がありますが、その制限を回避して外国会社の管理支配を維持する方途が種々用意されていることも事実です。BOI（タイ投資委員会）や商務省から特別の認可を受けて行う、あるいは外資規制が免除される一定額の資本金を設定するなどの合法的な方法があります。また、タイの法令上、法人化していないジョイント・ベンチャーもあり、法人格は認められませんが、歳入法典の下では、法人格がなくても会社同様課税対象となります。

　ほかにもさまざまなスキームが実務的には広く用いられていますので、投資計画段階でどのような投資スキームを用いて投資を行うか、専門家の意見を交えてよく検討する必要があります。

b．インドネシア

　インドネシアにおいては、駐在員事務所、支店の開設は可能なものの、どちらも営業行為を行うことができません。現地法人設立によってのみ営利事業を営むことができますが、形態は株式会社に限定されます。また、インドネシアの会社法上、授権資本金は最低5,000万ルピアとされ、授権資本額の少なくとも25％を設立段階で払い込まなければならないと規定されていますが、外国資本の場合は払込資本金または投資額が一定金額を上回らないと投資調整庁の投資認可が下りない場合があり、留意が必要となります。

c．フィリピン

フィリピンにおいては駐在員事務所の場合、営業活動は行えません。支店は会社法上でForeign corporationとして認められており、営業活動を行うことができます。現地法人については、会社法上の株式会社（Stock corporation）以外にも非営利法人（Non-stock corporation）と閉鎖会社（Closed corporation）があります。閉鎖会社とは、その業務執行を取締役会ではなく株主自らが行うことを予定する会社であり、閉鎖会社であっても議決権付株式の3分の2以上が他の非閉鎖会社に保有されている場合には閉鎖会社ではなく、一人会社（Sole proprietorship）となります。また、民法上で認められるパートナーシップ（General partnership）と有限責任パートナーシップ（Limited partnership）が存在し、法人格が認められ、営利目的を有することが可能です。これらは日本での合名、合資会社の形態に近似するものです。

d．ベトナム

ベトナムにおいては、駐在事務所は手軽に設立できますが、営業行為を行えないため、外国法人としてベトナム企業と取引する際のリエゾン事務所、あるいは現地法人設立までの調査等を行うのには適しています。支店については、設立し得る業種が限られている（銀行、弁護士事務所等一部の業種に制限）ので留意が必要となります。現地法人には、主として一人有限会社、二人以上有限会社、株式会社の3つの形態があり、それぞれ特徴があります。一人有限会社はコントロールしやすいといえますが、業種により、100％外資が不可能な場合や既存の販路活用の場合等に二人以上有限会社の形態をとる場合もあります。また、出資比率や配当について特別な事情がある場合は、株式会社形態をとることがあります。

e．マレーシア

マレーシアにおいては、駐在員事務所は営業活動を行うことが認められず、将来の進出のための事前調査、情報収集活動に限定されます。支店については、登録は可能ですが雇用パス（就労ビザ）取得に関しては政府関連のプロジェクトの遂行目的以外には困難な状況です。また、税務上の優遇措置を享受できないことから実際にも申請案件は少ないといえます。現地法人については、会社法上、株式有限責任会社（Company Limited by Shares）、保証有限会社（Company Limited by Guarantee）、無限責任会社（Unlimited Company）

がありますが、外国企業の場合、株式を一般公開しない非公開会社（Private Company）を選択するのが一般的です。なお、事業内容によって進出の形態が限定される場合があります。例えば、卸・小売業については現地法人の設立が求められるといった具合です。あらかじめ調査・確認することが必要です。

f．インド

インドにおいては、駐在員事務所は情報収集や日本の本店とインドの潜在的顧客との間の連絡拠点としての機能しか果たせません。また。営業行為は行わないので法人税を課せられることはありませんが、設立要件が厳しくなっています。支店については、営業活動はできますが、活動範囲がインド中央銀行によって限定列挙されているため留意が必要です。また、法人税が課されるほか、駐在員事務所と同様、設立要件が厳しくなっています。現地法人は外資規制の範囲内であればいかなる業務も行うことができ、法人税は当然課されますが、設立要件は特にありません。

g．中国

中国において駐在員事務所の開設にあたっては、現地当局の認可と営業活動の禁止に留意する必要があります。支店（分公司）の開設も可能となります。現地法人については、一般的に有限会社（有限公司）形態を使用した合弁、合作、独資での設立があり、そのほかに外商投資性公司（傘型会社）、上場を考慮した外商投資株式会社があります。最近は中国の詳しい情報がタイムリーに入り、中国各地の工業団地が整備され、誘致活動が活発化されています。合弁会社で頻発する経営の主導権をめぐるトラブルを避け、時間とコストを節約するためにも従来のパターンを飛び越えて、直接独資企業設立に進む企業が増加しています。

h．シンガポール

シンガポールにおいては、駐在員事務所はほかのアジア各国と同様、営業活動を行うことができず、活動は限定的です。支店については設立可能ですが、現地法人のほうが短期間で設立が可能なこともあり、一般的ではありません。ただし、入札で大きな金額を動かさなければいけない建設会社、許認可のために実績や資本金の額が問題になってくる金融関係、大量の資金を必要とする商社等はあえて支店形態を選択する場合があります。現地法人が最も一般的な進出形態となりますが、会社法上、株式有限責任会社（Company Limited by

Shares）、保証有限責任会社（Company Limited by Guarantee）、無限責任会社（Unlimited Company）の3つがあります。また、パートナーシップの形態もあります。

ⅰ．ミャンマー

ミャンマーにおいては、駐在員事務所および支店は会社法上、Office branch（支店）としてのみ定義されているため、仮に日本からの進出として駐在員事務所という認識であっても、登記上は「支店」とされることについては認識しておく必要があります。現地法人については会社法上、株式有限責任会社（Company limited by shares）、保証有限責任会社（Company limited by guarantee）、無限責任会社（Unlimited Company）の3つがあり、形態として株式有限責任会社が一般的です。また、外国投資法（MFIL）に基づく法人設立というものがあり、特定業種についてはこの法に基づく法人設立しかできないケースがあります。さらにこの外国投資法における法人設立の特定業種においては、ミャンマー現地法人との合弁でなければならないケースがあり、この場合は独資での設立はできないことになります。

【アジア主要国の法人設立手続(1)】

	タイ	インドネシア	フィリピン	ベトナム	マレーシア
申請を行う監督官庁	商務省事業開発局 (DBD)	投資調整庁 (BKPM)	フィリピン証券取引委員会 (SEC)	省・市の人民委員会、または工業団地・輸出加工区・ハイテク地区・経済特区の管理委員会	マレーシア会社登記所 (CCM)
主な会社設立手続の流れ	1. 商号の予約 2. 基本定款の登記 3. 設立総会の開催 4. 株式会社の登記	1. 投資調整庁への投資登録 2. 設立登記前準備 ・会社名予約 ・定款作成 ・納税番号の取得 ・銀行口座の開設 3. 会社設立登記（法務人権省） 4. 会社登録の発行（商業省）	1. SECへの社名使用許可申請 2. 定款作成 3. 資本金払込および払込証明取得 4. SECへの登録申請 5. 納税者番号取得 上記の設立後の手続として、地方自治体に対して事業許可証の申請、住民税の支払、内国歳入局に対して印紙税納付、その他従業員を雇用していれば社会保険手続が必要になる。 なお、フィリピンには投資委員会（BOI）やフィリピン経済区庁（PEZA）などの投資誘	1. 投資証明書の発給（会社登記）申請 2. 投資証明書発給後の手続 ・会社印の作成 ・税番号登録 ・銀行設立公示 ・銀行口座開設 ・就業規則の登録 投資額が3,000億ドン以上または条件付き投資分野に該当する場合、審査を必要とする案件となる。それ以外は投資登録案件として扱われる。	1. 会社名の使用許可申請 2. 会社設立登記申請 3. 設立登記後手続 ・取締役選任 ・登記住所の決定 ・会計監査人の選任 ・銀行の選択 ・事業年度の決定

致機関があり、会社設立手続と並行して手続を進めることができる。一定の条件を満たすと法人税や輸入関税の免除等を受けられるなどのメリットがある。

準備が必要となる主な書類			
登記に際して下記事項を含む申請書が必要となる。 ・株主に関する情報 ・取締役に関する情報 ・設立総会で採択された附属定款（株主総会、取締役会等の会社の規則）	投資登録に必要となる主な書類は以下のとおり。 ・インドネシア語か英語に翻訳された投資企業の定款 ・設立総会で採択された附属定款 ・製造業の場合、製造フローチャート、非製造業の場合は活動および商品の説明 なお、会社設立後、必要に応じて、外国人雇用許可取得、資本財輸入許可取得、製造業においては事業許可、定期報告等が求められる。	申請書とともに以下の書類が必要。 ・社名確認書 ・定款 ・附属定款 ・送金証明書、預金証明書 ・登録情報シート ・財務役宣誓書 ・納税番号 申請書はSECのウェブサイトからダウンロード可能（http://www.sec.gov.ph）。	申請書、定款、投資法人の履歴事項全部証明書、賃貸契約書等が必要となる。投資審査案件の場合で、条件付き投資分野における会社設立の場合は案件の条件を満たすことに関する説明書、3,000億ドン以上の場合は投資目的、場所、プロジェクトスケジュール、環境対策などについての説明書が求められる。	会社名の使用許可申請書には、所定の申請書（フォーム13A）に必要事項を記入して提出する。その後会社設立登記には、基本定款および附属定款、秘密役による宣誓書、取締役・発起人による宣誓書ならびに会社許可証、返却済みのフォーム13Aが必要になる。

手続に要する平均的な期間	通常特に申請書類に不備などがなければ会社設立にかかる日数は1ヵ月から1ヵ月半程度。	会社設立までの期間は概ね1ヵ月程度。	投資登録申請から設立まで書類不備等がなければその目安はおおよそ3ヵ月程度。	書類の受理から投資証明書の発給まで投資登録案件で15日、投資審査案件は30日以内とされているが、実際には特に投資審査案件では数ヵ月かかることもある。	通常は特に申請書類に不備などがなければ会社設立は申請から1ヵ月程度で会社設立手続は終了する。
規制等	日本企業が進出する際の一般的な形態である非公開株式会社では、設立時に3名以上の発起人が必要となる。株主の国籍および居住地に制限はない。	株式会社では最低5名の取締役が必要であり、その過半数がフィリピンに居住している必要がある。	設立時に2名以上の発起人が必要となる。株主の国籍に制限はない。	一般的な設立形態である一人有限会社では1名、二人以上有限会社では2名以上、株式会社では3名の発起人が必要となる。株主の国籍や居住地の制限はない。法的代表者（通常は会長または社長）はベトナム居住者である必要がある。	1名以上の法人株主または2名以上の個人株主が必要となる。国籍も居住地の制限もない。

(出所：JETRO「各国・地域データ比較」より筆者作成)

【アジア主要国の法人設立手続[2]】

	インド	中国	シンガポール	ミャンマー
申請を行う監督官庁	企業登録局 (ROC)	商務部 (ただし設立形態や規模に応じて申請先が異なる)	会計企業規制庁 (ACRA)	会社法による会社設立は国家計画経済開発局・投資企業管理局 (DICA)、外国投資法によって設立する場合は、ミャンマー投資委員会 (MIC) への手続が追加で必要となる。 会社法、外国投資法のどちらで会社を設立するかは企業の任意だが、外国投資法により設立した場合、税減免措置など恩恵が受けられる反面、投資許可を取得する手続が追加される手間が増える。
主な会社設立手続の流れ	1. 管理識別番号 (DIN) の取得 2. 会社名の承認 3. 会社設立証明書の取得	1. 外商投資プロジェクトの審査 2. 会社設立登記申請および営業許可証発行手続 3. 設立登記後手続	1. 会社名選択および予約 2. 会社設立登記申請 3. 設立登記後手続 ・株式譲渡、増資決議 ・取締役選任 ・会計監査人の選任 ・秘書の選任 ・銀行口座開設	1. (国営企業との合弁ないしは許可が必要な事業の場合) 関係省庁への事前許可取得 2. (外国投資法の適用を受ける場合) MIC から外国投資法に基づく投資許可取得 3. DICA から営業許可の取得および法人登記

準備が必要となる主な書類	事前許可、外国投資法の投資許可、国内の営業許可に際してはそれぞれ法人登記のフォームに申請内容を入力して提出する必要がある。外国投資法に基づく投資許可の申請に際しては事業計画書を作成し土地の賃貸借契約書を添付する必要がある。また、営業許可および法人登記にはミャンマー語と英語の定款が必要となる。支店設立の場合は本国の定款を翻訳する必要がある。	会社名の選択・予約についてはACRAにてインターネットで行う。会社設立登記には、基本定款および附属定款の作成が必要となる。登記手続はオンラインにより行われる。	会社設立時には、外資設立申請書、F/S報告書またはプロジェクト申請報告書、代表者または共同委託代理人の証明書、出資証明書、定款、住所証明書などが必要となる。	企業登録局から会社設立証明書を取得する際に、主に以下の資料が必要となる。 ・会社名、住所、目的、資本金などを記した基本定款 ・取締役会の規定を記した附属定款 ・締結していれば管理職・取締役や個人との業務契約書 ・会社設立にかかる各種登録および手続料の支払証明書
手続に要する平均的な期間	MIC投資許可の取得は法令上申請より最長105日以内で投資許可の判断をすることとされているが、実務上は少なくとも半年程度の期間が必要と考えられる。	通常は特に申請書類に不備などがなければ申請から1ヵ月以内に会社設立手続が完了する。	業種により異なるが、申請手続を開始してから書類に不備がなければ概ね3ヵ月程度で登記手続が完了する。	申請から設立までは概ね2～4ヵ月となるが、設立しただけでは事業が行えず、会社設立後に営業開始のための各種商業登録（付加価値税や中央販売税等）が必要となり、通常概ね1ヵ月程度はかかる。

規制等			
日本企業が進出する際の一般的な形態である非公開会社では設立時に2名以上の発起人が必要となる。なお、親会社である日本企業がインドの会社法で公開会社とされる場合で、すべての発起人が外国会社である場合を除き「公開会社の子会社」とされ、公開会社と同様の制限を受けることになるので留意が必要。	法人は小規模会社等の例外を除き、取締役会に類似する監事会が設置され、意思決定が行われる。董事会の構成員である董事は原則として3名以上が必要とされ、国籍や居住の要件はない。	設立にあたり最低1名の株主および居住者である自然人1名の取締役が最低1名必要となる。なお非公開会社として設立する場合、株主は50名以下である必要がある。株主は外国人、外国法人でよく居住者である必要もない。	日本企業が会社を設立する際の一般的な形態である株主有限責任非公開会社の場合、株主の数は2名以上が必要である（50名以下）。国籍に制限はないが、1名でも外国人ないしは外国法人が含まれると、外国会社に分類され、規制の対象となる。営業許可証は5年ごとに更新する必要がある。

（出所：JETRO「各国・地域データ比較」より筆者作成）

4 　M&A（株式取得・資産取得）

QUESTION 52 　M&Aの留意事項

海外進出のためにM&Aを実施するにあたり、留意すべき点を教えてください。

ANSWER

海外進出におけるM&Aでは、M&Aを実行するにあたっての主要ステップを理解したうえで、リスクを十分に洗い出し、「法律関係」「会計処理関係」「税務関係」を時系列、すなわち当初取得時、継続保有時および引き上げ時ごとに関係する国それぞれについて検討することが重要です。

≪解説≫

(1)　M&Aの意義

海外進出のための手段の一類型として M&A があげられます。M&A とは、英語の "Mergers and Acquisitions" の略であり、一義的には企業の合併および買収を意味します。企業取得の手段の一つである合併および買収が一括りにされ名称とされたものですが、近年ではおよそ企業取得を目的とするそのほかの手段、例えば会社分割、株式交換なども含めて M&A と称されます。さらに、企業取得を目的としない企業同士の業務提携も、場合によっては広義の M&A に含まれるものとして取り扱われることがあります。M&A の代表的な手法である株式取得、事業譲受および合併の意義は以下のとおりです。

【株式取得、事業譲受および合併の意義】

株式取得
M&A実施者である買収会社がM&A対象者である被買収会社の株式を購入することにより、株式会社の所有権を細分化し表象する株式の保有を通じて対象会社を取得するもの。被買収会社の発行済み株式のすべてを購入した場合、当該対象会社を完全に所有したことになる。 　日本を含む多くの国では株主総会での議決権（所有株式数に比例する）の過半数による多数決で普通決議がなされ、また、３分の２による多数決で特に重要な議題に係る特別決議がなされるため、対象会社の支配権獲得を目指す場合、発行済み株式の50%以上または３分の２以上の取得を行うこととなる。

事業譲受
被買収会社の事業の全部または一部を買収会社が購入することにより、対象となる事業を取得するもの（なお、M&A対象者である被買収会社の側からみた場合、事業譲渡となる）。単なる資産の売買にとどまらず、事業に関連する負債や、従事する従業員など、事業に有機的に結びつく一切のものを取得の対象とする場合に事業譲渡と称することが一般的である。

合併
法律および契約に従って２以上の会社が１つの会社になることをいい、一般に吸収合併（合併により消滅する会社の権利義務の全部が存続する会社に引き継がれるもの）および新設合併（合併により消滅する会社の権利義務の全部を合併により新たに設立される会社に引き継ぐもの）の２類型がある。株式取得では被買収会社は買収後も存続し、また、事業譲受では買収事業のみが買収会社に取り込まれる一方、合併は異なる２以上の会社そのものが１つの会社となる点が前2者と大きく異なる。

(2)　M&A実行時の留意点（In-In案件との違い）

　日本企業が海外進出を行う場合、その方法としてはM&Aのほか、新規会社設立、現地資本との合弁会社設立や現地会社との業務提携等があります。M&Aによる海外進出には、一般に以下のようなメリットがあります。

　①迅速な成長戦略の実現

　自前で事業を立ち上げ、ノウハウを築き、事業を軌道に乗せるのに比べ、既存事業を取得するM&Aは進出をより機動的に実施することが可能となります。

　②リスク軽減

　既存事業を取得するM&Aは、比較的将来の収益・利益予測が立てやすく、

投資に見合うリターンを得られないリスクを軽減する効果があります。

　一方、企業がM&Aにより海外進出を行う場合、日本国内におけるM&Aの実施に比べ法律関係、適用される会計処理および税務関係が大幅に複雑になることも多いため十分な留意が必要です。

　下記の図は、日本企業が韓国の会社の株式を取得するM&Aを実施したケースです。取得対象となる韓国企業が中国に子会社を有しているものとします。

【M＆A】

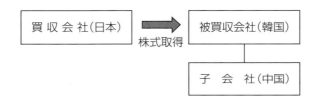

　株式を取得する段階においては、適用すべき法律について、日本の法律および韓国の法律を検討しなければなりません。また、子会社の所在する国によっては外国法人の出資比率を制限している（いわゆる外資規制）こともあるため、この例では中国における関連法規制についても検討を加えることが必要です。会計上、日本企業が適用している会計基準（日本基準等）において当該株式取得についてどのような会計処理が必要か検討する[2]とともに、韓国企業においても採用する会計基準に従って必要な会計処理を検討する[3]必要があります。

　株式保有を継続している期間においても同様に、法律関係および会計処理関係に留意するとともに、税務関係についても併せて考慮する必要があります。すなわち、投資先で得られた利益に対する課税関係や、投資資金の継続的な回収（配当等）に対してどのような課税が生じるのかを関係する国の税法規定に基づき十分に検討することが必要です。

　また、最終的に海外投資を引き上げるいわゆるイグジット（Exit：出口を意味します）の段階においても、所在地国の関連法規制の理解が必要になる[4]とともに、その行為が買収会社の（連結）財務諸表上どのように表現されるのか、会計処理の取扱いを確認することに加え、株式売却、最終配当、会社清算等に対してどのような税務関係が発生するのか十分に整理することが重要となります。

　このように、海外進出における M&A では「法律関係」「会計処理関係」「税務関係」を縦軸とし、時系列、すなわち当初取得時、継続保有時および引き上げ時を横軸として関係する国ごとに重層的に検討することが重要です。

【M & A における検討事項の重層構造】

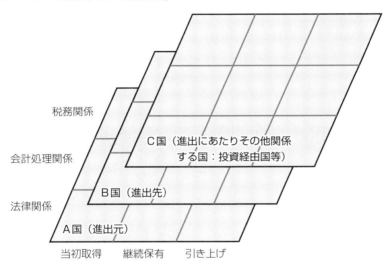

a. 適用すべき法律の差異

　合併・事業譲受等の M&A は、対象となる企業や事業のみならずそれを取り巻く第三者に大きな影響を与え得ることから、株主、債権者および投資家等の利害の調整を図るために多くの法規制が設けられています[5]。すでに述べたように、日本企業が海外企業に対して M&A を実施する場合、日本の関連法規制のみならず、対象となる会社が所在する国の法規制についても十分に理解を深める必要があります。例えば合併について、内国法人（当該国においての国内企業）と外国法人（当該国においての外国企業）が合併することを認めていない場合や、規定により事前承認・届出が必要とされている国も少なくありません。

b. 海外税制の複雑さ

　海外進出のための M&A において、M&A 実行時は対象企業が所在する国にとって投資を呼び込むことにつながるため、各種の優遇税制が準備されている

ことが多くみられます。一方、当該国にとって資金の流出につながる、日本企業への配当等を通じた継続的な投資回収や、引き上げによる一括資金回収に対しては、詳細かつ厳しい税規制を設けていることが通常です。M&A実施企業が投資全体で利益を得ることが担保されるためには、海外税制の深い理解が不可欠となります。税制における主要な留意点は224頁以降で詳述します。

2) 例えば連結財務諸表における「のれん」の評価が典型的な論点としてあげられる。
3) 例えば貸借対照表における増加資本の表示（資本金、資本剰余金等）が検討論点としてあげられる。
4) 例えば中国における累積利益を配当により日本に還流する場合、一定の条件にあてはまる配当支払には金融機関における事前審査および各地域の税務当局への事前届出が必要となっている。
5) 日本においては、合併について会社法第748条以下、事業譲渡について同第467条以下に詳細に規定されている。

(3) DD、契約、クロージングのポイント

M&Aの成功のためには、M&A対象の事業・会社にどのような潜在的利益・潜在的リスクがあるのかを事前に十分に把握評価し、その結果を契約に反映させることが重要です。

M&A実行にあたっては下記の表に示すように、数多くのステップを踏むことになりますが、なかでもデューデリジェンス（DD：Due diligence）、（最終）契約およびクロージングは重要な手続です。

【M&A実行の流れ】

ステップ①	M&A計画の立案
ステップ②	対象候補企業の洗い出し
ステップ③	対象企業への初期アプローチ
ステップ④	対象企業の初期分析
ステップ⑤	企業価値算定（バリュエーション）
ステップ⑥	買収スキームの立案および選定
ステップ⑦	対象企業との交渉
ステップ⑧	基本合意契約の締結
ステップ⑨	デューデリジェンスの実施
ステップ⑩	最終契約の締結
ステップ⑪	クロージング

a．デューデリジェンス

M&A 実行の際のデューデリジェンスとは、① M&A 実行にあたり投資対象の実態やリスクを把握することや、②買収後の M&A 対象における事業活動の準備などを目的にして行う対象会社の調査活動をいいます。投資対象の実態や潜在的なリスクを網羅的かつ十分に把握することなくして適切な買収価格を算定することや、自社にとって適切な買収スキームを選択することはできません。また、デューデリジェンスにおいて投資対象から得ることのできる情報は M&A 後の事業活動の準備に活用することができます。

デューデリジェンスは静的、動的問わずおよそ買収先のあらゆる実態を対象として実施することができますが、一般に行われる調査事項としては、①財務、会計および税務面から過去の業績および一定時点の財政状態を調査し、将来の事業計画の適切性を検討するために実施する調査（ファイナンス・デューデリジェンス）、② M&A 対象の事業の将来性測定（自社の事業との統合によるシナジー効果算定を含む）やビジネスリスクの評価のために実施する調査（ビジネス・デューデリジェンス）、③法的なリスクを把握・評価し、買収スキームや M&A 契約内容の修正を検討するために実施する調査（法務デューデリジェンス）等があります。

デューデリジェンスの具体的な手続内容については割愛しますが、重要なポイントは、デューデリジェンスによる検出事項をどのように M&A に活用するかにあります。検出事項には将来より大きな利益を会社にもたらす可能性を示すポジティブな項目（潜在的利益項目）と将来利益を減少させるまたは損失を生じさせる可能性を示すネガティブな項目（潜在的リスク項目）がありますが、検出されたリスク項目については、例えば次のような対応方法が考えられます。

・リスクの受け入れ
・買収価格の減額
・買収スキームの変更によるリスクの排除・減少
・売り手による対応要請
・リスクが顕在化した場合の売り手によるコスト負担の取り決め
・買収の中止

b．契約

デューデリジェンスの実施結果を踏まえ、最終契約に向けて詰めの交渉が行われます。最終契約の前には、デューデリジェンスによる検出事項に対する個別の対応が検討され、必要に応じて契約書に反映されることとなります。

また、M&A の実行においては、本契約の前段階で基本合意が取り交わされることが多く、基本合意段階では取り決められていなかった詳細な条件がもれなく最終契約書に盛り込まれることが重要です。

なお、最終契約の締結は売主、買主双方にとって重要な意思決定であるため、取締役会等の会社の意思決定機関での決議事項とされるのが通常です。M&A の実行は、多くの場合極めて秘匿性が高い情報であることから、正式な取締役会等において実行の意思決定を諮る前にその実行の是非が検討されていることを知らされていない役員が多いこともしばしばみられます。実行の承認が得られるよう、説明のための十分な準備を行うことが必要となります。

c．クロージング

M&A において、売主が取引対象物（事業や会社等）を引き渡し、買主がその対価（現金、株式等）を支払う取引の実行行為をクロージングといいます。クロージングは、M&A の実行スキームにより異なる法的手続が求められるため、実行スキームごとにどのような法定の手続があるのか、その実施順序はどうなっているのかについて十分に理解しておく必要があります。

(4)　M&Aスキーム選択時の留意点

M&A におけるスキームの選定にあたっては、M&A 後のビジネスの進めやすさ、シナジー効果の発揮しやすさ、買収会社と被買収会社を垂直的に位置づけるのか、水平的に位置づけるのかといったポジショニング等の検討が重要であることに加え、M&A による企業（グループ）の成長・利益最大化を目的としてM&A を実行することに立ち返れば、「M&A によりどの程度の利益増加・キャッシュフロー増加が見込めるのか」という分析が極めて重要であることはいうまでもありません。

また、M&A スキームを選択するに際しての投資効果計算（利益・キャッシュフロー）においては、関係国の税制を十分に理解したうえでの税務コストを慎重に見積もる必要があります。なお、ここでいう税務コストは、M&A 対

象である被買収会社の事業計画における税務コストのみならず、当初取得時・継続的資金回収時および引き上げ時にM&A実施者である買収会社側で要するコストも考慮に入れる必要があります。

　M&Aスキーム選択時の留意点を「法務関係」「会計処理関係」「税務関係」に分け、それぞれ解説します。なお、「法務関係」および「会計処理関係」については、海外進出のためのM&Aにおける典型的な手法である「株式取得」および「事業譲受」について記述します。

a．法務関係の留意点

①株式取得

　すでに述べたとおり、議決権のない株式に係る例外的な取扱いを除けば、通常、株式の持分割合に比例して議決権を有することとなり、議決権のある株式を過半数取得することにより、会社の事業運営に関する通常の意思決定を支配することが可能となることが一般的です。一方、多くの国では会社法またはそれに類する法律により、特定の決議事項についてはより慎重な意思決定を促す観点から、過半数を超える決議要件を設けていることが多く、これらを含めたあらゆる意思決定を支配するためには、当該決議要件を満たす議決権を有することが必要となります。

　また、株式取得時点で株式の所有が分散している場合も少なくありません。このような場合、個別の株主と別個に株式譲受契約を締結することは株主数によっては相当程度煩雑となることが考えられます。その対策として、M&Aに係る基本合意書において個別の株主との交渉を被買収会社の役割として定義することや、被買収会社または被買収会社の第1位株主がいったん個別の株主から株式を取得することとする取り決めを設けることもあります。

②事業譲受

　取締役会を設置している日本の会社が事業の譲受を行う場合、取締役会の決議が必要となります（会社法第362条第4項第1号）。他の会社のすべての事業を譲り受ける場合には、原則として株主総会の特別決議が求められます（同第467条第1項第3号）[6]。また、事業譲受に反対する株主には株式買取請求権が認められており（同第469条）、権利行使に備えた準備が必要となります。

　資産、負債および各種個別契約上の地位に係る変更手続が必要になることが一般的であることにも留意が必要です。すなわち、事業譲受は当事者間の合意

により譲渡会社の一部または全部の事業を譲受会社が譲り受けるにすぎないため、当該合意を知らない第三者への対抗要件を備えるための手続を要することが通常です。売掛金に係る債務者等への通知、所有不動産に係る各国の登記関連法に基づく対応等、譲り受ける個別の資産、負債および契約の性質を踏まえた対応を行う必要があります。

ｂ．会計処理関係の留意点

①株式取得

株式取得による場合、日本の会計基準に基づく買収会社の個別財務諸表上では、取得原価で当該株式取得投資が計上されます。一方、連結財務諸表上では被買収会社の時価純資産を上回る株式取得投資を行った場合、当該超過額が「のれん」として計上されることになります。現在の日本の会計基準においては、「のれん」は20年以内の一定の期間で規則的に償却（費用処理）することが求められており、買収金額によってはのれんの償却額が将来の連結業績に大きな影響を与えることになります。

また、M&A後、被買収会社の業績が当初予定を下回っている場合などには、個別財務諸表上では取得原価で計上されている株式についての損失処理（減損処理）が求められ、連結財務諸表上では計上された「のれん」に係る損失処理（減損処理）が求められる可能性があることにも留意が必要です。

②事業譲受

事業譲受による場合、譲り受ける資産および負債を時価評価し、①当該時価評価額、および②当該時価評価額と支払対価との差額を、個別財務諸表および連結財務諸表上「のれん」として計上することになります。計上された「のれん」については20年以内の一定の期間で規則的に償却（費用処理）することが求められています。M&A後、被買収会社の業績が当初予定を下回っている場合などには、個別財務諸表および連結財務諸表上「のれん」に係る損失処理（減損処理）が求められる可能性があります。

ｃ．日本税制の留意点

①外国税額控除

外国税額控除とは、外国で納付した税金の額を日本で納付すべき税金の額から控除する制度です。日本企業は、所得（税務計算上の利益）の生じた場所が国内であるか、国外であるかにかかわらず、すべての所得について日本で課税

されます（全世界所得課税制度とよばれています）が、国外で生じた所得について外国の法律で法人所得税に相当する租税の課税対象とされる場合、日本およびその外国の双方で二重に所得税が課税されることになります。この国際的な二重課税を調整するために、一定額を日本における法人所得税の額から差し引く仕組みが外国税額控除です（詳細は第3章**1**参照）。

M&Aスキームの選択において、外国税額控除制度の適用の可否による税務コストは重要な考慮事項の一つとなります。すなわち、M&Aスキームの選択肢の一つとして事業譲受（海外支店としての事業継続）が含まれていた場合、例えば株式取得による子会社としての事業継続案との将来キャッシュフローの比較において、被買収事業（会社）で発生する税務コストのみならず、「当該被買収事業（ここでは海外支店）で支払った税を日本の親会社の税額計算上支払済税金として控除できるかどうか」というグループ全体としての有利不利判定が重要となります。

②外国子会社配当益金不算入制度

外国子会社配当益金不算入とは、外国子会社から日本親会社が受け取る配当について、一定のものにつき日本親会社の所得計算において益金に算入しない、つまり、課税対象から除外するという制度です（第3章**1**参照）。

この制度が適用されると、原則として、その株式等の25％以上を6ヵ月以上、日本親会社が保有している外国子会社から日本親会社に対する配当金について、その子会社から受け取る配当金の95％は益金不算入（課税されない）とされています。

配当金は、M&Aによる投資の成果を親会社に還流する方法の一つです。したがって、投資先の利益の吸い上げに伴うコストも、投資前の段階から十分に検討しておく必要があります。

③外国子会社合算税制（タックスヘイブン対策税制）

外国子会社合算税制（通称タックスヘイブン対策税制）は、タックスヘイブン、すなわち低税率（無税を含む）国を利用して租税回避を図る行為を排除する制度です。この制度では、一定の税負担の水準（20％）以下の外国子会社の所得を日本法人の所得とみなし、それを合算して課税されます（詳細は第3章**3**参照）。

日本企業が外国企業に対してM&Aを実施するにあたり、低税率国に所在

する会社を取得する場合や、低税率国に所在する子会社を有する会社を取得する場合、外国子会社合算税制（タックスヘイブン対策税制）が適用されると一般にグループ全体としての税負担が増加します。そのため、同税制の適用の有無やこれを回避するための出資方法等について慎重な検討が必要です。

④移転価格税制

移転価格税制とは、第三者間で取引される価格（「独立企業間価格」といいます）と異なる価格でグループ会社（資本的・人的に支配関係にある会社）と取引が行われた場合、当該取引価格が独立企業間価格で行われたものとして、税務上の利益である課税所得金額を算定する制度をいいます（第3章**3**参照）。

移転価格税制は、M&A 実行後、継続的な資金回収を図る期間においてその手法と密接不可分の関係にあります。第6章で詳述しますが、M&A による投下資金の回収方法としては、配当のほか、貸付利息による回収や企業間で売買する物品の価格を調整することによる回収等が考えられます。利息の授受、商品売買代金の授受等、買収会社と被買収会社間の取引において、上述した独立企業間価格が用いられず、恣意的な価格が用いられている場合、当該取引が独立企業間価格で行われたものとみなして課税されることとなります。

当該移転価格税制により、例えば低税率国に所在する会社を買収し、相対的に高税率である日本の利益ができるだけ小さくなるような（高めの）販売価格で買収した海外子会社に商品を売り上げたうえで、その会社から外部顧客に商品を販売することで、グループ全体としての税務コストを小さくしようとする行為は排除されることになります。また、M&A による海外進出における投下資金回収との関連では、独立企業間価格よりも高値で日本企業から海外子会社に商品の販売を行い、投資回収を行おうとする行為も困難となります。このように、海外進出における資金回収行為と移転価格税制とは密接に関連しているため、移転価格税制を考慮に入れた資金回収計画を立案することが重要となります。

d．海外税制の一般的留意点

①税率

海外進出を行うにあたり、進出国の法定実効税率[7]の高低は重要な検討ポイントになります。企業の活動の成果として得られる利益やキャッシュフローの算定にあたって、税金はコストにほかならず、いったん進出した後に税負担

率（税引前当期純利益に対する税金費用の額の割合）を下げるための方策を検討するよりも、状況が許す限り法定実効税率の低い国に進出したほうが企業利益・キャッシュフローの観点からは有利になります。

すなわち、M&A のステップの一つである企業価値算定（バリュエーション）上、インカム・アプローチ（DCF 法や収益還元法を含む）など、被買収会社の財務数値を前提とした評価を行う場合、法定実効税率の高低が企業の将来利益および将来キャッシュフローに与える影響を十分に考慮することが重要です。

例えば、マレーシアの法定実効税率は2014年3月現在、25%であるのに対し、香港では16.5%となっています。税負担は10%近くマレーシアが重いこととなり、ほかの条件が同一であれば、香港への進出がより大きな利益・キャッシュフローの獲得を期待できると考えられます。下記の図はアジア主要国の法定実効税率を比較したものです。

【アジア主要国の法定実効税率】

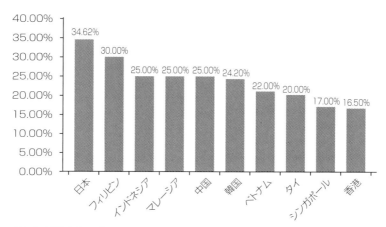

（出所：財務省ウェブサイトおよびJETRO資料より筆者作成。2014年3月現在）

②繰越欠損金

企業が過去に計上した税務上の赤字（欠損金）は、これを繰り越して翌事業年度以降の黒字（課税所得）から控除して法人税等を減額することが認められています。これを繰越欠損金制度といい、日本の税制上、欠損金は9年まで（2017年度からは10年）繰り越すことができるとされています。

M&Aの対象会社が繰越欠損金を有していれば、将来の税務コストを削減できる可能性があり、保有している繰越欠損金額の多寡とその利用可能性の判断が、被買収会社の価値を算定するうえで重要な要素となります。

【事例】

> A国（法定実効税率40%）に所在するX社は、年間100百万ドルの税引前利益を将来5年間にわたり計上すると見込まれている。繰越欠損金は有していない。同じくA国に所在するY社は、年間100百万ドルの税引前利益を将来5年間にわたり計上すると見込まれている。繰越欠損金200百万ドルを有している。
>
> この場合、X社とY社の企業価値は以下のように算定される。なお、時間価値は考慮しないものとする。
>
> 　　X社：100×5年－100×5年×40%＝300
>
> 　　Y社：100×5年－（100×5年－200）×40%＝380
>
> このように、繰越欠損金により将来の税務コストを減少させることができるY社は、同額の税引前利益を見込んでいるものの繰越欠損金を有しないX社よりも企業価値は多く算定される。

被買収会社が繰越欠損金を有していた場合でも、M&Aの形態により、当該繰越欠損金が買収会社に引き継がれなかったり、支配株主の変更により消滅（切捨て）してしまったりする場合もあるので注意が必要です。

例えば、日本においては事業譲受によるM&Aによっては対象となる事業の有する繰越欠損金は買収会社に移転しません。また、インドにおいては非公開会社の株主構成が49%超変化するようなM&Aを実行した場合、M&A被買収会社の繰越欠損金を買収会社は利用できないこととされています。

③源泉税

企業に課せられる法人所得税は、納税者である企業が、その年度の税務上の所得金額とこれに対する税額を計算し、これらを自主的に申告して納税する仕組みを前提としています（申告納税制度）。しかし、利子・配当等の特定の所得については、その所得の支払の際に支払者が法人所得税を徴収して税務当局に対して納付する源泉徴収制度が採用されており、源泉徴収される税を源泉所得税といいます。この源泉徴収制度は主要各国で広く採用されています。

例えば、海外子会社から日本親会社への配当金は、一般的にその95%が益金不算入となる一方で、現地国で課される源泉税は損金算入することも外国税額控除の対象とすることも認められていません。買収した企業からの利益の還流

においては、このような源泉税の取扱いも税務コストとして考慮しておく必要があります（詳細は第3章**1**参照）。

【事例】

　日本の親会社Ａ社は、ＥＵ域内にあるＸ国への進出を検討している。進出後の継続的な資金回収に要するコスト比較の一つとして、配当送金に要する源泉所得税の課税関係を検討する。

（Ｘ国から日本への配当に対する源泉税：下図パターン①）

　現在有効なＸ国の税法等に基づき、日本への配当送金に対しては15％の源泉税が課せられる。日本においてはＸ国で徴収された源泉税は、外国税額控除の対象にはならないため、Ｘ国からの配当100に対して課せられる源泉税15が税金費用の増加額となる。

（Ｘ国からオランダを経由して日本に配当する場合の源泉税：下図パターン②）

　ＥＵ域内にあるＸ国からオランダへの配当は、一定の要件を満たす場合、源泉所得税が免除されることとされている。また、現在日本とオランダの間の租税条約によりオランダから日本への配当に対する源泉所得税率は5％に軽減されている。さらに、オランダにおいては日本と同様、受取配当は原則として益金不算入とされているため、Ｘ国からオランダを経由して日本に配当する場合の税金費用はオランダにおける源泉税5となる。

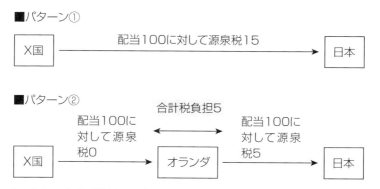

■パターン①

　Ｘ国　——配当100に対して源泉税15——→　日本

■パターン②

合計税負担5

　Ｘ国　——配当100に対して源泉税0——→　オランダ　——配当100に対して源泉税5——→　日本

　このように、各国税制および租税条約の検討により、全体としての税金費用を軽減できる可能性がある。

④清算課税

　海外子会社を清算することにより資金回収を図る場合、海外子会社における清算所得に課せられる税金と、日本の親会社において子会社を清算することにより生まれる所得に対して課せられる税金の双方を考慮する必要があります。

特に前者の海外子会社に係る清算所得については、日本の税法ではなく現地国の税法に従い計算がなされ、清算（解散）前の残余財産から必要な納税が行われることになります（第3章**4**参照）。国によっては清算に係る法的手続および税務的手続が煩雑かつ長期間にわたることもしばしばみられ、清算手続中どの段階でどのような税務上の所得が認識されどのような課税がなされるかは各国税制により多様となっていますので、M&A実施時点において、万一の撤退の際の進出先の清算所得についても十分理解しておくことが望ましいといえます。

⑤支払配当に係る課税

配当の支払側である外国法人においては、配当はすでに課税済みの利益からなされるものであるために、配当の支払を原因とする課税関係は原則として生じません。すなわち配当の支払により課税所得の増加または減少は起こりません。配当の支払行為に対する課税ではありませんが、日本における特定同族会社に対する特別税率の適用（いわゆる留保金課税制度[8]）と同様の制度が進出国に整備されていることも考えられ、「配当しない」ことに対する課税の可能性がある点には一定の留意が必要と考えられます。

⑥ロイヤリティ支払に係る課税

ロイヤリティとは、狭義には特定の法的権利を有する者が当該権利を使用する者から収受するその使用対価をいいます。税務上はこれより広義の意味でロイヤリティ（使用料）を定義しており、対象となる権利を「特許権、実用新案権、意匠権、商標権の工業所有権及びその実施権等のほか、これらの権利の目的にはなっていないが、生産その他業務に関し繰り返し使用し得るまでに形成された創作、すなわち、特別の原料、処方、機械、器具、工程によるなど独自の考案又は方法を用いた生産についての方式、これに準ずる秘けつ、秘伝その他特別に技術的価値を有する知識及び意匠等をいう」とし、そのため「ノーハウはもちろん、機械、設備等の設計及び図面等に化体された生産方式、デザインもこれに含まれる」（法人税基本通達20 - 1 - 21）とされています。

日本の親会社が所有する権利・ノーハウを海外子会社が使用し、当該使用の対価（ロイヤリティ）を海外子会社が支払うことは一般的に行われています。海外子会社側からみると、親会社に対するロイヤリティの支払は、法人税の計算上損金算入されることが通常です。M&Aの実行後、ロイヤリティの授受に

より資金還流を行う場合、特に当該授受が第三社との取引価格により行われているかという移転価格税制の観点での検討が必要といえます。

6）　譲受の対価として交付する財産の帳簿価額が譲受会社の純資産の5分の1（20%）以下である場合には、株主総会の特別決議は不要とされている（会社法第468条第2項）。

7）　日本においては、「法人税率×（1＋住民税率）＋事業税率／（1＋事業税率）」により算定される。法人所得に対する地方税負担の一部が国税計算上損金算入されることを調整したうえで、それぞれの税率を合計したものである。

8）　一定の要件を満たす特定同族会社において、各事業年度の利益のうち配当により社外流出されず社内に留保された金額が一定金額を超えた場合、当該超過部分（留保金額）に対して課税する制度のことをいう。同族会社においてオーナー株主に配当されないことにより配当に係る個人所得税の徴税機会が失われることに対応する趣旨で規定されている。

第6章
現地法人経営

1 経営管理

QUESTION 53 親会社の現地法人マネジメント

企業が海外進出をした場合、経営管理面で日本の親会社ではどのように
現地をサポートすればよいのでしょうか。

ANSWER

親会社からの支援は経営管理全般にわたりますが、特に資金面、コンプ
ライアンス関連の指導、為替リスク対策、人事面、トラブル発生時の対応
などがあります。日本での海外現地法人管理担当者はこれらを業務として
認識しておく必要があります。

≪解説≫

(1) 親会社から子会社への支援

海外に現地法人を設立した場合、日本の親会社は現地経営のため、日本人社
員を駐在員として派遣し経営するのが一般的です。ただ、経験が豊富で人材に
余裕のある一部の大手企業を別にして、日本からの派遣社員は数が限られてお
り、日々の業務を回していくことに忙殺されているケースが多くみられます。
現地法人の経営は進出国の法令、規則、慣習に従って仕入、販売、製造、人事、
総務、経理等のすべての業務を行う必要があり、慣れない分野も含め駐在員1
人当たりの守備範囲は広いものになります。したがって、本社からはより踏み
込んだ幅広い現地法人への経営管理支援が必要となります。

親会社から子会社への支援は資金面や人事など広範囲になりますが、特に注
意すべき項目として以下のようなものがあります。

【親会社から子会社への支援の例】

資金面の支援	
ポイント	・新興国の現地通貨の資金市場は未整備 ・新興国では地場銀行の外貨調達力は弱い ・新興国通貨の金利は高い傾向にある ・現地法人設立当初は実績がないため、現地の銀行からの借入は困難
対応・支援	・親会社からの貸付 ・現地日系銀行からの借入のための保証 　⇒親会社保証差入れ、スタンドバイL/Cのアレンジ ・現地法人が日本の銀行から直接借り入れるための日本でのアレンジ

法令・規制の遵守	
ポイント	・新興国では法令や規制が新しく制定されたり、変更が多い ・賄賂や担当官の裁量により判断される場合がある ・一般的には現地法人では社内体制が十分でない場合が多い ・法令遵守は内外で重視される傾向にあり、現地法人の不祥事は日本および当該国内での罰則や信用失墜により大きなダメージを受ける ・現地でも日本の親会社同様のリスク管理、法令・規制の遵守が求められる
対応・支援	・親会社でも現地の法規制等の最新情報の収集に努め、現地と連絡を取り、法律や規制を遵守しているか確認する ・親会社から現地法人への内部監査や現地訪問の実施

現地法人の為替リスク管理	
ポイント	・現地法人の為替リスク発生要因例 　①親会社あるいは現地銀行からの外貨借入 　⇒返済原資が国内販売による現地通貨 　②現地法人の原材料の海外からの輸入（外貨） 　⇒支払原資が国内販売による現地通貨 　③現地で原材料を仕入れ、製品を輸出 　⇒現地通貨払いの仕入の支払原資が輸出で受け取った外貨 　　・現地通貨の大幅な為替変動 　　・現地の外国為替市場が未発達 　⇒新興国では為替予約やデリバティブなどの市場が未整備で対策が難しい
対応・支援	現地法人の為替リスクを把握し、状況に応じた対策をとる ①現地法人の為替リスク軽減のための支援

	・親子間取引通貨での調整 ・親子ローンの通貨調整 ・現地通貨建ての借入の支援（親会社による現地銀行向け保証あるいはスタンドバイL/Cの発行） ②ローン金額が多い場合は資本金に組み替える（ただし資本金にすると資金は固定される）

トラブル対応

ポイント	・カントリーリスク（自然災害、政治経済の混乱） ・社内の問題（ストライキ、不正） ・発生時現地法人では限られた人員で対応
対応・支援	・親会社の担当部署での現地情報収集と支援体制の構築 ・支援活動の実施（必要に応じて親会社からの人材の短期派遣） ・経営層自らの早めの対応が傷口や負担を減らす ・危機管理の具体的手順と体制をあらかじめ作成しておく

租税問題

ポイント	・現地の不明瞭な税制 ・税務当局による不当な課税 ・親子間取引に係る移転価格税制 ・現地駐在員の税務知識が不十分な場合もある ・ロイヤリティや配当に係る現地での源泉税 ・日本での海外関連の税制は外国子会社合算税制、移転価格税制
対応・支援	・租税条約、外国税額控除の活用の検討 ・現地からの税務相談に応じる体制を作り情報を共有する ・場合により親会社側から直接現地専門家へのコンタクトも必要

駐在員関連

ポイント	・駐在国の治安は日本より悪いのが一般的 ・新興国の衛生状態は不十分 ・日本との格差のある子女教育のレベルと高い学費
対応・支援	・駐在員規定の作成と支援（給与規定、社会保険、生活、子女の教育等） ・現地給与は物価や為替相場の変動で定期的な見直しが必要 ・その他の処遇も現地事情や他社動向を参考に規定し、適宜見直しが必要 ・現地訪問の実施

	駐在員の住居および周辺を訪問、帯同家族がいれば面談するほか日本人学校やショッピングセンター等、衛生状態や治安も配慮して視察する
経営支援	
ポイント	会社の運営、各種管理、人事問題対応など組織や人材が親会社に比べて不十分
対応・支援	・日常の生産、販売などの営業活動の支援（対応する親会社各部が担当） ・現地の実情を把握したうえでの個別支援・指導 ・現地法人の定期的監査（問題点の洗い出しと対策を実施）
その他サポート	
ポイント	海外進出の成功の重要要因の一つは現地社員のレベルアップ
対応・支援	・日本での現地社員の研修等の実施 　⇒日本での研修は現地社員のモチベーションや技能向上、親会社の理念等理解を深める効果が期待できる。
日本での海外現地法人管理担当者の業務	
	①進出国の政治、経済、社会、法令などの情報を入手する ②現地法人の現状を把握する ③決算書の徹底分析を行う ④現地を訪問し、現地の主要社員とも面談する ⑤進出国固有の法規・制度の把握と対応状況の確認 ⑥現地で発生したトラブルへの支援 ⑦各種規定の定期的な見直し

(2) 金融機関実務のポイント

　海外現地法人関連の取引で日本の金融機関の取引先担当者が直接コンタクトできるのは、親会社の現地法人担当者です。現地法人担当は人事、総務、経理、営業など各管理部門で別々に対応しているところもあります。

　取引先担当としては各管理部門からトラブルも含め資金需要や為替リスク対応などの情報取得に努める必要があります。

　そのためには現地の情報を新聞やニュースで取得し、金融機関本部から資料を提供するなど取引先とのコンタクトが必要です。

QUESTION 54 現地法人経営のポイント

現地法人の経営ではどのようなことが重要でしょうか。

ANSWER

　現地法人の経営では、①会社の企業理念・経営方針の共有化、②本社と現地法人の親子間、現地法人内のコミュニケーション、③株主総会、取締役会の運営、④業務のモニタリングが重要です。

≪解説≫

　海外現地法人の経営は現地の法令や慣習に従いながら、経理や人事、総務関連など日本同様の管理が必要となります。しかし、人材に余裕のある大手企業を別にして、大部分は日本からの数少ない派遣社員が日々の業務に忙殺されたなかで行う必要があります。一般的には１社当たりの日本人派遣者は平均５人程度という調査結果もあります。そうした状況で現地法人をいかに管理していけばよいのでしょうか。うまく経営するためには以下のようなポイントに留意する必要があります。

(1)　会社の企業理念・経営方針の共有化

　企業を経営していくうえで最も基本になるのが、従業員に企業理念や経営方針を理解させることです。海外の現地法人であっても同様です。基本になるのは本社の企業理念ですが、それを現地法人の設立目的や現地の実情にあわせて独自の企業理念・経営方針等を作成します。これは自社で働く意味やモチベーションを高める基本となるものです。これらは作成するだけではなく、できるだけ多くの社員に理解してもらわなければなりませんので、現地語や英語に翻訳し、わかりやすいものにする必要があります。また、本社の社長や役員が株主総会等の出席で現地法人を訪問する際は、本社の理念や経営方針を現地の主要な社員に直接伝えることも浸透させる効果があります。

(2)　コミュニケーション

　コミュニケーションには本社と現地法人の親子間、派遣社員と現地幹部の現地法人内の2つの重要なコミュニケーションがあります。

a．本社と海外現地法人のコミュニケーション

　本社人員と現地法人間のコミュニケーションはオフィシャルな決算報告、株主総会、取締役会の機会だけでなく、必要に応じて都度行われるのが一般的です。インターネットを活用すれば、時差や相手が不在の場合でも報告や情報の交換が可能です。現地幹部は、権限を越える事案やトラブルなど、現地で発生している重要な経営上の問題を本社に説明する責任があります。また、本社側はそれらの問題について適切な判断や支援を行う必要があります。

　しかし実際には、日本の本社と現地幹部の連携やコミュニケーションがうまくいかず、現地法人経営の阻害要因になっているケースもあります。ネックの原因には次のようなものがあり、これらを解消することが重要です。

①本社グループで対応すべきことと現地法人でやれることの仕分けが適切にできていない。また、現地法人責任者への権限委譲が不十分。

②現地法人の規模・体力が、本社グループの規模やレベルに到達しておらず、同様の対応ができない。

③本社が現地の事情を考慮せず、日本流のやり方を要求する。

④現地法人を所管する本社側担当事業部の事情で、総務部、人事部など管理部門との意思疎通がうまくいかず十分な対応ができない 。

⑤本社の経営者や担当者が海外業務に不慣れで、本社内にグローバルな基盤がない。

　　また、現地法人の要職に現地スタッフが就いている場合、英語でのコミュニケーションがうまくできない。

b．現地法人内での派遣社員と現地幹部とのコミュニケーション

　現地法人内でのコミュニケーションは、各部門の状況を把握し日常業務を遂行するのはもちろん、人材の現地化を進めるうえでも重要です。特に合弁企業の場合は相手側からの人材も現地法人経営に参画している場合が多いので、双方の意見を調整し集約する必要があります。特に日本側のシェア50％かそれ以下の場合、相手側のペースで事が運ばれたり、こちらの意図に反する動きにな

る場合もあり、相手側の動きを把握しけん制できるようにしておく必要があります。

　また、社内では現地幹部社員、一般社員の考えや動き、できればうわさも耳にいれておき適切に対応することが、離職の防止や不正、トラブルを未然に防ぐことになります。

　現地社内でのコミュニケーションについては、以下の点に留意してください。

①派遣社員の語学力を高める。社内言語を英語としている場合の英語力はもちろん、できるだけ現地の言葉も習得する。また、現地の慣習や事情を配慮してコミュニケーションを図る。

②社員、特に管理職層には必要な範囲で経営状況や課題などを説明し、目的を共有する。また、課題解決の意見を聞くなど経営への参画意識を高め、自覚を促す。

③毎年の給与改定等では、適宜多くの社員と面談し、評価と個人の課題、会社への要望などの意見交換を行う。

④レクリエーション行事、仕事を離れた交流も実施する。

　人事管理については本章**6**を参照してください。

(3)　株主総会、取締役会の運営

　社長あるいは経理等の主要担当を現地側パートナーやローカルの社員に任せている場合、言葉等の問題もあり、相手の行動を本社側で全くけん制できていないケースが見受けられます。そのような事態にならないよう、株主総会や取締役会では事前に討議内容を十分精査し、主張すべきこと、反対意見などを明確に述べる必要があります。合弁形態の進出で議決権がマイナーな場合は、拒否権等を活用せざるを得ない事案もあり得ます。

　株主総会や役員会のときはもとより、普段から決算書の内容の精査は重要です。売上が横ばいなのにコストが増加していたり、辻褄の合わない数字や大きな増減、異常値がある場合は詳細を確認します。この確認を行うことで問題が浮き彫りになる場合もあり、数字の異常値、疑問点を確認することは不正の発見や現地法人運営の問題点の発見になります。現地の会計士や監査法人のコメントもきちんと読んで、不明な点は明らかにしておくべきです。

　さらに決算の数字では、期初目標との乖離の原因をよく吟味する必要があり

ます。売上、利益等の業績の目標との乖離・未達についてその原因を追究し、問題点の洗い出しと解決策の検討を行います。

　また、株主総会や取締役会は現地法人の所在地で開催されるのが一般的です。この場合は本社の役員や海外部門の長が出張するケースが多いと思われますが、工場、営業所の点検、日本人社員および主要現地社員との面談、事務フローの確認等を同時に行うと現地法人の実態がよくわかります。

(4)　本社からの現地法人モニタリング（業務監査等）

　現地法人の実態を定期的に目を変えて見直すことも大切です。特に新興国については、制度の見直しや法律の改正が頻繁に行われている場合が多く、その結果、いつの間にか自社の労務規定などが法令を遵守するものではなくなってしまうケースもあります。また、営業や経費などでの社内の不正や不透明なマージンなど、目を変えて定期的に見直すことで発見されることもあります。そのため定期的に業務監査を実施している企業があります。有効な見直しを行うためには、監査担当者は、その国の制度や言葉に精通している必要があります。そのため、多少時間はかかりますが、自社内でこういった海外拠点専門の内部監査要員を育成することが重要です。内部監査の視点をもった海外要員はいずれ会社にとって貴重な人材になります。また、進出当該国の言語がわかるスタッフを監査チームに加えると成果が上がりやすくなります。

　ただ、要員育成には十分な人材が必要なうえ、時間もかかります。その場合、多少お金がかかりますが、外部の専門家に内部監査を委託することも一つの選択肢になります。

　こういった外部監査は現地社員へのけん制にもなります。また、人の異動も踏まえた現地法人の大きな改革を行うというような場合に、社長自らでは言いにくいことを、しがらみのない外部コンサルタントに言ってもらい話を進めるという方法もあります。

QUESTION 55 現地法人管理におけるコンプライアンス

現地法人を管理する際の管理上の留意点について教えてください。

ANSWER

　法的リスクは、基本的には日本国内も海外も同様です。海外業務で特に注意したいのは、未整備な法制度、労務面、独占禁止法、ＰＬ法、知的財産権関連、環境規制、外国公務員の賄賂、進出国の司法制度などです。

≪解説≫

　海外で業務をする場合、現地の法律を遵守することは当然です。法的なリスクの影響は営業上の損益よりもはるかに大きくなる場合があり、現地法人のみならず親会社の信用の失墜にもつながりかねません。進出に際しては工場の立上げや利益を優先にしがちですが、現地法人の経営にあたっては規則や法律を遵守しているか、常に確認する必要があります。

　法的リスクの種類は多数あり、基本的には日本国内も海外も同様ですが、特に海外進出で直面する可能性の高い注意点をまとめると以下のようになります。

(1)　法令の未整備、制定、変更

法制度について以下のような注意が必要です。

①新興国の場合は、各種の法律が十分に制定されていない場合も多く、制定や修正が頻繁かつ急速に行われており、自社の業務活動や雇用条件などが知らないうちに法令違反になっている可能性もある。

②法律が制定されていても実施のための細則が規定されておらず、政府担当官の裁量により判断されることもある。解釈が不明な場合は同様の事例を調べたり、現地の専門家や当局に確認することが必要である。

③外資の規制では出資比率や資本金額など、法律では規制されていなくても、運用面で当局が指導や規制を行っている場合がある。

(2)　労務管理

　現地法人の労務管理では、進出国の労働関連法を遵守することはいうまでもありません。具体的には以下のような点に注意が必要です。

①進出国の労働関連法に従った、給与、採用、解雇、退職金、休暇等の就業規則を制定し運用を行う。

②就業規則や雇用契約の内容は、必ず現地の法律の専門家に確認をする。

③適正な評価と処遇の実施を行う。

④現地慣例を適用し、配慮（宗教、賞与等）する。

⑤国や進出地区でのストライキなど労働運動の動静を把握する。

⑥実際の運営にあたっては、賃金水準の同業他社との比較や労働環境などのチェックを行い、従業員の満足度なども把握しておく。

⑦現地法人社内の人事・総務担当は、その業務に詳しい現地の信頼できるマネージャークラスの人材が活用できれば望ましい。

(3)　独占禁止法制等

　多くの国では、「独占禁止法」が制定され、私的独占、カルテル、競争制限、不公正取引などが禁止されています。各国の独禁法の内容は比較的緩やかなものから厳しいものまでさまざまですが、協定による販売、価格、技術等の不当な制限や拘束を禁止するもので、新興国でも取締が厳しくなる傾向にあります。2013年から2014年にかけ、中国では液晶パネルや食品、自動車部品などの業種で多くの外資企業が独禁法で摘発され、多額の罰金を科せられました。

(4)　製造物責任

　製造物責任法はPL法といわれ（PLとは、Product Liability＝製造物責任）、日本でも1995年から法律が施行されています。対策としては相手国の関連法規を調査することはもちろんですが、「安全な製品を製造し販売すること」で、これは世界共通といえます。

　一般的には以下のような対応が必要と思われます。

①安全な製品を製造する。

②進出する国の安全基準を遵守する。

③製品の特性から危険性のあるものは取扱いの注意点などの対策をユーザーに啓蒙しながら販売する。

④被害が発生したときには被害の拡大を防ぐ迅速な措置を取る。

⑤裁判となった場合に上記①②③の対策を正しく行ってきたことを立証できるようにしておく。

また、万一の場合に備え，多くの企業で PL 保険に加入しています。

(5) 知的財産権の保護

知的財産権には特許権、実用新案権、意匠権、著作権、商標権、商号などがあり、進出国での法的および経済的意義を正確に理解して対応しなければなりません。知的財産に関連する法律は国ごとに存在するので、進出先国や輸出先国等全関係国の知的財産関係法を調査し必要な手続を行う必要があります。また、知的財産権は法律や条約があっても、自動的に適用され保護されるものではなく、出願登録や契約書の作成、侵害者への警告など自らの行動が必要となります。

工業所有権等の国際保護について1883年に締結され、日本が1899年に加盟したパリ条約では、以下の３つの原則が述べられています。

①内国民待遇原則：加盟国は、他の加盟国民（外国人）に対し、自国の国民と同じように、工業所有権についての保護を与えなければならない。

②優先権制度：いずれかの同盟国において正規の特許、実用新案、意匠、商標の出願をした者は、特許および実用新案は１年、意匠および商標については６ヵ月以内に他の加盟国に出願すれば、出願日を最初の加盟国への出願日と同等に扱う。

③各国工業所有権独立の原則：各国の特許独立、商標保護独立の原則を定め、他国の特許に従属されず各国の自由である。

(6) 環境規制への対応

環境関連の規制への対応は、どの国にどのような形態で進出するにしても重要です。進出国の環境保護法を調査のうえ、製造における原材料や構成物の吟味、廃棄処分の対策をすることはもちろんですが、販売段階での規制についても留意する必要があります。最近では、取引先への条件として環境への取組み

を評価の対象にする企業も増えており、営業面からも対応が迫られています。

　いずれの国も自国内の環境保全には関心が高く、厳しい規制があり、さらに強化される傾向にあります。進出にあたっては、法規や条約の基準の遵守はもとより、環境に優しい企業カルチャーを構築することが必要です。

(7)　公務員への賄賂

　進出国によっては、政府機関や役所で働く公務員から賄賂を要求されることが常態化しているところがあります。「必要悪」あるいは第二の税金と捉えられることもありますが、それらの国でも汚職撲滅のため取締や摘発を強化する傾向にあり、日本企業でも多額の罰金を科せられることがあるので、注意が必要です。また、日本の親会社が米国などで営業活動をしている場合、新興国で行った贈賄の不正行為に対し、米国で罰金が科せられる事例もあります。

　世界的な外国公務員への賄賂禁止の流れは、経済協力開発機構（OECD）が1997年に採択した「国際商取引における外国公務員に対する贈賄の防止に関する条約」が基本となっています。同条約では「国際商取引において不当な利益を取得・維持するために外国公務員に対し、直接あるいは仲介者を通じて不当な利益を供与すること」が禁じられており、アメリカは連邦海外腐敗行為防止法（FCPA）、イギリスは英国贈収賄防止法、日本も本条約を締結し不正競争防止法で規制しています。また、中国では、非公務員への贈収賄についても「商業賄賂」として反不正当競争法等で規制しています。

　外国公務員への賄賂については、以下の３つのパターンで注意が必要です。

　①関係国の公務員に便宜を図ってもらうために相手に直接、金品等を渡す。

　②関係国の公務員に便宜を図ってもらうために、エージェントやコンサルタント等を介して、金品等を渡す。

　③上記①②の行為が、企業活動を行っている別の第三国で取締の対象になる。

　海外で事業を行う場合は、従業員への指導はもとより、自社だけでなく海外現地拠点や代理店、委託先などへのヒヤリングや指導を定期的に行い、会社としてルール作りや指導、点検を行うことが必要です。

(8)　進出国の司法制度

　新興国においては、各種法律はもとより法制度、裁判制度そのものが十分に

確立されていない国も多くあります。裁判を起こすまでの手続が煩雑であったり、判決に賄賂が横行するなど公判が公平に行われるか疑わしい国も少なくありません。国によっては自国企業側に有利な判決を容認する傾向にある場合もあり、知的財産や商標権の係争などでは、信頼できる現地の専門家に相談するなど十分な検討が必要となります。また、判決が出て勝訴しても、相手側が行方不明だったり、政府や軍の要人の関係先であれば執行が難しいケースもあります。司法制度については事前に十分調査し、進出後の事態に備える必要があります。

QUESTION 56　危機管理の準備と対応

海外現地法人で危機やトラブルに遭遇した場合の準備と対応について教えてください。

ANSWER

　テロ、感染症、自然災害などの多発により海外での危機管理への関心が高まっています。また、海外からの大口受注にあたっては、発注側から生産拠点の危機体制を確認されるなど、企業にとっては重要な経営課題になっています。

　現地法人の危機管理では、まず現地の政治、経済、自然災害、伝染病などの情報を把握し、収集した情報から現地・本社一体となった体制で自社の実情にあわせた対策を、できることから実施することが重要です。

≪解説≫

　企業が海外に進出した場合、通常の業務外の危機やトラブルに巻き込まれる可能性があり、危機に備えた対策の検討が必要となります。取引を開始する際、相手側から地震などの災害が発生した場合の供給体制について確認されるケースも増えています。海外で危機に直面した場合は進出国の管理下にあり、言語、文化、宗教等が異なる状況のなかで、数少ない日本人派遣社員が中心となって対応に当たらざるを得ません。そのため、日頃から現地・本社一体となって効果的に対処できる仕組みを構築しておくことが重要です。

(1)　情報収集

　危機管理対策では、まず情報の収集が大切です。

　新聞やテレビのニュースなどで一般的な治安情勢に関する情報と進出国特定の情報を取得する必要があります。必要な情報は政情や暴動、ストライキ、感染症、自然災害など多岐にわたります。現地ではマスメディアからの情報だけでなく同業他社、取引先、日本企業クラブや事業パートナー、社員など幅広い

ソースから取得できるようにすることが有効です。

　また、現地以外からの進出国の危機管理情報収集では、外務省の海外安全ホームページが便利です。安全基礎データ、テロや治安、感染症などの情報が国別に掲載されています。感染症については厚生労働省検疫所のウェブサイトでも国別情報が提供されています。

　日本だけでなくアメリカ国務省やイギリス外務省なども、国別の安全に関する詳細な海外渡航情報をウェブサイトで提供しています。

　政治問題、自然災害など現地の日々の動きに加え、これらのサイトの内容を定期的に確認して、必要であれば対策がとれるようにしておくことが必要でしょう。

(2)　危機管理の社内体制

　一言で危機といっても、暴動やテロ、誘拐、伝染病、自然災害など、発生する内容によって対策は異なります。現地法人の社員が誘拐されたり人質になれば、業務の継続だけでなく、犯人との交渉やマスコミ対応など、結果によっては企業イメージに重大な影響のある対応も迫られます。対策にはコストもかかりますし、100％完璧な備えをすることは不可能です。世界的に事業を展開している大企業は別にして、一般の会社では、まず進出先国の起こり得るリスクを想定してできるところから対策を講じることになると思われます。

　対策は企業の業種や規模によっても異なりますが、身辺警備、事務所の出入管理、出張中の安全確認などは共通しています。感染症リスクや自然災害のリスクの高い国であれば、日本本社で行っている非常食や医薬品の備蓄、社員連絡網の整備、出勤停止・自宅待機等の決定および指示方法、社員および家族の帰国方法などをあらかじめ規定し、準備しておく必要があります。

　災害などが発生したときの事業を継続させる計画（BCP）策定については、有料の専門コンサルタントを利用する方法もありますが、経済産業省や内閣府などがインターネット上にひな型を掲載していますので、それを参考にしてバックアップ機能など自社の実情に合わせて作成するのも一つの方法です。まずは基本的な内容から手をつけ、状況に合わせて追加や修正を行うとよいでしょう。

(3) 留意点

危機管理および対策については以下の点に留意する必要があります。

・危機管理は経営のトップマター。総務部など担当部署はもちろんのこと、企業のトップ（社長）が動き、決断しなければ十分な効果を上げることはできない。本社および現地法人の経営者は常にその重要性を認識し、事が発生した場合はもちろん、事前の準備においても陣頭指揮を執らなければならない。

・危機管理マニュアルを作成するだけでは不十分である。実際に問題が発生した場合、マニュアルどおりに事が運ばないケースが多く、それらは発生の都度決断し、対策を実施していくしかない。また、マニュアルどおりに対応できる部分もあり、普段から災害を想定した訓練や連絡網の確認が必要である。2011年に発生したタイの洪水では、ある日系企業ではほとんどの従業員が上司への連絡なしに実家に帰ってしまい、住所録が不備なうえ家に電話がないため、長い間連絡がとれないケースもあった。

・海外での危機発生時には人命救助や相手国政府との交渉等で大使館や領事館に協力を求める必要がある場合もあるが、政府ができることには限度がある。基本的には、自社で解決しなければならないと認識する必要がある。

2 調達

QUESTION 57 現地調達の確認

コストダウンを目的として海外展開を考えていますが、その場合、現地
調達率を高めるべきでしょうか。

ANSWER

日本企業が海外進出するにあたり、現地調達率を高める理由は、①原価
の低減、②為替リスクの回避、③納期の短縮化、④在庫リスクの低減、⑤
アフターサービスの充実などです。

現地で生産する製品の特性によって異なりますが、それらを総合して検
討していくことが必要です。

≪解説≫

日本企業が海外で製造拠点を設立する場合、多くの企業がコストダウンを目
的として進出しています。安価な人件費を求めて進出することも多いですが、
現地調達率を高める企業も増えています。

もちろん、人件費が安いため、低価格で製造された原料を調達することがで
きるわけですが、必ずしもすべての国で満足のいく品質のものを調達できるわ
けではありません。国によって調達できる原料も異なれば、その品質も異なり
ます。場合によっては海外進出したものの、日本から調達せざるを得ないもの
もありますので、それらを総合してどこから調達するのが最も効率的なのか検
討を進める必要があります。

(1) 現地調達率の実態

JETRO の2013年度のアンケート調査によると、中国における現地調達率
が最も高く64.2％となっています。次いでニュージーランドが55.1％、台湾が

54.2％と続いています。一方、ラオスやカンボジアでは現地調達は10％強にとどまっており、現地調達が進んでいないことがわかります。

　さらにその推移をみると、中国やベトナム、フィリピンでは現地調達率は拡大しているものの、ほかの国々では縮小していることがわかります。

【国別現地調達率比較】

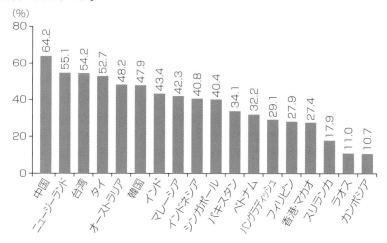

（出所：JETRO「在アジア・オセアニア日系企業実態調査（2013年度調査）」より筆者作成）

【国別現地調達率推移】

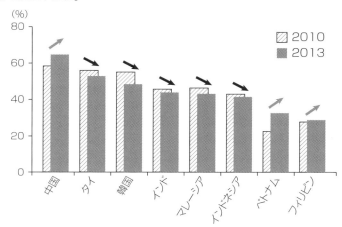

（出所：JETRO「在アジア・オセアニア日系企業実態調査（2013年度調査）」より筆者作成）

(2) 現地調達の目的

日本企業が現地調達を行う目的は、以下のとおりです。

【現地調達の目的】

原価の低減

最大の目的は調達価格を安くすることである。特に新興国においては、人件費の安さから製造コストが下がり、そこで製造された原料は安価で調達が可能となる。しかし、その一方で技術レベルが十分に追い付いておらず、満足のいく原料が調達できないことがあるのも実態である。

中国のように日系企業も多く進出している場合、その日系企業から一定レベルの品質を保った原料を調達できる。また、国全体の技術レベルが向上するため、成長した現地企業から納得のいく品質の原料を調達することも可能。

逆にまだまだ外資参入が進んでおらず、日系企業もさほど進出していない地域では、従業員も育っておらず、国全体としての技術レベルも十分でないことから、当面は輸入に頼ることとなる。

為替リスクの回避

現地生産を進めるにあたり海外から調達すると、為替の変動だけでそのコストメリットが半減したり、なくなってしまうことも珍しくはない。円建て決済や為替予約などによりリスクを回避することもできるが、それ自体もコストとして跳ね返ってしまうことを認識する必要がある。そこで、現地で調達することでそのリスクを減らし、事業を安定化させることが重要になる。

納期の短縮化

物理的に近いところから調達できることも魅力の一つ。急遽必要になった場合、輸入に比べてタイムリーに調達することができる。そのことで対応スピードも上がり、顧客満足も向上させることができる。

在庫リスクの低減

納期が短縮化されることで、在庫を不必要に保有することがなくなる。そのことで在庫保管料も低減し、原料を廃棄しなければならないリスクも低減する。ビジネススピードが速い昨今ではすぐに製品が売れなくなることもあるため、最低限の在庫で事業運営できることは大きな魅力の一つとなる。

アフターサービスの充実

物理的に近いことのもう一つのメリットは、緊急時対応やメンテナンスなどを受けやすい環境になるということである。もちろん、そのようなサービスがなければ意味はないが、それらに期待する日本企業も多く見受けられる。

> **その他**
>
> 　政策に適合させるために現地調達率を高める場合もある。政策では単なる国内保護の観点から現地調達率を高めるよう規制をかけている場合もあれば、市場促進の一環として政府が推進している場合もある。
>
> 　例えばインドネシアでは、低燃費・低価格自動車の普及に向けたローコストグリーンカー（LCGC）政策を2013年より開始しており、サイズや燃費、価格、部品現地調達率など一定基準をクリアすると、奢侈税が最大0％となる。中間層の消費者による車両購入を刺激し、販売台数が伸びるため、自動車各社にとってもメリットがあるという仕組みである。
>
> 　このような政策に対応するために現地調達率を高める場合もあることは認識しておくとよい。

　このように企業が現地調達を推進する目的はさまざまで、その取捨選択は企業における海外戦略の大きなポイントになっているといっても過言ではありません。(1)でみたように国によって現地調達率が異なり、時間経緯とともに変わってくる理由は、事業環境に合わせて各企業が調達戦略を練っているからといえるでしょう。

QUESTION 58 現地パートナーの活用

原料を調達する場合は、現地のパートナーを活用するのもよいと聞くのですが、どのようなメリットがあり、留意すべき点は何なのでしょうか。

ANSWER

現地パートナーを有効に活用することで、現地での事業展開をスムーズに進めることができるのは事実です。その主なメリットは、①コスト削減ができること、②日系とは異なる情報ネットワークを持てること、③取引先の複線化によりリスクを軽減できることです。

しかしながら、すべての事例で成功しているわけではないことも事実です。現地パートナーとうまく付き合っていくためにも、①品質は定期的に確認すること、②モニタリング基準を明確化しておくこと（チェックすべき基準と頻度、確認方法なども明確化する）、③万一に備え契約書にも明文化しておくことが重要です。

≪解説≫

質のよい原料をなるべく安く調達することは企業にとって重要なテーマの一つです。そもそもコスト削減を目的に生産拠点を設置している企業が多いことからも、原価低減は大きなポイントの一つです。

その際、現地企業を取引パートナーとして活用することは大きなメリットがあります。以下では、その主な目的（メリット）と留意点について説明します。

(1) 活用の目的

海外進出前からすでに付き合いのある現地パートナーがいる場合は別ですが、初めてその国に進出する際、多くの企業が日系企業または日系ネットワークを活用して調達先を模索します。さまざまなことがわからない状況では、ソフトランディングすることは非常に重要ですので、品質面や商慣習など一定の安心感があることは大切です。まずはサプライチェーンを構築し、事業として運営

体制を構築することを優先しているという理由もあります。

　事業運営が比較的落ち着いてきたら、さらなる生産性の向上やコスト削減を図っていくことは企業として重要です。特に、新興国においては人件費の高騰は著しいため、それに耐え得るように機械の自動化や1人当たりの生産性向上は必須事項といえます。そのなかで原価の低減も可能な限り進めていくことは生産性向上と合わせて重要な視点になります。

　その際、現地パートナーをうまく活用することでさまざまな効果を得ることができます。

【現地パートナーを活用するメリット】

コスト削減

　現地の日系企業から調達する場合でも、日本で調達する際と比較するとコストを抑えることができるのはいうまでもない。一定の品質も確保できることの安心感は重要である。

　しかしながら、実は同等の原料が現地企業から確保できることも、しばしば発生するので、それを使わない手はない。商社などの流通業者にとっては非常に厳しい状況かもしれないが、同等の製品を取り扱っている場合、日系企業が間に入り、仲介手数料が高くなるよりも、現地企業にお願いするほうが低価格となる。場合によっては現地の原料メーカーと直接取引を行うことで、さらなる低価格を実現することができるようになる。

　もちろん、現地企業と直接付き合う場合は後述するとおり、さまざまなリスクを背負うことになるため、それらを十分に吟味したうえで取引を進めていく必要がある。

情報チャネルの開拓

　現地パートナーと付き合うメリットの一つに情報の豊富さがあげられる。日系ネットワーク内でもたらされる情報では限界があるのが実態である。ひどいケースになると、実はあまりよくない物件情報にもかかわらず、日系ネットワーク内では比較的良質な物件として出回ることも少なくない。日系ネットワークでの情報だからといって必ずしもよいものとは限らないということである。

　そこで現地パートナーを活用する。彼らは現地企業ならではの独自のネットワークを有しており、日系ネットワーク内での情報と異質の情報を有していることが往々にしてある。玉石混淆の場合もあるのは確かだが、情報の間口を広めることでよりよいコストダウンにつなげることができるのではないかと考えられる。

　ある企業では、当初独資で進出し拡大を続けていたが、さらにスピードを上げるため、あえて独資の道を捨てて現地企業との合弁にすることを決定した。全く

の同業ではなかったが、同じ原料を仕入れていたこと、かつ、お互い不動産開発の必要性があったことから合弁に至った。結果、現地企業のチャネルを利用し日系ネットワークでは得られなかった不動産情報を得ることができるようになり、よりよい場所に店舗開発ができるようになっただけではなく、原料価格も2割削減できるなどよい結果になっている。

リスク低減

　情報だけでなく、仕入のチャネルを複線化させることでリスクを低減する効果もある。海外においては政治の不安定さなどによるカントリーリスクも存在する。さらにはスキャンダルも含めてさまざまな理由から突然仕入先から原料が調達できなくなることもあり得る。
　そこで、日系とは異なる調達ルートを持つ現地パートナーと組むことで、何かあった場合のリスク回避をすることもできるようになる。

(2) 現地パートナー活用時の留意点

　現地パートナーの活用はさまざまなメリットをもたらしてくれますが、実際にパートナーとして継続してよい関係を続けていくためにも注意しなければならないこともあります。

【現地パートナー活用時の留意点】

品質の確認

　一番の問題は安定した品質で、納期を守り、継続的にしっかりと供給してくれるかどうかである。取引開始前には必ず、その品質を複数回にわたり確認することが必要。一時的に品質をクリアしたとしても、継続して基準を満たせるかどうか、納品に遅延を生じさせないかなど、確認する必要がある。
　OEMとして活用する場合は、自社の技術が流出しないように知的財産権保全の観点から万全の対策をとることも必要である。日本国内と異なり、特に新興国では知的財産についての認識が希薄な場合もあるため、後述する契約によってしっかりと明文化しておくことが重要。

モニタリング基準の明確化

　ある会社では、自社の品質基準をクリアするパートナーを新興国で見つけ、価格も安価で調達できることから大いに喜んでいた。しかし、十分なコミュニケーションもとり、順調に進むかと思っていたのも束の間、時間が経つにつれ不良品率も高まり、納期も遅れがちになってきた。理由を確認すると、数量はしっかり製造しており、ちゃんと届けているとのこと。製品が届けばよいのではなく、不良

品率も重要であり、届くことが重要なのではなく、納品日の精度も重要というような確認すべき指標が共有されていないことが問題であった。

　これは極端な例かもしれないが、このような事象は少なからず発生しているのが実態である。お互いに気をつけるべき指標は何なのか、いつまでに、どのレベルまで達成するのか、どの頻度で報告を行うのか、改善するためのミーティングはどうするかなど、細かく決めておくことも必要である。

　さらに、定期的に工場を訪問し、本当に報告どおりになされているかも確認する必要がある。残念ながら、必ずしも報告のとおりにオペレーションされているかというと、そうでないことも多々ある。報告時にはしっかりやっている、といっていてもそのレベル感には差もあるので、トラブルを未然に防止するうえでも定期的に訪問するのがよい。

契約による明文化

　契約締結時には、品質、価格、数量、納期、決裁などの取引条件だけでなく、モニタリングの基準も含めて明確化しておく必要があるのは前述のとおりである。しかしながら、いくら万全を期したとしても問題が発生することはある。そのため、万一の備えも重要である。

　重大な問題が発生し、大きな被害がある場合、どのように補償などに関し交渉を進めるのか、交渉がまとまらない場合はどこに仲裁をお願いするのか、裁判はどこで行うか、準拠する法律はどうかなど、契約書のなかで明確化しておくことが重要。もちろん、万一のことが発生しないことが一番よいのだが、それらの事態に備え、日頃から発生したトラブルなど履歴をしっかりと残し、第三者機関の検査証明なども準備しておくとよい。

QUESTION 59 生産コストの低減

進出先における人件費高騰により生産コストが上昇しています。そもそも現状はどのようになっているのでしょうか。対策や留意点もあれば教えてください。

ANSWER

生産コストの上昇は海外進出企業が生産面で抱える最も大きな問題です。コスト上昇は現地スタッフの人件費高騰が大きな要因となっています。さらに中小企業においては、日本人の人件費は現地スタッフの費用と比べて非常に大きいことから留意すべき内容の一つです。また、人員の入れ替わりの影響を抑えるため多能工化を進めている企業もありますが、その教育コストが問題になっている場合もあります。

そもそも進出前に十分な検討を行い、固めにみても実現可能性があることを見極めることが重要です。進出後は日本と同様に生産性向上を愚直に進めることが重要です。

≪解説≫

生産拠点として海外に進出している企業の課題を改めてみてみると、製造業においては「生産コストの上昇」および「現地製造品の品質管理問題」がそれぞれ 49.0%、45.1% で、ほかの要因に比べると重大なポイントとなっています。

ここではそのポイントとなる 2 点について詳細を検討してみます。

【海外進出企業の生産に係る課題】

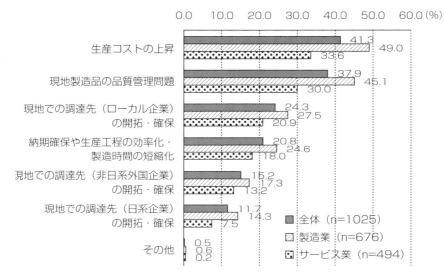

（出所：独立行政法人中小企業基盤整備機構
　　　「中小企業海外事業活動実態調査(平成23年度調査報告書)」）

(1)　生産コスト上昇の現状

a．現地スタッフの人件費高騰

　生産コストの上昇に頭を抱えている一番の要因は、現地スタッフの人件費高騰です。そもそも日本から海外進出する際の大きな目的の一つが「生産コストの低減」だったわけですが、その目的自体が難しくなってきているというものです。

　日本にいるとなかなか感じないものですが、日本企業が生産コスト低減を目的として進出する新興国を中心に、人件費はかなりのスピードで上昇しています。法令に定められた最低賃金だけみると1年間で40%近く上昇したこともあります。仮に年率10%で上昇したとすると、5年後には1.61倍、10年後には2.59倍の人件費になります。15%で上昇した場合には、5年後に2.01倍、10年後には4.05倍にも上ります。

　進出時は安価な労働力だったとしても、すぐにそれが重みになることは十分に考慮に入れておかなければなりません。

b．日本人と現地スタッフの人件費対比

もう一つ忘れてならないのは日本人の人件費です。品質の確保や現地の日本企業への営業などを考え、多くの企業が日本人を派遣しています。しかし、日本人を駐在させたとすると、日本での費用に加え、家賃補助、配車、保険、各種駐在手当なども必要となり、基本給の2.5～3倍の費用がかかるといわれています。

これらの費用は現地スタッフの人件費と比較すると非常に大きなものになり、場合によっては何十人分に相当することもあります。大企業であれば非常に多くの現地スタッフを抱えるため、人件費全体に占める日本人の人件費割合は小さなものになるかもしれません。しかしながら、中小企業が進出する場合はそうはいきません。日本人の人件費割合は大きなものとなり、生産コストにも大きく響いてくることとなります。

どの規模まで成長させていくかにも関わってきますが、現地スタッフの人件費の安さにだけ目をとらわれず、日本人の人件費にも十分な注意を払うことが重要です。

c．多能工化による教育コストの上昇

大企業における製造拠点においては、製造工程は細分化され、それぞれの工程を多くの現地ワーカーで担当しています。工程が細分化されているということは、一つの作業自体は単純なものになっているということですので、教育もすぐに完了し、すぐに戦力として活用が可能です。さらに、多くのワーカーが担当しているため、何人かのワーカーが辞めたとしてもサポートが可能です。

しかし、中小企業では状況が異なることに注意しなければなりません。中小企業では、仮に製造工程を細分化したとしても、一つの工程にかけるワーカーの数は少なくなることになります。すなわち、入れ替わりが生じた場合の影響は大きくなってしまいます。その対策として多能工化することを考えるのですが、そうすると教育に時間がかかってしまうことを認識しておかなければなりません。そのように時間をかけて教育した人材は、さまざまな視点で物事を捉えることができるということから、その能力を糧にほかの企業へ自分を売り込み、転職してしまうことも考慮に入れておく必要があります。それら全体を見据えた教育コストがかかるということです。

⑵　**コスト低減に向けた留意事項**

ａ．充分な事前調査の実施

コスト低減のためにまず重要なことは、進出前に十分に調査を行い、その対策まで盛り込んでおくということです。ここであげた「現地スタッフの人件費の高騰」「日本人スタッフの人件費の影響」「多能工化によるコストアップ」いずれも、進出時の生産体制を検討する際にある程度の情報は取得できる内容です。

JETRO などの公的支援機関や専門コンサルタント、すでに進出している先へのヒアリングなどにより、進出する先の現状をしっかりと押さえたうえで、F/S 調査を行うことが重要です。もちろん、必ずしもそのとおりにならないかもしれません。しかし、それらの情報をもとに、ある程度の余裕を持ったなかでも実現可能性があることを確認し、進出を進めていくことが重要となります。

ｂ．生産性の向上

進出後は日本での生産コスト低減と同様に、1つずつ生産性を高めていくことが重要になってきます。人件費高騰を踏まえ、機械による自動化を進めることも一考です。それにより多能工化せざるを得なかったものを単純化することも可能になります。その結果、教育期間も短縮化することが可能になり、人の入れ替わりによる影響も小さく済むようになります。

また、ほかの人件費が安い国へシフトするというやり方も存在します。中小企業では、すぐにシフトできない状況もありますが、労働集約的な事業だけシフトするなど一部のみシフトするというやり方もあるため、多面的に検討することが重要です。

QUESTION 60 品質確保

本社からも技術者に来てもらい、いろいろ取り組んでいるのですが、なかなか品質が向上しません。何が問題なのでしょうか。

ANSWER

品質の確保は海外進出企業の大きな悩みの一つです。品質が確保できなかったり、なかなか向上しない企業にありがちなポイントは、①作業手順が明確になっていない、②品質の基準が明確になっていない、③基準は明確でも可視化されていない、④確認すべき指標が明確になっていない、⑤改善目標が定まっていない、⑥責任者が明確でない、⑦改善策が練られていない、⑧成果が報酬に反映されない、⑨仕入品の品質が悪いなどです。

１つずつみると簡単かもしれませんが、全体を通してみると実現が難しいのが現状です。人の入れ替わりが多いことがそれを助長しています。属人的にせず、会社全体として仕組化していくことが必要です。

≪解説≫

海外進出企業が生産面で抱える悩みの一つである「品質の確保」に注目します。

(1) 品質面の確保が難しい理由

「日本の工場における運営ノウハウを利用し、オペレーションもほぼ同様。日本の技術者も何度も訪問し、やり方を浸透させている。なのになぜか明らかに不良品も多く、顧客からのクレームも多い。」

海外に生産拠点を持つ企業の多くから聞かれる声の一つです。集中力がない、のんびりしている国民性が原因、というのは簡単なのですが、本当にそうなのでしょうか。会社として対策ができないものなのでしょうか。

まず、品質が確保できていない会社にありがちなポイントをみてみます。

【品質確保が難しい理由】

作業手順が明確になっていない
現地ワーカーの作業手順があいまいになっているままの会社が実は存在する。生産工程全体の作業フローは明確だが、実際に作業を行う機械の使い方、その手順、効率的に行う方法、ミスを減らすための工夫などが明確になっていないのである。 　また、現地ワーカーの入れ替わりが激しいため、引継ぎがうまくなされておらず、新しいワーカーが独自に作業を行っているケースも散見される。入れ替わりがあっても一定の手順で作業が進められるよう、細かい進め方についても明確にしておくことが重要である。
品質の基準が明確になっていない
どれが合格点で、どれが不良品なのかが明確になっていない場合もある。検査機器を使い、±○○ミクロンまでなら良品である、など基準を明確にしておくことが重要。
基準は明確でも可視化されていない
明確な基準を作成したとしても、すべてを把握したうえで作業を行うワーカーは現実的には稀である。さらに、傷が付いている、割れが発生している、どこでそのようなものが出やすい、など文字でいくら記載されていてもわからないものもある。そこで、具体的な写真やイラストを目の前に貼り出し、誰が見てもわかるようにしておくことが重要。そうすることでワーカーが入れ替わり、新しい担当者が来てもすぐに判断することが可能になる。
確認すべき指標が明確になっていない
ややリーダークラスの話になるが、何の指標を確認すると改善の進捗がわかるか、ということを把握していない場合もある。定期的に確認すべき指標とは何なのか、どのような手順でその情報を集めるのか、具体的に提示することが重要。
改善目標が定まっていない
指標はあっても目標がないことには単にデータを集めているだけとなり、品質面での向上もあり得ない。指標が定まったら、いつまでに、どこまで改善していくのか、という目標を示す必要がある。
責任者が明確でない
誰が行うのかが明確になっていない場合もある。いろいろとマニュアルなどを準備していても、具体的に誰が責任を持って実行するかが明確になっていないことには、自分の責任ではない、責任があると聞いていない、と反論されることになる。リーダーなのだから責任があるのは当然だという思い込みも厳禁。リーダーは具体的にこの部分に責任を持っているということを示すことが重要である。

改善策が練られていない

　情報は上がっており、データも取っているにもかかわらず、対策が練られていない場合もある。ある意味、宝の持ち腐れになっており、改善できる宝をそのまま捨てていることになる。それでは品質は向上しない。もちろん、責任者に改善案を練らせることは重要である。しかし、定期的に改善案を検討させる場、すなわち改善案を吸い上げる仕組み、それを検討する場（会議体）も会社として環境を整えていくことが重要。

成果が報酬に反映されない

　さまざまな方法でチェック機能を増やし、改善案を検討するための仕組みを作っても、なかなか品質が向上しない場合がある。その多くが実は報酬体系に課題を抱えている。頑張っても成果として反映されず、報酬につながらないというものである。

　会社がよくなれば、将来的に昇進などに反映される、確かにそのとおりかもしれない。しかし、海外においてはすぐに報酬に反映されることは非常に重要。頑張ったのに何もしてくれなかったとして不満が残ってしまう。改善案をたくさん出してくれるようなリーダーはなおさらである。どれだけ改善しても評価されないとして転職してしまうケースも多く発生する。

　そのような大切なリーダーを失わないためにも、成果が報酬にしっかり反映される評価体系にしておくことが大切。

仕入品の品質が悪い

　自社の問題だけではなく、そもそも仕入れた原料自体の品質が悪いこともある。当初は品質がよかったものの、最近品質が低下してきた、それを食い止めるための仕入検品が不十分であり、質の悪い原料を使い続けていたというような事象も多く発生している。

　本章**2**でも説明したとおり、この点の管理も仕組み化し、定期的に仕入先の品質を確認することが重要。

(2)　品質確保のための対策

　1つずつの原因をみると、さほど難しいことでないように思うかもしれません。しかしながら、なかなか品質が向上しないというのが実態です。一つひとつは簡単ながら、全体を実現するのは非常に難しいのです。特に人員の入れ替わりが激しい海外において、「継続的に」それを実現するのは困難を極めます。

　そのためにも属人的に業務を進めるのは厳禁です。会社全体として仕組みを作り、誰が行っても大丈夫な体制を構築していくこと。そして、それをモニタリングし、定期的に見直す仕組みも考えておくことをお勧めします。

4 流通・在庫管理

QUESTION 61 在庫管理の留意事項

最適な在庫水準とはどのように考えればよいのでしょうか。また、それを実現するためにはどうすればよいのでしょうか。

ANSWER

在庫水準を最適化するためには、どのような在庫があるのかを把握しておくことが重要です。そのうえで、①業界水準を把握する、②サプライチェーンの全体像を可視化する、③リードタイムを整理する、④自社の状況に合わせて水準を調整するという手順で検討していきます。

さらに、①需要予測の精度を上げ、②調達部門・財務部門との連携強化を進め、③情報を一元化させていくことで、在庫のスリム化を図り、より最適な在庫の保有を実現することができます。

≪解説≫

海外進出を行い、国をまたがってサプライチェーンを構築することで流通構造は非常に煩雑になってきます。そのようななかで、物流コストの削減も大切ですが、在庫管理が非常に重要になってきています。製品自体もライフサイクルが短くなってきているため、適切な在庫を持ち、リードタイムの短縮化を図りつつも、在庫リスクを減らし、かつ、キャッシュの創出にも寄与していく、そのような在庫管理の重要性がますます高まっているといえます。

しかしその一方で、適切な在庫保有の水準はどのように考えるべきか、在庫を最適化していくためにはどうすべきか、在庫管理を行うための留意点は何かなど明確になっていない企業が多いことも事実です。

ここではそれらの疑問を1つずつ確認していきます。

（1） 在庫の保有水準

ａ．在庫の種類とは

保有水準を考える前に、まず、在庫とは何を示すのか明確にしておきたいと思います。一言で在庫といっても、在庫にはその保有形態に応じて、以下のような種類があります。

・材料・部品在庫（原料または生産部品として仕入れた在庫）

・仕掛品（工場内で生産中のものであり、製品になる前の途中の在庫）

・製品在庫（製造が完了し完成品として出荷を待っている在庫）

また、在庫を持っている場所もさまざまです。

・日本の国内工場

・海外の生産拠点

・製造委託先の協力工場

・輸送中または流通業者の倉庫

・販売拠点

すなわち、どの在庫が、どこに、いくつ存在しており、どのように移動しようとしているのか、現状を正しく把握すること自体も非常に難しいということです。また、在庫を持っている拠点が多い場合、欠品をさせないように適切な水準で在庫を保有していくことは非常に重要となります。

ｂ．保有水準の考え方

では、その難しい状況のなか、どのようにそれぞれの拠点で持つ在庫の水準を決定していけばよいのでしょうか。

①業界水準の把握

まず、最初に考えるべきことは、自社の立ち位置を明確にすることです。そのために業界水準やベンチマークしている企業と比較して、自社の在庫水準はどの程度なのかを比較することから始めます。

この水準は業界でも異なりますし、国や地域によっても異なります。さらに、在庫の種類によっても異なるのが現状です。そこで、可能な限りわかる範囲で細かく在庫水準（在庫回転日数など）を調べていくことが重要です。

もちろん、業界水準や競合他社とは状況は異なるため、それをそのまま利用すればよいというものではありません。ここではベンチマークすべき基準を確

認するという位置付けになります。

②サプライチェーン全体像の可視化

次に自社のサプライチェーンの全体像を可視化していきます。仕入はどこから行われており、どのような経路で工場に入り、製造品（中間品）はどこに配送され、保管され、販売されていくかを明確にします。

このとき注意しなければならないのは、スポットで販売したような細かい内容もすべて考えるのではなく、全体像が把握できる程度でとどめるということです。可視化する目的は、地域や在庫の内容によって後述するリードタイムや配送頻度が異なるため、それによって在庫の持ち方を考えていく必要があるためです。

③リードタイムの整理

原料や製品の特性によって、現地ですぐに調達できるもの、輸入しないといけないもの、専用コンテナでないと温度管理ができないもの、混載でも可能なものなど、さまざまな条件が発生します。それによって、リードタイムや配送頻度も異なるため、それらを明確にしていくことが重要です。

例えば、月1回船便で運ばれてくるものの場合、それ以上の頻度では現実的に仕入れることは難しい場合もあります（ただし、緊急で航空便を利用する、他と混載して持ってくるということもあります）。さらに、月1回の輸送でも輸入業者に在庫を持ってもらい、そこから週1回購入することで在庫リスクを軽減しているということもあろうかと思います。したがって、それらを踏まえて現状のリードタイムを整理することで、それ以上の長さの在庫を保有しておかなければならないということを明確にしていきます。

④自社に合わせた水準調整

最後はそれらの状況を踏まえて、保有水準を決定していきます。この場合、他社の水準などを鵜呑みにせず、自社で可能な水準に設定することが基本です。上記①で検討した水準はあくまでベンチマークですので、その水準を設定してしまい、欠品を発生させてしまうことのないように留意が必要です。

競合他社の水準などは今後の目標にしていくという柔軟な対応も考えましょう。

⑵　在庫の最適化に向けて

ａ．需要予測・販売計画の精度向上

　設定した在庫水準から、さらに最適化していく活動も重要です。最適化するために最も重要なこと、それは「需要予測・販売計画の精度向上」です。

　生産含め、サプライチェーンの最初は需要予測・販売計画からスタートします。一定程度の販売が見込まれるため、それに見合った原料を調達し、生産し、在庫を持つことになるためです。販売計画の精度が低いと、適切な量の仕入発注とならず、欠品するか、過剰在庫を持つことになってしまいます。

　そのため、在庫を適正化するためには、まず営業担当の販売計画の精度を上げることになります。営業担当者が市場の状況、競合の状況、顧客の情報を可能な限り吸い上げ、精度を上げていくことです。これまでの過去の実績をもとに、どのような状況下で販売計画の精度が高くなったかということを分析することも有効です。

ｂ．調達部門・財務部門との連携強化

　販売計画の精度を高めても、それが調達部門に伝わらなければ、当然ながら効果はありません。調達部門がこれまでの実績を考えて多めに発注するということはしばしば発生しています。

　また、在庫の増減はキャッシュの創出に直接影響を与えるため、財務部門とも連携することが重要です。場合によっては資金繰りのため、過剰在庫を安売りしてでも資金を捻出しなければならないこともあるためです。

ｃ．情報の一元化

　ITシステムなどの導入により、リアルタイムの情報を各部門間で共有できる仕組みを構築することも重要です。近隣に在庫があり横持ちすればよいにもかかわらず、それが把握できていないため、新たに仕入を起こしてしまい時間とコストを発生させてしまうこともあります。

　リアルタイムで把握できることで、無駄な在庫を軽減できるだけでなく、リードタイムも短縮化することができ、顧客満足が上がるというメリットもあります。

(3)　その他の留意点

ａ．実在庫の定期的確認

適切な在庫水準を設定し、さらなる最適化を目指して努力してきたとしても、それで終わりではありません。実は、数字上は在庫があることになっていても、実際は担当者がすでに廃棄していた、逆に、在庫がないはずなのに、在庫が残っているというのはよくあることです。期末に実在庫を棚卸し、帳簿と合わせることが基本ですが、それにもかかわらずズレが生じる場合もあります。ひどい場合には、実在庫を確認したことがないという場合もあります。

在庫管理はこれまで述べてきたとおり、非常に重要なのですが、実際に物がないことには意味がありません。定期的に把握し、帳簿と合わせることの徹底をお勧めします。

ｂ．盗難防止策の徹底

在庫管理において盗難防止も重要な課題の一つです。残念なことですが、部外者だけでなく、従業員が窃盗を行うケースもあるのが現状です。

そのため、警備員の配置、セキュリティシステムの導入、在庫管理エリアの施錠の徹底、入室制限などの対策を講じていくことも重要です。

これらを行うことですべての盗難が解決できるわけではないのですが、頻発すると、社内でのモラルの低下、従業員のモチベーション低下にもつながりますので、注意が必要です。

ｃ．有価廃棄物の管理

廃棄物の管理は環境への影響などにもつながるため、重要な問題であり、しっかりとした管理が必要です。そのなかでも有価廃棄物の管理は非常に重要になります。廃棄物業者のなかには反社会勢力が関与している場合もあり、その団体と結託して賄賂として利用されることもあります。また、従業員がバックマージンとして懐に入れる場合もあります。

したがって、上記ｂの盗難防止対策と同様にセキュリティを徹底し、大きな問題にならないように注意する必要があります。

QUESTION 62　日本と海外の商慣習の違い

　海外に進出して自社の製品を販売する計画があります。海外では日本とは商慣習の違いなどがあると聞いていますが、営業活動を行う際に留意すべき点はありますか。

ANSWER

　国によっては日本と商慣習が異なりますので、進出国の商習慣をよく理解し、日本との違いを十分意識して事業活動を行う必要があります。

　期日どおりに支払がなされないことが珍しくない国もありますので、現地の商慣習に配慮しつつもリスクを回避するために必ず契約書を締結する等の対策をとる必要があります。

　自社で調査できる範囲は限られていますので、外部の専門家の知識や経験をできるだけ有効活用する必要があります。

≪解説≫

　販売活動はすでに海外進出している企業が最も重視している分野でもあり、これから海外進出する企業にとっても当然最重要分野の一つです。

　国によってさまざまな商慣習があり、さまざまな文化があるなかで営業活動を進めていく過程では、考えも及ばなかったような問題が日々発生する可能性があります。

【海外で拡大する機能】

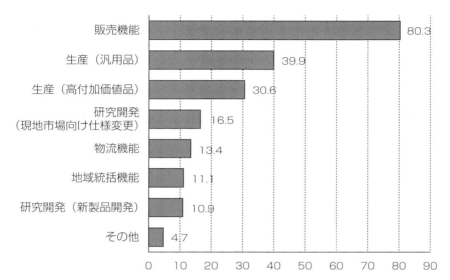

■「現在海外に拠点があり、今後さらに拡大を図る企業」と回答した企業
（無回答除く1,119社）のうちの回答割合（％）複数回答可

（出所：JETRO「2013年日本企業の海外事業展開に関するアンケート調査」より筆者作成）

(1)　商慣習の違い

　国によって、期日に対する捉え方が異なるケースがありますので事業を行う際には留意が必要です。特にアジアの一部の国では支払期日に対する意識が一般的に日本ほど高くないため、支払遅延が常態化されているケースが見受けられます。しかし、現地では期日遅れの支払が通常の事業活動の一環と考えられているケースがあり、日本のように期日に入金されなかった債権を即座に滞留債権と認識して貸し倒れリスクが高いと判断すると、実態を見誤る可能性があります。与信管理は現地での商慣習を十分に踏まえて行う必要があります。

a．中国における事例

　実際に筆者が中国上海の現地法人へ視察を行った際に遭遇した事例ですが、当初の取り決めでは売上債権の平均回収期間が2ヵ月であると聞いていたにもかかわらず、実際の平均回収期間は4ヵ月と2倍の期間がかかっていました。仕入債務についても、取り決められていた平均決済期間2.5ヵ月であるのに対

して実際は6ヵ月程度となっていたため、何らかの営業上の問題を抱えているのではないかと問い合わせたところ、「中国では、取り決めどおりの期日に支払う顧客はなかなかいないので、債権回収期間が取り決めよりも長期間にわたることはよくあること。営業上のトラブルなどは全くありません。債務についても先方から督促があっても支払を留保している結果ですので、これは事業成果と捉えてほしい」との回答があり、現地では全く問題とは認識されていませんでした。2ヵ月で支払うべき債権を督促してやっと4ヵ月で支払われることが通常の業務というのは驚きでした。

b．そのほかの国における商慣習の違いの例

そのほか、海外でよくみられる商慣習として、以下のようなものがあります。

・得意先の購買担当者からのバックマージンの要求が横行している。
・役所から根拠があいまいな支払が求められる。
・商談の初期に大規模な取引を提案してくる。
・ミーティングの開始など時間にルーズである。
・担当者が退職などで頻繁に変わり、口頭での約束事は引き継がれていない。
・血縁者との取引が優先される。

(2) 対策

前述の例にもあるとおり、営業上の問題は往々にして進出先での商慣習の相違から発生することが多いといえます。代金回収の不調はその代表的な事案です。このような課題への対策としては以下のようなものが考えられます。

a．事前調査

実際にこのような問題に直面する前に、さらには、進出の決断を行う前に、事前に文化、国民気質そして商慣習の相違をリサーチし、「想定内」の事象として把握し、対策を講じておく必要があります。そのためには、現地の商慣習を本当によく知る弁護士、公認会計士、コンサルタントを活用すること、資金計画に余裕を持たせること、日本から現地に赴く人材には対応力の高いプレイングマネージャーを準備すること等の対応があげられます。

b．代金回収の不調に対する対策

代金回収の不調に関する具体的な対策としては、①取引先の信用力の把握、②契約書の締結、③取引条件の変更があげられます。

　信用力の把握では、取引先への経営戦略等の聞き取りや、訪問による企業規模等の確認、取引先のウェブサイトの内容等から信用できるかどうかの分析を行います。場合によっては、信用調査機関や現地のもしくは現地業務に詳しいコンサルタント会社等を利用し、取引先の会社概要、資産状況、財務状況等を確認する等、取引先選定時の与信管理も重要です。そのほか、日本の親しい取引先や業界団体等から入手可能な情報の有無を確認する等、できる限りの情報を集めることが重要です。

　適切な契約書の締結も重要です。海外での取引は、日本国内の常識が通用せず、適用される法律も進出国の法律となります。思ってもみなかった要求を受け、損失を被ってしまうことがあります。これを避けるためには、まず、適切なひな型などを使って取引の基本的なポイントを列記した契約書を交わすこと、また、特別に合意した条件があればそれを契約書へ適切に追記しておくことが必要です。ひな型の選択や特約の追記などわからないことがあれば専門家に相談するべきです。当初から相手との間で日本語の契約を取り交わしていたにもかかわらず、最後になって契約書の現地語の翻訳版が必要だといわれ、逐語訳だと説明されていた現地語の契約書のなかで契約内容を変えられていたという事例もありますので、現地語でのひな型の作成が必須となります。

　また、取引の成立を急ぐあまり契約書を締結することもなく、相手からの注文書のみに基づいて取引を行うことが往々にしてみられますが、一定期間は問題なく売上代金の回収ができていた顧客であっても、突然連絡不通となり、代金回収が滞るケースもあります。このような場合にも解決の拠りどころとなる第一義的なものが契約書です。

　代金回収の不調を事前に排除する手段として、全額ないしは一部を前金で受け取ってから出荷するという取引形態も考えられます。相手先からみて信用力の乏しい進出初期の段階では現実的ではないかもしれませんが、最終的には商品やサービスの価値を認めてもらい、できるだけリスクの少ない取引形態へ移行することが望ましいといえます。

ｃ．そのほかのトラブルと対策

　新興国で直面することの多い課題の一つとして、法律が頻繁に変更されること、また、法律の運用が地域ごと、担当者ごと、対象企業ごとにまちまちであることがあります。法律に従うことは当然のことながら、その運用には裁量が

働くため、官公庁など関係する機関と普段から何らかの形で関係構築を図っている企業も多く存在します。

　進出国の文化、国民気質、商慣習の相違を十分以上に理解し、適切なひな型と特約の追記を盛り込んだ契約書の締結、十分かつ有効な与信管理、「だまされない」ことを前提としたビジネスフローの構築等を実践することにより、営業上の問題の発生を最小限に抑えることができるといえるでしょう。

QUESTION 63 営業活動における留意点

海外で営業活動を行うにあたり、現地との商慣習の違いのほかにどのような留意点があるのでしょうか。

ANSWER

現地法人のトップに十分な権限を委譲し現地での主体的な活動を可能にすることで、経営の意思決定スピードを上げ、顧客等マーケットのニーズに柔軟に応えられる体制を作る必要があります。

進出国のマーケットを十分に調査し、自社商品およびサービスの強みとターゲット顧客を明確にする必要があります。

≪解説≫

(1) 現地法人トップ

現地法人は独立した一つの法的主体であり、現地において企業グループを代表する顔といえる存在です。そのため、現地法人として必要とされるすべての管理業務を現地トップが主導となって行う必要があります。このことを現地法人の責任者と日本本社の双方が理解していること、そして管理業務を行うために必要なスタッフや設備、資金等のリソースを確保し、これを統括する必要があるという共通認識を確立しておくことが必要となります。外部の目から現地において会社をみた場合、現地法人の責任者は、営業所長や工場長ではなく社長です。現地法人トップが現地のすべての業務についての最終的な責任を負っているのです。

しかし、現地法人のトップといえども日本本社からみると一担当者にすぎないことから、権限委譲が十分に行われなければ、現地での問題を解決するために逐一本社にお伺いを立てることになり、現地企業の社長に比べて経営の意思決定スピードが遅く、柔軟性に欠けるなどの問題が起こり得ます。

また、例えば進出先の国の法人トップとしてならば事業遂行に必要とされる

レベルの贈答・接待等に関しても、日本本社のポリシーで一律に禁止されると、現地のビジネスに悪影響を与えるということも起こり得ます。現地事情に応じた判断を行う権限を現地法人の責任者に与え、企業グループの代表者として適切な目線で判断できるようなガイドライン等を示す必要があります。

(2) コンサルタント

　海外で事業を展開する際、その地域の制度や慣習、人脈に精通した現地のコンサルタントに業務を委託することは一般に行われており、委託業務の内容もマーケット調査から、潜在顧客や仕入先の紹介、ブランディング戦略、製品開発、価格付けのアドバイスに至るまで多岐にわたります。ところが、現地で委託したコンサルタントの業務品質が低く、当初予定した成果が十分に得られないことがあります。また、当初見積額よりはるかに高額なコンサルティング料を請求されるといったトラブルが発生することもあります。

　そのようなトラブルの原因として、コンサルタントのプレゼンテーション能力が高く実際のレベル以上にみえてしまうことがあることだけでなく、海外経験が長いことや日本語対応ができるという特徴だけでそのコンサルタントを選定してしまうことが考えられます。また、進出当初は進出先における知識や情報が十分ではないため、コンサルタントの業務品質を図ることが難しかったり、手続を丸投げしてしまったりすることも、要因としてあげられます。

　こういったことを避けるためには、コンサルタントの特性を十分理解したうえで、コンサルタント採用を行うことに留意する必要があります。コンサルタントの選定においては、現地における過去の実績などを提示してもらい、可能であればすでに同地域に進出している日系企業から現地での評判等の情報を確認する等の方法が考えられます。

　また、手続を丸投げするのではなく、コンサルティング会社の実績をできるだけ目に見える形で確認することも必要です。委託する側自らも最低限の知識や制度を理解したうえで、工程のチェックを怠らないようにすることが求められるといえるでしょう。

(3)　マーケティング

a．マーケティング上の留意点

　グローバル競争が激化するなかで、自社の製品やサービスに強みがないと取引先からの受注を維持することは容易ではありません。現地のニーズや市場の変化を他社よりも早く的確に把握し積極的に製品開発に取り組むこと等により、競争力を維持することが大切です。そのためには、常に現地市場価格や取引先の動向を把握し、自社製品のポジションを把握しておく必要があります。また、日本やほかの地域ですでにある程度の実績を持つ企業の場合、「自社の競争力あり」「競合はいない」という思い込みも危険です。

　マーケティングにおいて市場ニーズに合った製品、価格、販売ルート、広告などのプロモーションが重要な要素であることは、海外進出の場合であっても国内で事業を行う場合と変わりはありません。しかし海外進出の場合は、これらのすべてについて地域性や国民性を考慮していく必要があります。

　例えば中国では、近年富裕層には高価であっても品質のよいものがより売れる傾向があり、また、高級感を好むので、広告でもより高級感を演出することが効果的です。一方で、価格が安くて丈夫であることを好む国や地域もあります。

　プロモーションの方法についても、テレビの影響力が高い国では TV の CM が効果的ですし、SNS の利用が一般的な国では街頭で無料サンプル品を試供することでクチコミによる評判の拡散を期待することなどが考えられます。

　アジアの各国は近年豊かになっていることもあり、以前に比べて商品を選択する際に機能以上にデザインを重視する傾向がみられるようです。

　また、海外でのマーケティングは意思決定のスピードが大事になります。現地で消費動向をつかんだらいち早く手を打つ必要がありますので、本社の決裁を待っているようなことはできるだけ避けるべきです。

　海外進出においては、進出前に現地の市場と動向を把握するという基本的な調査を行い、SWOT 分析などの手法で自社の競争力について十分分析して、進出にあたっては他社に対抗できる独自の差別化戦略を打ち出すことが重要です。

ｂ．販売代理店の利用

　販売を代理店に任せる場合は、その代理店のマーケティング能力（得意分野、営業成績等）や信用情報についても調べる必要があります。また、代理店に任せたままの状態では、知らず知らずのうちに競争力が低下しているといった事態も懸念されます。代理店からは定期的に販売レポート等を提出してもらい、商品の改良や開発につながる情報の収集や、市場分析を行うこともマーケティングのポイントといえるでしょう。代理店契約の場合、販売価格は現地で受け入れられるか否かを決定する重要な要素ですので、価格の決定を相手任せにせず自社で決定する姿勢が大事です。バイヤーは価格を高めに設定する傾向があり、言い値で販売していると販路が思ったより広がらない可能性がありますので、自社の戦略と整合性のある価格かどうかを自社でも検討する必要あります。また、1つの販売代理店に依存することはリスクを集中させることになるため、独占的な契約は極力避けるべきだといえます。

(4)　ビジネスパートナー

　進出企業にとって、調達、生産、物流、販売などの体制をすべて自社単独で構築することは時間やコストがかかりますし、参入に伴うリスクも高まります。また、進出先の国や地域、事業の種類によっては外資規制により単独での設立自体が規制される場合もあります。そこで、このような課題への対応として行われる進出形態の一つが、現地企業との合弁による方法です。現地での消費者動向などマーケットを熟知しており商慣習にも通じているため、効果的な方法と考えられます。

　ただし、この場合であっても事前にマーケティングの方針（ターゲット顧客、製品・サービスの強み、価格帯）などについては十分協議して、方向性について合意しておく必要があります。特に、自社の製品・サービスの強みについてはどの点で他社のものと異なり、それが消費者にどのようなメリットをもたらすかをビジネスパートナーに十分理解してもらい、共有することが大切になります。また、商談には自社からも参加するなど、自社が本気であることを知らせることも効果的です。

6 人事・労務

QUESTION 64 現地スタッフの採用と労務管理

現地のスタッフの採用、労務管理の基本について教えてください。

ANSWER

　優秀な現地人材の雇用は現地法人運営にとって大変重要です。採用にあたっては、自社の経営方針などをはっきりと説明できることです。労務管理では現地の労働規則に則った管理を行い、解雇等では現地の慣習に合った対応が必要になります。

≪解説≫

　海外で現地スタッフを上手に活用することは、本社の人事面、現地法人の経営面で重要な課題となっています。

　海外進出企業は「安価な労働力」を求めていますが、「労働コストの上昇」「管理職クラスの人材確保が困難」という課題を抱えている企業も少なくありません。日本から海外に駐在員を派遣すると、1人当たり日本勤務時の2.5～3倍以上のコストがかかるといわれています。本社も人数的に余裕があるわけではなく、海外に派遣できる人材には限りがあります。さらに現地の事情、習慣、言語に習熟した有能な現地スタッフは、駐在員では対応できない部分をカバーする貴重な戦力でもあります。優秀な現地スタッフの採用が海外事業成功の重要な要素の一つといえます。

(1) 採用面接のノウハウ

　ここではワーカーレベルでなく、管理職あるいはそのサブマネージャー以上のスタッフを採用する場合について記載します。現地スタッフの採用は、人材紹介会社を使ったり、広告で募集して行うことになります。

採用面接については、例えば、アメリカでは通勤方法を聞いてはいけないなど、国によって日本では考えられないいくつかの注意事項があり、これらを事前に調べて対応する必要があります。これら技術的な面に加えて、採用する側の準備と心構えが必要です。まず面接に来た求職者にきちんと会社の業務内容、方針、求める仕事、賃金レベルなどをきちんと説明できるようにしておかなければなりません。面接官が会社の業務内容や方針を説明できないようでは、よい人材を採用することは不可能です。採用面接に来た求職者側も面接者に対して評価をしているといえます。この傾向は上級職の人材採用においてはより顕著で、新設する現地法人の経営、方針、成長戦略について魅力ある説明をきちんと語れる能力が必要です。新興国に限らず能力ある人材はどこの国でも不足していて、有能な人材は引く手数多です。彼らはほかの外資系企業にも面談をしていると考えてよいでしょう。面接は採用担当者の力が試される場でもあります。

　また、面接時のチェックポイントとして、管理職階層で転職歴が多い人材は要注意です。海外では、アジアもジョブホッピングが当たり前のようにいわれていますが、しっかりと仕事をしている人は頻繁に転職はしません。会社のほうも、評価している人材にはそれなりの処遇で接しているはずです。転職した理由もよく確認する必要があります。

(2)　国ごとの法律、慣習を配慮した就業規則・制度の作成と遵守

　現地で雇用した人材を管理するには、まず進出国ごとの労働法、制度、固有の事情に沿った就業規則・雇用契約を作成する必要があります。社内制度についても、現地の弁護士などと相談し法令を遵守したものにしなければなりません。また、作成したルールや制度はそのとおりに運営することが大切です。労務問題のトラブルは本来個々（人）の問題ですが、制度や運営に問題があると会社全体を巻き込む大事に発展しかねません。国によってはストライキや労働争議が頻発しているところもあります。また、アメリカなどではセクハラ関連訴訟では業務に支障をきたすだけではなく、巨額の賠償金を要求される事件が発生しています。

　まずは法令等に沿った制度をつくり、それを実行することが基本です。いったんトラブルが発生してしまった場合は迅速に対応し、大きな問題に発展させないようにすることが鉄則です。

　なお、法令などの改正があった場合は、都度就業規則を変更するなどの対応が必要です。

(3)　解雇

　従業員の解雇については大きく2つのケースがあります。一つは撤退し、会社を清算する場合で、このときはそれぞれの国の法律に従い補償金などを支払うことになります。正当な撤退の場合でも、補償金をめぐる労働争議になる場合があり、専門家のアドバイスを受けるなど慎重な対応が必要です。

　もう一つは不正を働いた場合などやむを得ず解雇する場合です。個別従業員の解雇は相手側の抵抗もあり、場合によっては訴訟になる可能性もあるので、慎重に行う必要があります。解雇についても一般的な手順があり、まずはそれに則って行うことをお勧めします。

①手順の第一は、就業規則と雇用契約を作成し、その内容について労使お互いに納得しておくこと。就業規則に不正行為等解雇の対象となる項目を明記し、雇用契約あるいはミッション書を作成し、本人の仕事内容、目標等を明確にしておくとよい。

②手順の第二は、不正行為あるいは仕事のミスや不十分な点があれば面談を行い、その内容を文書にし、双方サインをして保管しておくこと。決して容認していると誤解を受けるような放置をしないこと。

③手順の第三として、こうした記録をそろえて解雇に踏み切るときは、弁護士等専門家に相談のうえ通告することになる。

　進出国により解雇の簡単な国もあれば、人種問題や労働者の保護のため慎重を要する国もありますが、上記①②③の手順はどこの国でも共通といえます。

　また、解雇を通告するときの内容は、解雇理由を説明するのでどこの国でも共通ですが、その告知の方法はそれぞれの国民感情や慣習によりさまざまで、郷に従う必要があります。丁寧ではあるがストレートに事実をそのまま述べるほうがよい国もあれば、最初は本人の仕事以外のことを褒めながら、残念だが「これこれのために辞めてもらう」とおだてながら言ったほうがよい国もあります。このあたりの感覚は現地に駐在していればつかめてくるものです。

　絶対にやってはいけないのは、ほかの社員の前で本人のプライドを傷つけることです。これも先進国、新興国、どこの国でも共通といってよいでしょう。

QUESTION 65 給与・インセンティブ・福利厚生

現地スタッフ（ナショナルスタッフ）は転職が多いと聞いています。定着させるためにはどのような点に気をつけたらよいでしょうか。

ANSWER

職務体系と結び付いて給与水準を決めると同時に、キャリアパスを示しモチベーションを高めることが重要です。また、成果や課題に応じたボーナス制度などインセンティブを与えることや、福利厚生も必要になります。

≪解説≫

海外進出企業の人材の現地化については、多くの企業でその重要性が示され課題となっています。しかしながら、欧米企業に比べて日本企業は現地スタッフの使い方が上手ではないというのが一般的なようです。理由はいくつかありますが、よくいわれているように、未だ多くの日本企業の終身雇用制、一定の年功序列というものが関係しているようです。終身雇用・年功序列はある意味では究極の長期インセンティブですが、実力主義、転職を前提にしている欧米系企業流のやり方に接した現地スタッフには理解できないようです。

有能な現地スタッフを採用し定着させるためのキーは、給与水準、ポジションと権限、インセンティブ、福利厚生の4つです。

(1) 給与水準

他社と比較した給与の調整（引き上げ）は、不満の解消や転職防止になります。大切なことは資格、給与体系、職務内容を結び付けて作り運営することです。一般的に発展途上国では、年々給与ベースが上がります。そのために同レベル、同資格でも後から採用した人の給与が高くなりがちで、いつの間にかアンバランスになってしまいます。また、一度にあまり高いレベルにすると次年度以降からの給与改定でさらに引き上げ続けることが難しくなります。それぞれのポジションでの中長期的な資格、給与水準をあらかじめ作成し、実績に応

じたボーナスとして払う部分と固定部分を使い分けることも必要です。

(2)　ポジションと権限

　現地で新たに人を採用する際や雇用を継続させる場合に給与水準が基本的に
キーポイントとなることは当然ですが、管理者以上の人材の場合は同様にポジ
ションと権限付与が重要となります。会社での地位に関心があるのは日本だけ
ではなく欧米、新興国においても同様です。採用する際のポジションはもとよ
り、その後の社内でのキャリアパスについても提示でき、夢をもって働いても
らえるような環境を作る努力が必要です。

　また、特に欧米ではそうですが、地位は権限と切り離すことはできません。
ある部門の長に抜擢すればその部分のかなりの決裁権限を付与することになり
ます。決裁権限がなければ、与えられた職務、目標を達成することができませ
ん。ところが日本企業の場合は、一定以上の決裁には現地法人の社長さえ本社
の承諾がいるような社内規定になっている場合が一般的です。管理職、なかで
もマネージャー以上の上級社員を現地で雇用する際とリテンションには、この
ポジションと権限の制度を整備しておくのがポイントとなります。

(3)　インセンティブ

a．ボーナス

　海外では日本のように給与の一環として年間数ヵ月分のボーナスが社員全員
に支払われている国はほとんどありません。給与1ヵ月程度がその国の慣習や
法律で規定され、お祭りやクリスマスの時期に支払われます。

　ここでいうボーナスは、特定の社員に目標を与え、その達成を評価し支払う
ものです。例えば、営業推進責任者であれば個人あるいは部門の売上あるいは
収益に応じて支払うもので、査定の方法は期初に明示しておきます。ボーナス
は転職防止効果より社員のやる気を引き出す効果のほうが強いと思います。

　この運営については3つの問題があります。1つは目標の設定です。まず目
標に対する賞与額をどれくらいにするか決めなければいけません。また、目標
はより具体的にすることが大切です。2つ目は適切な査定をいかに行うかとい
う点です。明確に数字が出る分野なら問題はありませんが、目標に対する成果
が客観的に測れないケースもあり、細部までつめて相手を納得させる評価を行

う努力が必要です。せっかく支払ったボーナスも不満が残れば逆効果です。問題点の3つ目は管理職のレベルが上になるほど守備範囲が広くなりますが、そのなかの一点だけをボーナスの対象にすると対象外の分野の仕事がおろそかになる懸念です。対象目標の設定時にはこの点にも留意することが必要です。

b．ストックオプション等

上場企業における特定管理職へのストックオプション付与は欧米企業で多く導入されています。株価上昇が見込める成長企業では効果があります。この付与にはインセンティブを与えることはもちろん、会社に勤める最低期限等の制限をつければ、雇用維持の効果もあります。

また、未上場企業では仮想の株価、株数を付与し、ストックオプションと同様にその価値の上昇分を現金で受け取るファントムストックプランというものもあります。ただし未上場株なので、株価の市場価格算定は外部機関を使い慎重に行う必要があります。

IPOの予定のない子会社では、株価に連動したプランをつくるよりも、会社の業績を示すもの（利益、売上、部門によってはコスト削減や不良品減少）に連動した価値の上昇分を現金で受け取る制度を作ることもあります。パフォーマンスユニットプランといわれているもので、さらに支給方法を半年ずつ2回に分けて支払うというようにすれば、雇用維持の効果も期待できます。

(4) 福利厚生

福利厚生面では各国の厚生面での法律、制度があり、さらに同じ国でも大都市と地方の工場では違った対応が必要となります。例えば、同じタイでも住宅手当や通勤手当のあるところやないところがあり、進出地域ごとに他社の情況も踏まえた個別の対応が必要となります。アメリカでは会社がどのような健康保険を採用しているかが転職する際の福利厚生面での重要な要素になっています。また、中堅管理職以上のカンパニーカーの付与や出張手当、ホテル、飛行機の座席のランク等の細かい点の社内規定も整備しておく必要があります。

以上、現地スタッフの動機付けと雇用維持の方策を簡単に述べましたが、友好な労使関係を構築し、就業規則を作成し、遵守される体制ができていることがまず第一であると思われます。

QUESTION 66 現地スタッフの教育

現地スタッフ（ナショナルスタッフ）の教育はどのようにすればよいのでしょうか。

ANSWER

個別業務については日本と同様OJTなどで指導しますが、それ以外の教育も必要です。まず会社のルールを周知徹底します。さらに経営理念や経営方針、個人の目標を理解してもらいます。親会社での日本国内研修も有効です。

≪解説≫

安価な労働力を求めて海外に進出する企業が多いなかで、現地従業員の育成は海外進出企業の重要な課題の一つとなっています。業務の習熟やスキル向上のためにOJTが基本となる点は日本と同様ですが、海外での人材育成にはいくつかの留意点があります。

(1)　会社で働く基本的なルールの周知徹底

新興国で働く一般従業員は、日本では当たり前の常識や倫理観を持っていないのが普通です。外国企業で働いた経験のない者も多数いると思われます。そのため、まず企業で働く際の基本的な心構えなどから教育が必要です。

(2)　経営理念・経営方針の共有化

国内も同様ですが、マネージャーやその補佐クラス以上の主要な人材に対しては、本社および現地法人の企業理念や経営方針を共有させる必要があります。経営管理のところでも触れていますが、現地語や英語に翻訳し、わかりやすいものにして、機会をとらえて社内で、あるいは親会社から説明することが重要です。

⑶　人事制度

　人材育成で成果をあげるためには、現地スタッフ（ナショナルスタッフ）の
モチベーションをあげる人事制度を導入する必要があります。そのため、目標
達成に対応した給与・ボーナスの制度や、将来の展望ができるキャリア制度な
どを現地の事情に合わせて導入します。

⑷　現地スタッフ（ナショナルスタッフ）の日本国内研修

　現地で採用した社員を日本国内で研修させる企業もあります。目的は上記(1)
(2)(3)を補完するもので、自分が幹部候補だと認識させ自覚を持たせて定着率を
高めるためです。内容は以下の４点です。

　①自社の理念を理解させる。

　　・企業理念、会社の歴史、特徴、強み、これから発展させる分野などを説
　　　明する。

　　・現地法人より規模の大きい（立派な）本社を見せ、愛社精神を高める。

　②本社で技術やノウハウを吸収させる。

　　・講義を行う。

　　・必要な業務ではOJTも検討する（日数と部署の体力による）。

　③日本本社社員との人脈形成およびグループ全体の帰属意識を高める。

　　・会社全体の組織とその担当業務の内容を説明する。

　　・関連部門・部署、担当者の紹介を行う。

　　・必要であれば交流会を開催する。

　④日本のよいところを見せる（体験させる）。

　　・東京の「はとバス」ツアー、新幹線、日本食、銀座・秋葉原・京都・箱
　　　根・鎌倉などの大都市、観光地、南方であれば長野県の高原等々。

　　・工場が地方にあればその近くの温泉や名所。

QUESTION 67　日本人駐在員の処遇

一般的な海外駐在員の処遇について教えてください。

ANSWER

海外派遣社員の給与について決まりはないですが、一般的には赴任地の物価、生活コスト（光熱費、電気代、交通費等）を調整し、ネットの手取額で日本の同資格者と同様になるように給与のグロス額を決定します。また、同時に海外赴任に伴う諸手当も支給されます。日本の社会保険を継続するために日本国内でも給与が支払われるのが一般的です。

≪解説≫

(1)　海外駐在と国内勤務との違い

日本本社から派遣され、海外で駐在する場合、日本国内で働く場合と以下のような違いがあり、それに見合った人選、処遇、対応が必要です。

①駐在員は進出国でその会社を代表した「顔」になる。

②駐在員数は就労ビザの取得制限などで限られており、１人当たりの業務範囲が拡大し、日本本社で経験のない分野も担当することになる。

③現地のスタッフが上司や部下になる。

④業務で使用する言語は英語か現地語が多い。

⑤現地の法律、商慣習、慣習（宗教）に従って仕事をする。

⑥進出国の治安、衛生状態が日本に比べて悪い場合が多い。

⑦上記④⑤⑥および住環境については本人だけでなく帯同家族の生活も同様である。

⑧会社は上記の負担を給与や手当で補填するため、駐在員の給与水準は日本の同資格の社員に比べ2.5〜３倍になる。

海外駐在員の給与の決定方式は、それぞれ企業が自社の実情に合わせて決めていますが、以下のような基本的な考え方があります。

①日本の同資格の社員の手取額の価値と同程度の価値の受取額となるように調整する。

②そのため海外赴任地の物価、生活コスト（光熱費、電気代、交通費等）を調整し、ネットの手取額で同様になるように給与の支給額（グロス額）を決定する。

③住居費用、子女の学費などは別途手当として支給する。支給額は食事や安全性などできるだけ日本での生活環境と同様の生活ができるレベルの費用を自己負担分を調整して支給する。

④そのほか、衛生状態や治安が悪いなど生活がハードな地域に駐在する社員に対するハードシップ手当や日本の留守宅手当など不利益を補填する手当等を支払う。

⑤駐在員個人の現地での所得税の申告は、国により違いはあるが、現地で受け取る給与と日本で受け取る給与を合算した額で申告するのが一般的である。そのため駐在国で個人所得税を支払った後の手取額が②③④を含めて税引き前のネットの受取額となるよう、給与支給額を調整する（ネット受取額から逆算した税額を給与に加える）。

本社の給与担当者は、現地の物価や不動産事情、所得税率などの情報収集を定期的に行い、駐在員給与の見直しを行います。また、現地の通貨と給与基準算定に使う通貨（米ドルや円など）間の為替変動も生じるため、その調整も必要となります。現地の物価情報などの情報を取得するのが難しい場合は、世界の各都市の物価やハードシップ情報などの生活環境情報を入手し（有料の情報もあります）参考にします。

海外駐在する場合、日本の健康保険・厚生年金・雇用保険に継続加入しているのが一般的です。そのためには日本の本社と雇用関係を維持し、国内でも給与を受け取る必要があります。上記(2)で述べましたが、一般的には日本で受け

取る給与は日本では非課税となり、駐在国で申告する必要があります。

　駐在国の社会保険の加入については、強制加入義務がある国や外国人（日本人）は加入資格がない国など、国によりさまざまです。また、アメリカなど日本と社会保障協定を結んでいる国の場合は、一定の条件のもと、日本の保険を継続し、現地では加入が免除されることが可能となっています。

(4)　各種手当

　海外赴任者に対する各種手当については、支給する企業により名目や種類・金額ともにさまざまです。また、企業により海外基本給に含めている場合もあります。参考として以下のような名目の手当や制度があります。

【各種手当の例】

海外勤務手当
海外勤務に伴う不利益や不便を補填するもの。金額水準は企業により異なる。
ハードシップ手当
治安、衛生状態、気候など生活が厳しい地域に赴任する場合に支給する。支給基準は企業により異なり、同じ地域で手当のあるなし、金額水準にばらつきがある。欧米先進国の場合は支給している企業はほとんどない。海外勤務手当に含めている場合もある。
家族手当
帯同家族のために支給される手当。一定額あるいは、帯同する配偶者と子供の数により算出した額を支給する。海外基本給に含める場合もある。
住宅手当
赴任者の住居費用の一部あるいは全額を会社が負担する。手当額により、日本で支払う家賃分相当額を自己負担額とする会社もある。会社が契約し、直接支払う方法と手当を受け取り赴任者個人が支払う方法がある。 　海外赴任者の住居費は安全性、利便性（日本人学校への距離等）の関係から新興国も含め日本より高いことが多い。
留守宅手当
社会保険支払のための国内給与や、海外に帯同しない日本国内残留家族の生活費のために支給される手当。

子女教育費用
日本人学校や補習校の授業料、送迎費用、教科書代等は会社負担が一般的。それ以外の幼稚園、インターナショナルスクールなどは授業料が高額な場合が多く、日本人学校のあるなしや負担割合（日本でかかる額までは自己負担にする等）で調整するケースもある。

一時・臨時帰国制度
会社負担の定期的な一時帰国制度を設けている企業が多い。また、慶弔帰国についても会社負担のルールを規定するのが一般的。

健康維持のための費用等
定期的な健康診断は日本と同じようなレベルで受けられるようにすることが望まれる。欧米などでは駐在国での受診が可能だが、十分な医療機関のない国ではシンガポールなど医療レベルの進んだ近隣国や日本で受診することにし、その航空運賃、ホテル代などを会社が負担している。 　また、駐在国により必要な予防接種も会社負担が一般的である。

日本人としての生活費用
海外駐在で食事や娯楽などで日本における生活と同様のものを求めると費用がかかるのが一般的。

QUESTION 68　海外駐在員の健康管理

海外駐在員の健康管理が問題になっていると聞いています。会社としての対応を教えてください。

ANSWER

駐在する国の衛生状態などを調べ、感染症の予防接種や注意喚起を行います。安全な住居の確保や定期健康診断の実施、感染が拡大した場合の対処も検討します。また、精神面のケア体制についても準備が必要です。

≪解説≫

欧米先進国では日本と同等の医療を受けることができますが、ASEAN諸国などに駐在する場合は、高温多湿の気候のため、ウィルス、細菌、カビ等が繁殖しやすい環境にあります。また、北京やジャカルタなど、自動車の排気ガスにより呼吸器疾患の多い地域もあります。

さらに新興国では、全般的な医療状況は高い水準になく、日本の標準レベルの医療が受けられる近代的な設備、信頼できる専門医を備えている私立病院は限られています。救急車が機能していない国もあり、交通事故や急な怪我・病気といった緊急事態をできる限り発生させないよう、日頃からの注意が必要です。

また、企業の海外進出の大幅増加に伴い、海外駐在員の数も増加、必ずしも海外志向でない駐在員も多く、ストレスに対する精神面のケアも必要となっています。

赴任前にやっておくことや赴任後の注意は以下のとおりです。大部分は会社としての対応が必要になります。

【健康管理の留意点】

注意すべき病気

・下痢疾患（コレラ、細菌性赤痢、アメーバ性赤痢、腸チフス、寄生虫症）、Ａ型・Ｂ型肝炎、デング熱、マラリア、熱中症等（特にデング熱患者は年々増える傾向にある）。
・呼吸器疾患（都市部）、ＨＩＶ等。

赴任前に行うこと

・保険の加入…緊急移送を含む旅行傷害保険に加入する。
・赴任前健康診断…家族も受けること。歯科検診も含む。
・予防接種…義務ではないが、受けるほうがよいとされる。
　　　子供：小児期に必要な予防接種（ＢＣＧ、三種混合、ポリオ、日本脳炎など）
　　　大人：Ａ型・Ｂ型肝炎、破傷風など

赴任後の注意

・運動不足に要注意（一般的に車通勤になる場合が多い）、土日のゴルフだけでは不十分。
・生水・氷および火を通さない食べ物には十分に注意する。また、水泳などは海または維持管理の行き届いたプール（プールも要注意）に限定し、池・川・湖は避ける（蚊など虫さされに注意）。
・動物との接触には注意する。犬（狂犬病）、鳥（インフルエンザ）、ハクビシン（SARS コロナウイルス）
・疲れたときは無理をせず、静養を十分に取る（疲れないことが大切）。
・自分の症状を現地の言葉（あるいは英語）で言えるよう準備する（医療用語対訳本など）。
・気をつけるべき病気をあらかじめ知ったうえ、初期治療の方法や日常の予防法を理解しておくことが大切。
・発病した場合、信頼できる病院を決めておき、すぐに診てもらえるよう、日頃から病院等アレンジしておく。
・最低年１回の定期健康診断は必ず受けるようにする。

感染症拡大への準備

・危機管理体制を構築。
・家庭内食料、日用品、衛生用品、医療用品の備蓄。
・帯同家族、赴任者の帰国のタイミング、残留者が必要な場合の該当者を決定。
・緊急時帰国用の航空券を手配。

健康保険

・欧米先進国では現地の健康保険制度、もしくは現地法人で加入している民間保

　険会社の医療保険を活用。
・国によっては制度的な保険制度があるが、新興国では会社が全額あるいは海外
　旅行保険を使用し保険支給との差額を負担している。

精神面のコントロール

海外生活（自殺者も多い）
〔原因〕
・仕事のストレス（異文化のなかで広い担当範囲。少ない駐在員で経営、経理、
　人事、総務、営業、仕入、生産等に責任を持つ）。
・異なる生活環境や、習慣。
・言語（日本語が通じない）。
・長期間にわたる緊張。
・食生活の変化。
・帯同家族の問題（含む子女教育）。
〔対策〕
・精神面や肉体面の自己管理が重要。
・体調の異変、精神的不安は早め早めのチェックを受ける。
・心配事はどんな小さな問題でも決して一人では悩まない。
・息抜き。
・家族や信頼できる友人等によく相談し、精神的に追い込まれていると感じた場
　合は、早い段階で日本への帰国を決断すること（家族も同様）。

7　経理・財務

QUESTION 69　経理・財務の体制

　国内企業が海外へ進出し事業を行う際に、経理および財務の体制を構築するにあたってどのような点に気をつける必要がありますか。

ANSWER

　当初は日本からの駐在員が経理・財務の責任者となるケースが多くみられますが、その後の業務拡大の基礎を作る期間ですので、経理・財務に精通し、現地との円滑なコミュニケーションを確保できる人材を派遣する必要があります。
　現地スタッフの研修の重要性を認識し、経理処理のみならず会社のポリシーについても理解させることが望ましいといえます。

≪解説≫

(1)　経理・財務の体制

　海外に進出した企業では、日常のオペレーションを含めた経理・財務プロセスが確立されていませんので、自分たちで作り上げていくことが求められます。特に進出当初は、現地取引や本社との取引等の経理処理について解決しなければならない実務上の事項が多く発生するため、本社と現地の間で密にコミュニケーションをとり、一つひとつ解決していきます。そこで決めたことは今後の基礎になるため、特に本社の方針を十分に理解し、本社とのコミュニケーションが円滑にとれる人材によるリーダーシップが不可欠です。

　そのため経理・財務に関しては、少なくとも体制が整いオペレーションが回るまでは、日本から人材が現地へ赴き現場を管理することが望ましいと考えられます。本国とのコミュニケーションを密に取りつつ、現地の従業員とのコ

ミュニケーションを大事にして、現地従業員のレベル、考え方、モラルの程度等を把握して、現地の業務レベルを上げるとともに、現場実務を現地スタッフ任せにせずに、業務がブラックボックス化することがないように努めなければなりません。

　また、現地従業員のなかから現場のリーダーとなれるような人材を見つけることも重要です。日本からの出向者はコストがかかるうえに言葉の問題もあるので、現地の慣習などを熟知している、現地従業員とのコミュニケーションをうまく取れるなどの理由から、現地の優秀な人材に、権限と責任を与えて能力を開発していくほうが長期的には会社の成長につながるともいえます。

　そのためにも、現地でリーダーシップをとり得る人材を見つけ、できるだけ日本本社との電話会議などに参加してもらい経営に携わる意識を持たせ、本社グループの一員としての自覚を持ってもらうようにすることも重要です。

(2)　業務の文書化

　進出先の国や地域によっては、日本に比べて、必ずしも十分な質をもった従業員を確保することができず、また、転職スピードが非常に早く定着率が低いといった場合もあります。そのため、できるだけ業務を文書化しておくなどして人材の流動化に備える必要があるといえます。

　さらに、親会社側でグループの経理規程、経理マニュアルなどを作成し、それを進出した国で適用するような体制にできれば、今後新たな国に進出するときも利用できるようになります。また、新たな会計基準が発効されたときや、新しい取引が発生したときなども子会社ごとに個別にマニュアルを改定するのではなく、親会社側でまとめて修正することができるので効率的に更新することも可能になります。

(3)　決算スケジュール

　グローバルにつながった現代のビジネス環境で勝ち残るためには、迅速な経営判断が何よりも重要になってきています。企業が海外進出する場合も同様に、海外子会社の状況をタイムリーに把握し経営に活かす体制を作ることが求められます。

　そして、これを実現していくためには、まずは親会社で決算（月次、四半期、

年次）のスケジュールを作成し、一定以上の精度をもった会計情報の入手を行うことのできる体制の整備を主導していくべきであるといえるでしょう。

【決算スケジュール作成の留意事項】

ターゲット
決算の目的とタイミングをはっきりさせる必要がある。 ⇒経営管理の速報値を把握するため、金融機関に提出するため、外部に公表するため等、目的により収集すべきデータの内容や求められるデータの精度が異なる。経営管理データとしての目的の場合、一般的にはある程度正確であれば、厳密な意味での正確性よりも迅速性が求められるケースが多いと考えられる。
情報の精度
入手する情報の精度や正確性を決定する。 ⇒法定監査などが求められるケースでなければ、海外拠点側でも負荷がかからない形での情報収集とすることが重要。例えば、月次で大きな変動が想定されない費用は予算金額で計上する、引当金の見直しは毎月ではなく、四半期もしくは年度決算でしか行わないなどメリハリをつける必要がある。
具体的な決算スケジュールの共有
具体的な日程を明確にして、海外拠点側と正しく共有する。 ⇒通常日本と現地の間には時差があるため、どちらの時間で考えているのかを明確にせずに話を進めると、結果的に日本で処理をするのが一日遅れることになる可能性がある。 また、海外と日本では休日が異なるので、日本では労働日でも海外では労働日とは限らない。極端な場合、海外の連休と重なることもあるので事前に確認する必要がある。
報告様式
報告様式を明確にする。 ⇒本社から入力フォーム（連結パッケージ）を送りそれに入力してもらう形で報告の依頼を行うのが効果的。また、必要に応じて、フォームとは別に証憑を添付して報告してもらうなど柔軟に対応する必要もある。 このように報告様式を明確にすることで、必要なデータが明確になり、海外拠点が増えた場合でも同じフォームを利用することで作業を効率的に、かつ重要な情報をもれなく入手することができるようになる。必要な情報の追加や削除があったときでもまとめて処理することが可能になる。報告言語についても統一することが望ましい。
調整仕訳
現地の会計基準と日本の会計基準との規定の違いを調整する。 ⇒決算の目的と差異の重要性により、調整仕訳の本国への取り込みの要否を決定

する。

また、調整仕訳を取り込むと決定した際には、それぞれの拠点が仕訳を入力するのではなく、関連する情報を連結パッケージ上で入力してもらい、本国の決算で一括して調整仕訳を計上するケースが一般的と考えられる。

決算日

決算日の統一を行うかどうかを検討する。

⇒本来、日本親会社の決算日と海外拠点の決算日は同じであることが望ましいと考えられるが、スタッフの不足などにより同じ日程で決算手続を行うことが困難であるなどの事情から、本国親会社と海外拠点の決算日をずらして決算を行うことがある。例えば、本国の3月31日の決算書に含まれる海外拠点のデータを前年12月末日とする場合など。日本の会計基準では決算日のずれは3ヵ月までは容認されているが、経営管理上の観点からは決算日はできるだけ合わせるのが望ましい方向と考えられる。

その際の統一の仕方として、今後海外拠点が増加することが予測されるのであれば、すべての海外拠点の決算日を本国決算日に合わせるのではなく、本国親会社の決算日を海外で比較的多い12月決算（国によっては12月決算以外認められていないケースもある）に変更する方法がある。

進捗管理

海外拠点の決算処理の遅れが全体の決算スケジュールの遅れにつながる。

⇒それぞれの国に特有のビジネス慣行があり、極端な場合、監査が法定されている国であっても決算日後1年を経過しても監査報告書が出てこないようなケースもある。このように、海外子会社側で迅速な決算を行うという意識自体が希薄であるケースも多く、粘り強い督促などスケジュールの管理が求められる。

現地の経理レベルおよび研修

地域や国によってかなり経理レベルに差があるというケースがある。

⇒これに対しては、会計処理のルールを明確にし、マニュアルを作成できるだけ業務の標準化を図る。また、現地での研修を充実させ、必要であれば日本から担当者を派遣して研修を行うなど教育を充実させることが効果的。一方で、短期間での転職が一般的となっている国においては、あまり研修にコストをかけすぎるのもリスクがあり、留意が必要。

現地のレベルが十分でない場合、外部監査の導入などによって統制機能を持たせ、財務情報の精度を確保するという方法もとり得る。ただし、外部監査を受けることで決算スケジュールが一層遅れることもあるので、バランスをとる必要がある。

QUESTION 70 内部統制および外部監査人の利用

　海外拠点は地理的に遠いこともあり本社のコントロールが効きづらいため、業務が適切に行われているか否か不安があります。

ANSWER

　日本とは常識や文化が異なることも多いため、できるだけ業務マニュアル等を作成し手続を文書化するように心がけます。

　職務分掌を明確にし、定期的に本国から内部監査を行うなどけん制機能を組み込むようにします。

　アジアでは外資系企業に対して外部監査を義務づけることが一般的な国が多いので、外部監査人による監査レポートを有効活用します。法定されていない場合でも外部監査人の利用を検討するのは有効な対策です。

≪解説≫

(1) 内部統制

　一般的に海外拠点は製造や販売の目的で設立していることもあって、管理スタッフの人員が不足しがちであるため、日本本社に比べて情報精度が低く決算のスピードも遅いケースが散見されます。

　また、国や地域によっては従業員の定着率が低く、組織としてのノウハウが身につかないため、毎期同じような誤りが発生するケースもあります。そのため、海外拠点から送られてきた財務情報が、そもそも本当に正しいのか信頼することが難しいという状況も起こり得ます。

　このため、規程の整備、文書化、内部牽制等の内部統制を整備し、定期的に親会社から内部監査を行うなど内部統制が正しく運用されていることを確認することや、外部監査人による監査を受けることで財務情報の正確性を担保することも重要な方策の一つになります。

　特に管理スタッフが少なく、本社から距離的に遠い海外拠点については、内

部統制の意義は日本国内よりも大きいと考えて対応すべきものです。

　また、内部統制を整備し適切に運用することで、外部監査人が内部統制に依拠した監査を行うことが可能となり、監査工数の削減および監査時間の短縮につなげることができ、決算スケジュールの短縮化にもつながります。

(2)　外部監査人の利用

　アジア諸国のなかには、特に外資系企業について外部監査が法律で強制されているような国も見受けられます。実際には形式的な手続のみで、それほど精緻な監査を実施していないケースも多いようですが、外部からの視点でなければ気づかないところもありますので、有効に活用すべきです。

　また、監査人から提出される監査報告書や内部統制上の改善事項を記したマネジメントレターなどには重要な記載がなされていることもあり、必ず目を通すべきであるといえるでしょう。

　ただし、外部監査人の業務レベルが十分とはいえないケースもあるため、本国親会社の担当部門が直接出向いて定期的に内部監査を行う等の補完的な対策を講じる必要があります。

　アジアの主要な国における監査制度は以下のとおりです。

【アジア主要国の監査制度】

タイ	すべての株式会社は、公認会計士の監査を受ける必要がある。会社は決算日より4ヵ月以内に監査済み財務諸表を定時株主総会のために提出する必要がある。
インドネシア	すべての外資企業は、公認会計士の監査を受ける必要がある。会社は決算日より6ヵ月以内に監査済み財務諸表を定時株主総会のために提出する必要がある。また、決算日後4ヵ月以内に求められている確定申告に監査報告書を添付する必要がある。
フィリピン	会社法上、払込資本金5万ペソ以上の会社は外部監査人による会計監査を受ける必要がある。
ベトナム	すべての外資出資会社は、公認会計士の監査を受ける必要がある。会社は決算日より4ヵ月以内に監査済み財務諸表を定時株主総会のために提出する必要がある。
マレーシア	すべての株式会社は、公認会計士の監査を受ける必要がある。

中国	すべての外資企業は、公認会計士の監査を受ける必要がある。
シンガポール	すべての会社および外国企業の支店は、公認会計士の監査を受ける必要がある。ただし、株主が20名以下ですべて個人株主であり、かつ売上高が年間500万シンガポールドル以下の会社は除かれる。
ミャンマー	ミャンマー会社法により設立されたすべての会社は、会社法に基づき1人以上の外部会計監査人を選任し、会計監査を受ける必要がある。会計監査人はミャンマー人の公認会計士のみが就任することができる。会社は監査済み財務諸表を少なくとも年に1回開催される定時株主総会のために提出する必要がある。

(3) 本国からの業務監査

　上記(2)でも触れたとおり、国によってはそもそも商慣習があまりに日本と異なり、外部監査人もその慣習に慣れきっているケースもあります。コストの問題はありますが、日本からも定期的に業務監査等で現地に赴くことが望ましいといえるでしょう。現地から送られてくる資料においては特段の問題がないようにみえていたにもかかわらず、実際には杜撰な会計処理をしており、本国からの業務監査によってそれが発見されたケースも往々にしてみられますし、時には大規模な不正の発見のきっかけとなることさえもあります。

QUESTION 71 会計システム

海外に子会社を設立する計画があり、日本の連結決算にその会社を取り込む必要があると予想されます。連結決算のスケジューリングに際してどのような点に留意すればよいのでしょうか。

ANSWER

連結決算の目的を明確にして、海外拠点からどの程度詳細な情報が必要になるのか明確にする必要があります。

スケジュールはできるだけ具体的に目に見える形におとしこみ、海外の休日や時差についても考慮します。

海外拠点からの報告書式を作成し、できるだけあいまいな指示は避けるようにすることが望ましいといえます。

会計システムや勘定科目等の各種コードを統一することで、連結決算を効率化できないか検討します。

≪解説≫

(1) 会計システム

a. 会計システムの選択

本国親会社と海外拠点の会計システムは、一般に ERP システム[1] などで統一するほうが、決算をはじめとした各業務が標準化され、システム保守を一括して実施できるなど、業務を効率化できるメリットが期待できます。また、ユーザー ID の改廃手続を本国親会社で一括して行うことや、ログを定期的にモニタリングすることで内部統制の強化が可能になる、データの収集が迅速かつリアルタイムに行えるなど、さまざまなオペレーション上の優位点もあげることができます。

一方で、本国親会社に比べて海外子会社の規模が小さく取引が単純な場合や、業態などが大きく異なる場合は、海外拠点が親会社と同じシステムを利用する

ことが逆に非効率になってしまうことも多いと考えられます。例えば、海外拠点の規模であれば本来利用しないような高度な機能が付いていることでシステム設定が複雑になり、簡易な会計システムに比べてより多くのコード入力が要求され、その結果入力に時間がかかりミスの増加にもつながることがあります。そういった高機能システムを利用することで高額のシステム利用料がかかるケースもあります。

このため、海外拠点の規模や複雑性を考慮したうえで、現地の会計ソフトを基本とし、報告用のスプレッドシート（表計算ソフトのシート等）を工夫するほうが効率的となるケースも多いと考えられます。

ｂ．コードの統一

会計システムを導入するうえで検討すべき重要な項目として、利用する会計ソフトが拠点で必要な機能を満たしているかどうかだけでなく、勘定科目コードや取引先コード等の各種コードをどのように設定するかということがあげられます。

基本的には、勘定科目コードは大項目レベルでは統一したほうが望ましいといえます。統一することで海外拠点から収集したデータをそのままグループ会社の財務データに合算することができ、余計なコード変換の作業がなくなり、作業効率が高まるとともに誤りを減らすこともできます。また、コードを統一することで、本社と海外拠点の間で会話を行う際にコード番号で意味が通じることになりますので、実務的にも非常に利便性が高まります。

ただし、細目レベルで完全に統一してしまうと、例えば各国の会計基準の要請に応じた柔軟な科目設定が困難になるといったことも考えられます。

グループとしてどのレベルで統一的に管理する必要があるかを十分に検討してから、必要な上位レベルで勘定科目の統一コードを設定し、下位のコードについては現地での運用とすることが効率的であるといえます。

また、勘定科目コードには通常、補助コードとして取引先コードが設定されています。取引先コードについては、少なくともグループ内の内部取引の状況・残高について把握できるように設定しておくことが望ましいといえます。親会社側の子会社向け債権と子会社側の親会社向け債務は対になる勘定科目コードとして設定しておくと、経理担当者が簡単に両者の金額を照合することができるようになります。

1)　Enterprise Resource Planning システム：調達・購買、製造・生産、物流・在庫管理、販売、人事・給与、財務・会計など、企業を構成するさまざまな部門・業務の扱う資源を統一的・一元的に管理するシステム

(2)　会計方針の統一

　同一環境下において行われた同一の事象については、原則として同じ会計方針を採用することが望ましいと考えられるので、海外子会社の会計方針を策定する場合は慎重な検討が必要です。

　これについて、日本の会計基準では[2]、海外の子会社が米国基準ないしは後述する国際会計基準に従った会計処理を行っている場合は、のれんの減損、開発費の資産化、投資不動産の時価評価等いくつかの差異を除き、原則として調整せずに受け入れることが認められているので、税務上のメリットや海外子会社の業務負荷などを考慮して検討を行う必要があります。

　なお、国際会計基準では、原則として会計方針はグループ内で統一することが求められています。

　会社の採用する会計方針について、検討や調整が必要とされることの多い項目には、以下のようなものがあります。

a．棚卸資産の評価方法

　日本基準を例にすると、在庫の払出単価や期末在庫単価を算定するための評価方法として、個別法、先入先出法、平均原価法、売価還元法などの方法が認められています。

　このほかの評価方法の一つとして、後入先出法（LIFO）がありますが、日本では認められていません。

　これらの棚卸資産の評価方法の選択にあたっては、企業の実態を最もよく表す評価方法をとる必要があり、同様の環境下で行われた同質の取引については同じ評価方法をとることが望ましいと考えられます。

b．減価償却方法

　減価償却とは、固定資産の取得価額を、その資産の利用方法を適切に表す方法で費用化する手続をいい、適正な損益計算を可能とすることを主たる目的とするものです。減価償却の方法としては、定額法や定率法などがあります。

　減価償却方法の選択にあたって、日本の実務においては、主に税法の定めに従い税務上有利な償却方法を選択しているケースも多いようです。そのような

実務慣行下においては、同様の利用形態をとる固定資産について、必ずしも国内と海外拠点で同じ減価償却方法を採用する必要はないものと考えられます。ただし近年では、国際会計基準（IFRS）適用に備えて海外を含めて減価償却方法を検討した結果、減価償却方法を日本と海外で統一する例もみられます。

ｃ．収益の認識基準

日本の実務においては、製品・商品の販売時には出荷した時点で収益を計上する出荷基準が一般的ですが、国際会計基準では契約等に基づき判断する必要があり、先方の検収が終了した段階で収益を計上する検収基準が一般的です。

ｄ．引当金の計上基準

引当金の計算方法について、同様の環境で同質の取引であれば、同様の基準で計上されるのが基本的な考え方です。ただし、各国の法律や商習慣が異なっていれば、仮に同じ名称の引当金であっても統一しなければならないものではありません。

2）　実務対応報告第18号「連結財務諸表作成における在外子会社の会計処理に関する当面の取り扱い」

QUESTION 72　国際会計基準（IFRS）

海外では国際会計基準（ＩＦＲＳ）が広く利用されていると聞きました。
国際会計基準とはどういうものでしょうか。

ANSWER

国際会計基準は欧州、アジア等を中心に100ヵ国以上で利用されています。

国際会計基準と日本の会計基準は近年近づいてきましたが、のれんの償却などで依然として差異は残っています。

≪解説≫

(1)　国際会計基準とは

国際会計基準（正式名称は国際財務報告基準、以下「IFRS」といいます）とは、英国ロンドンに拠点を置く IASB（国際会計基準審議会）が作成するグローバルな会計基準です。2005年にヨーロッパで適用され、現在では世界100ヵ国以上の国で会計基準として採用されています[3]。アジアでもかなりの国が適用ないし、自国の基準を IFRS に近いものに改訂しており、日本企業が進出する国でも IFRS が一般的に利用されているケースが多いと考えられます。

3）2014年12月時点で114ヵ国が IFRS を自国の基準として採用している（IFRS 財団ウェブサイトより。2014年10月更新）。

(2)　国際会計基準の影響

進出している国が IFRS を適用している場合、前述したとおり、日本の会計基準では、IFRS に基づき作成された子会社の決算は、原則としてそのままの会計処理を受け入れることが容認されており、多くの調整を要することなく子会社から親会社へ連結することができるように配慮されているといえます。

ただし、制度として認められていても、経営管理の観点からは、同じ事象を

異なった基準で処理することは必ずしも望ましい姿とはいえません。同じ事業で同じ成果を上げていても、地域によって表示される経営成績に差が出ることにもつながるので、重要な項目についてはグループ内の会計基準を統一することを検討すべきといえるでしょう。

このように、グループ内で同じ会計基準を使って財務数値を把握することで経営管理上の物差しを統一できる、会計処理を統一することでグループの会計業務の効率化を図ることができるなどの理由で、グループの会計基準としてIFRSを採用する企業が大手企業を中心に日本でも年々増えています。グローバルな比較可能性を高める点でも投資家からの評価は高いものと考えられます。ただし、日本の税法がIFRSに対応していないため、税金計算のもととなる個別財務諸表は日本基準で作成する必要があります。

内部的にも、親会社と子会社が同じ基準に基づいてコミュニケーションを図ることができますので、誤解が生じにくいという利点もあります。

参考までに、基準の番号とタイトルを以下に記載しましたが、実は一部の国では、自国の基準に対してもIFRSを参考に同じような基準番号の振り方をしています。例えば、IFRS第3号は「企業結合」に関するIFRSの会計基準ですが、タイの会計基準ではTFRS第3号、香港ではHKFRS第3号が「企業結合」に関する会計基準を指します。

【IFRSの主な基準】

IFRS 第1号「IFRS の初度適用」	IAS 第1号「財務諸表の表示」
IFRS 第2号「株式に基づく報酬」	IAS 第2号「棚卸資産」
IFRS 第3号「企業結合」	IAS 第7号「キャッシュ・フロー計算書」
IFRS 第5号「売却目的で保有する非流動資産及び非継続事業」	IAS 第8号「会計方針、会計上の見積りの変更及び誤謬」
IFRS 第7号「金融商品：開示」	IAS 第12号「法人所得税」
IFRS 第8号「事業セグメント」	IAS 第16号「有形固定資産」
IFRS 第9号「金融商品」	IAS 第17号「リース」
IFRS 第10号「連結財務諸表」	IAS 第19号「従業員給付」
IFRS 第11号「共同支配の取決め」	IAS 第21号「外国為替レート変動の影響」
IFRS 第13号「公正価値測定」	IAS 第36号「資産の減損」
IFRS 第15号「顧客との契約から生じる収益」	IAS 第37号「引当金、偶発負債及び偶発資産」

(3)　日本基準と国際会計基準の差異

　近年の、各国の会計基準が高品質な会計基準に統一されることが望ましいという流れのなかで、日本基準も改訂が重ねられ、IFRSと日本の会計基準の差異は減少しています。

　しかし、それでも依然としていくつかの差異が残っており、IFRSベースで作成された決算書の内容を理解するためには、どのような差異があるのかを把握しておくことが大切です。

　日本基準とIFRSとの間の主要な差異をまとめると、以下のとおりです。

【日本基準とＩＦＲＳの主な差異】

のれんの償却	
日本基準	20年以内の一定期間にわたり毎期定額を償却する。定期償却をしたうえで、価値の下落を示す兆候があった場合に、減損処理を行う。
ＩＦＲＳ	定期的な償却は行わない。毎期減損テストを行い、帳簿上の金額に比べて実際の価値（回収可能価額）が下落した場合に減損処理を行う。
必要な調整	海外子会社の財務諸表にのれんの償却を追加で計上する必要がある。また、償却の有無により、海外子会社の帳簿価額は日本での帳簿価額と異なっているので、海外での減損処理が国内でも減損にあたるか否かを検討する必要がある。

減損損失の戻し	
日本基準	いったん価値が下落したことにより固定資産等の減損処理を行った場合、その後収益性が回復し価値が上昇しても損失を戻すことはない。
ＩＦＲＳ	減損処理を行っていても、減損を行った事象が解消され価値が戻った場合、従来計上されていた減損損失分は戻され、収益として計上される。なお、のれんの減損については戻入はなされない。
必要な調整	海外子会社で減損の戻しが発生した場合、親会社ではそれを取り消す必要がある。

特別損益	
日本基準	臨時的な性質をもつ損益（例えば固定資産売却損益や減損損失等）は、営業損益、経常損益には含まれない（当期純利益には含まれる）。

IFRS	特別損益の概念がない。
必要な調整	海外子会社の損益計算書に計上された項目のなかで臨時かつ巨額な項目を、親会社損益計算で特別損益に組み替える。

開発費の資産計上

日本基準	開発費は原則として発生時に全額費用として計上される。
IFRS	一定の条件を満たす開発費については資産計上され、その後の期間において償却され費用化される。
必要な調整	海外子会社で資産計上されている開発費を、親会社の財務諸表では費用に振り替える。

その他有価証券の売却損益

日本基準	売却目的ではないその他有価証券は、保有時の評価損益は純損益に含まれない。売却した際にそこから生じた損益は純損益に含まれる。
IFRS	保有時にその評価損益を純損益に含めないとして指定した有価証券は、売却時にも売却取引から生じた損益は純損益に含まれない。
必要な調整	海外子会社で生じた有価証券売却益のうち純損益に含まれなかった金額を純損益に振り替える。

a．のれんの償却

　のれんとは、会社が他の会社等を買収したときに、個別の資産・負債の価値を合計した金額と買収企業が支払った金額との差額をいいます。

　例えば、資産の価値が100で、負債の価値が20の会社（資産と負債を合計すると差引80の価値があります）を、120で購入した場合、のれんが40発生することになります。この「のれん」の発生原因や本質は、一般に「会社が持っている超過収益力」にあるとされています。

　ここでのれんを40として評価することは、日本基準でも IFRS でも同様です。そして日本基準では、これを、のれんが効果をもつと考えられる期間に毎期定額償却していきます。例えば、こののれんの価値が４年間続くと考えられる場合、４期にわたり毎期10（＝40÷4）を費用として償却していきます。

　一方 IFRS では、定期的な償却は行われませんので、買収した企業が当初想定どおりの成果を上げていれば償却費用は発生しません。そのかわり毎年一定の時期に必ずのれんの価値が下落していないかどうかテスト（減損テスト）を行う必要があります（日本基準でも、当該のれんが属する営業活動から生ずる

損益やキャッシュ・フローが継続的にマイナスである場合など、一定の減損の兆候があった場合にはのれんの減損テストが行われます）。

　このため、M&A によってのれんが計上されると、日本基準による場合には毎期償却負担が発生するのに対し、IFRS ではそのような負担がないため損益に与えるインパクトは軽くなります。一方で IFRS では、一時に多額の減損損失が計上されるリスクが高くなるということができます。

　現地で企業買収を行う企業にとっては、どちらの会計基準に依拠するのかにより、決算数値に大きな影響を及ぼす可能性があります。

ｂ．減損損失の戻し

　減損とは、例えば帳簿価額が100の固定資産について、通常であれば毎期減価償却をしていくだけなのですが、この固定資産を利用している事業の収益が大幅に下落したことなどにより、もはやこの固定資産からは合計で30の収益しか見込めないと判断された場合に、差額（この場合は70）を損失として計上する処理のことをいいます。

　減損会計において両基準間で大きく異なるポイントとして、減損後に収益性が回復した際の会計処理があります。

　日本基準では、一度減損した資産についてはその後収益性が回復しても帳簿価額を戻すことは認められていません。

　一方 IFRS では、いったん減損したものであっても、価値が戻れば一定の金額まで戻すことになります。ただし、のれんについては、減損後の戻入は行われないこととされています。

ｃ．特別損益

　日本の会計基準では臨時的に発生した損益（災害損失、固定資産の減損等）は特別損益として、通常の業務活動から経常的に発生する損益である経常損益とは区分して表示しますが、IFRS には特別損益という考え方はなく、特別損益も通常の損益と区分されません。

ｄ．開発費の資産計上

　日本の会計基準では、企業が支出した「開発費」は原則として支出したときに費用として損益計算書に計上されます。

　一方 IFRS では、一定の要件（開発中の案件を完成させることが技術的に実行可能であること、完成させて使用または売却するという意図があること等）

を満たした場合、開発費を資産として計上します。そして、開発が完成した以降、その利用期間に応じて、償却により費用として損益計算書に計上することになります。

したがって、研究開発型の多い業種では、毎期の損益に大きなインパクトを与える可能性があります（なお、「研究費」はどちらの基準でも支出した時に費用として計上されます）。

e．その他有価証券の売却損益

売却目的で保有している有価証券以外の有価証券（持合株式など）の含み損益について、当期の純損益ではなく、「その他の包括利益」という純損益外の科目（純資産等）に含める会計処理をとっている場合、その有価証券の売却時の会計処理に、日本基準とIFRSとで差が発生することになります。

日本基準では、持合株式の時価の変動による期末の評価損益は（減損を除き）原則として純損益には影響しませんが、売却すると売却価額と当初の購入額との差額は純損益に反映されます。

一方IFRSでは、売却しても純損益には反映されず、（当期純利益に含まれない）「その他の包括利益」に残ったままになります。

例えば、持合株Aを50で取得したとします。保有損益を損益に反映させない会計処理をとっている場合、事業年度末に株式Aの時価が100になっていても、差額の50は評価益としてその他の包括利益に計上され、純損益には計上されません。

その後、株式Aを80で売却した場合、取得価額50との差額の30は、日本の基準では売却益として純損益に含まれることになります。このため、時には持合株式の含み益が「益出し」に使われることがあります。

一方IFRSでは、売却しても売却損益は通常の損益には含まれず、「その他の包括利益」に計上されます。

f．決算期の統一

日本の会計基準では、子会社の決算日と連結決算日の差異が3ヵ月を超えない場合には、子会社の正規の決算を基礎に連結決算を行うことが認められています。

一方IFRSでは、実務上不可能な場合を除き、決算日を同一日とすることが要求されています。

　このように、例えば日本親会社の決算日が３月末日で、海外子会社の決算日が12月末日である場合には、日本の会計基準上は特に修正する必要はありません。しかし、企業を取り巻く環境変化のスピードが加速し、グローバルな経営が必要となっている現在において、海外子会社を３ヵ月前の情報で連結し、その情報をもとに経営判断を行うことは非常にリスクが高いと考えられます。日本の会計制度では認められているとしても、特に海外子会社の比率の高い会社においては、企業経営の観点からは決算日を統一したほうが望ましいケースも多いものと考えられます。

(4)　ＩＦＲＳの適用状況

【アジア主要国のＩＦＲＳ適用状況例（2014年12月現在）】

タイ	2011年以降、タイの会計基準（TAS/TFRS）はいくつかの例外を除き（保険、農業、金融商品等）、IFRSと同等のものとなっている。残った差異についてもコンバージェンスが進められている。 　タイでは公開説明責任を有しない会社向けの基準（TFRS for NPAEs）が別途定められている。こちらもIFRSに近いものの、①税効果会計が任意適用とされていること、②退職給付会計に簡易計算が認められていること、③機能通貨としてタイバーツが定められている点がIFRSと異なっている。
インドネシア	インドネシアの会計基準（PSAK）はいくつかの例外を除き、IFRS（2009年1月1日までに発行されたもの）とコンバージェンスされている。現在は、第2フェーズとして2014年1月1日までに発行されたIFRSと2015年時点でのコンバージェンスを目指している。
フィリピン	自国基準としてIFRSと限定的な差異を除きコンバージェンスされたフィリピン財務報告基準（PFRS）を採用しており、すべての公開企業はPFRSに従う必要がある。IFRIC第15号「不動産の建設に関する契約」の適用時期についてIFRSと差異がある。
ベトナム	ベトナムの会計基準（VAS）は、いくつかの差異を除きIFRSに基づき作成されている。差異が未解消の部分は、①減損会計、②金融商品、③退職給付会計についてで、それぞれベトナムでは基準が発効されていない。
マレーシア	自国基準としてIFRSを採用している。基本的にはすべての公開企業はマレーシア財務報告基準（MFRS）に従う必要があり、MFRSは国際会計基準審議会（IASB）が作成したIFRSと同一の基準になっている。

中国	中国企業は IFRS を適用することは許されていないが、中国の会計基準はほぼ IFRS と同等であるとされている。しかし、2012年に EU の同等性評価を得ているものの、実際の適用方法には地域ごとの差異がある可能性がある。なお、IFRS では固定資産の減損戻入が起こり得るが、中国基準では固定資産の減損の戻入はできない。
シンガポール	シンガポールの会計基準（SIFRS）は、IFRIC 第2号「協同組合に対する組合員の持分及び類似の金融商品」を適用していないことを除き、IFRS と同等となっている。
ミャンマー	自国基準として IFRS を採用している。ミャンマーには財務報告基準（MFRS）及び中小企業向けミャンマー財務報告基準（MFRS for SME）があるが、それぞれ国際会計基準審議会（IASB）が作成した財務報告基準（IFRS）及び中小企業向け国際財務報告基準（IFRS for SME）を導入したものとなっている。

（出所：ＩＦＲＳ財団ウェブサイト等により筆者作成）

　日本においては IFRS の適用は強制されていませんが、日本企業が任意に IFRS を適用することは認められています。当初は日本企業が IFRS を適用するための要件として、その企業が①上場企業であること、②有価証券報告書において、連結財務諸表の適正性を確保するための特段の取組みに関わる記載を行っていること、③ IFRS に関する十分な知識を有する役員または使用人を置いており、当該基準に基づいて連結財務諸表を作成することができる体制を整えていること、④国際的な財務活動・事業活動を行っていること（外国に資本金20億円以上の連結子会社を有していることなど）の４つが要求されていました。しかし、2013年10月に上記要件のうち①と④が撤廃されたため、現在では非上場であっても IFRS を作成する能力があり、有価証券報告書を作成している企業は IFRS を適用することが可能となっています。この改正により非上場企業が IFRS で上場することも可能になりました。

　2014年12月現在で IFRS をすでに任意適用した企業は、任意適用することをプレスリリースで公表している企業と合わせて52社（東証ウェブサイト）にのぼっています。一方アメリカでは、米国市場に上場している米国以外の企業について IFRS の任意適用を認めており、すでに500社以上が IFRS を適用しています。

8　資金回収

QUESTION 73　配当

　海外展開のために投下した資金を配当により回収する方法について、会計上・税務上で留意すべき事項について教えてください。

ANSWER

　配当は出資者である株主が拠出した元手（資本）による企業活動の成果である利益の分配です。配当による資金回収にあたっては、外国子会社配当益金不算入制度および源泉所得税の取扱い等、関連する税制に留意が必要です。

≪解説≫

(1)　配当の意義

　配当とは、会社が出資者である株主に対して分配する利益のことをいいます。会社は出資者から拠出された資本を元手として事業を営み、その成果として利益を稼得します。その利益を出資者に株数に応じて分配する行為が配当です。

(2)　配当による資金回収の会計上の取扱い

a．配当支払側

　海外子会社が日本の親会社に対して配当を行う場合、当該配当は利益剰余金、すなわち会社の事業活動で得た利益のうち分配せずに社内に留保している累計額（利益の内部留保）から行うことが通常です。このような配当は、各事業年度の損益計算の結果として確定した税引後利益（の累積額）の分配であるため、配当行為は損益計算書上の当期純利益に影響させず、利益剰余金を含む株主資本の変動として会計処理されることとなります。

（例）米国子会社が日本の親会社に対して1百万ドルの配当を支払った場合の米国子会社における仕訳（税金等は無視する）
（借方）配当金　1百万ドル　　（貸方）現金預金　1百万ドル
　　　　株主資本　　　　　　　　　　　　　資　産

ｂ．配当受取側

　日本の親会社が海外子会社からの利益配当を受領する場合、当該受取配当は損益計算書における収益として会計処理されます。これは、日本の親会社が事業活動の一環として子会社に投資（出資）しており、その出資の成果としての利益の分配を受けたことを業績として示すためです。

（例）日本の親会社が米国の子会社から1百万ドル（円貨額：105百万円）の配当を受け取った場合の親会社における仕訳（税金等は無視する）
（借方）現金預金105百万円　　（貸方）受取配当金105百万円
　　　　資　産　　　　　　　　　　　　　損　益

(3)　配当による資金回収の税務上の留意事項

ａ．配当支払側

　第3章でみたとおり、配当の支払側である外国法人においては、配当はすでに課税済みの利益からなされるものであるために、配当の支払を原因とする課税関係は原則として生じません。

　なお、日本を含む多くの国々の現行法制下においては、株主への配当は企業が得た利益からのみならず、一部の資本（日本においては「その他資本剰余金」）からも可能となっています。その他資本剰余金を原資とする配当は、実質的には資本の一部払戻しとしての意味合いを含むため、税務上の資本の額の調整を行うことが税法により求められることが考えられます。

ｂ．配当受取側

　配当を受け取る日本の親会社における受取配当に関する課税関係については、外国子会社配当益金不算入制度が規定されています（外国子会社配当益金不算

入制度についての詳細は第3章**1**を参照）。当該制度においては、一定の要件を充たす外国子会社からの配当についてはその95% 相当額について益金不算入（すなわち課税所得に含めない）としており、外国子会社が所在国から法人税が課税されたのちの税引後利益を配当するに際し、日本において再度課税される国際的二重課税が排除されています。

このように、海外進出先からの配当により資金回収を図る場合、日本における受取配当への課税の観点からは、所在国での法人税課税後はほぼ全額について免税で資金回収が可能といえます。ただし、すでに第3章で述べたように、諸外国においては配当の支払時に源泉所得税の徴収を義務づけているところが多くみられ、当該源泉所得税は日本における法人税の計算上損金不算入とされ、また、外国税額控除の対象ともされないこと、さらに当該源泉所得税はあくまで日本の親会社に係る租税であり配当支払側の外国子会社の税額計算には何ら影響を与えないことから、当該源泉所得税の支払は純粋な税務コストの増加を意味することとなります。なお、源泉所得税については各国の税法に税率が規定されていますが、二国間の租税条約により徴収免除や税率低減が別途定められていることもあるため留意が必要です。

以上をまとめると、受取配当に係る税務的観点からは、以下の点を考慮して進出先の有利不利を判定することになると考えられます。

- 日本においては外国子会社からの配当は（どの国からの配当であっても）95% 相当額について免税　⇒したがって進出先による有利不利は発生しない
- 所在地国における配当支払時の源泉所得税は税金費用の増加をもたらす⇒したがって源泉所得税率の低い国が有利
- 源泉所得税率を低減させる二国間租税条約の存在に留意
- そもそも配当は所在地国の法人税課税済み利益から実行されるため、当該国の法定実効税率も当然考慮されるべきである

QUESTION 74 利息

海外展開のために投下した資金を利息により回収する方法について、会計上・税務上で留意すべき事項について教えてください。

ANSWER

利息は資金の借り手が貸し手に対して支払う対価であり、利息の授受にあたっては過少資本税制および移転価格税制について十分に理解しておく必要があります。

≪解説≫

(1) 利息の意義

利息（利子）とは、資金の借り手側からみた場合、賃借した金銭などに対して、ある一定率で支払う対価をいいます。

(2) 利息による資金回収の会計上の取扱い

a．利息支払側

資金の借り手が契約等に従い貸し手に対して利息を支払う場合、当該支払利息は事業活動を行うための借入資金に関連するコストであり、損益計算書上、費用として表示されます。

（例）資金の借り手である米国の子会社が貸し手である日本の親会社に対して1百万ドルの利息を支払った場合の米国子会社における仕訳（税金等は無視する）
（借方）支払利息　1百万ドル　　（貸方）現金預金　1百万ドル
　　　　 損　益 　　　　　　　　　　　　　 資　産

---

b．利息受取側

資金の貸し手が契約等に従い借り手から利息を受け取る場合、当該受取利息

は貸し手企業が事業の一環として行った融資行為に対する果実と考えられ、損益計算書上、収益として表示されます。

（例）資金の貸し手である日本の親会社が借り手である米国の子会社から1百万ドル（円貨額：105百万円）の利息を受け取った場合の親会社における仕訳（税金等は無視する）

（借方）現金預金　　105百万円　　　（貸方）受取利息105百万円

　　　資　産　　　　　　　　　　　　　　損　益

---

(3)　利息による資金回収の税務上の留意事項

a．利息支払側

　上述したように、利息の支払は借り入れた資金（他人資本）に関連する会計上の費用であり、法人税額の計算においても支払利息は原則として損金（税務上の費用）として取り扱われます。

　ただし、第3章**2**でも述べたとおり、過少資本税制の適用については十分な留意が必要です。海外子会社が日本の親会社等から自己資本に見合わない程度の過大な借入を行っている場合、本来は資本により賄うべき資金を借入により手当し、借入に対する支払利息を損金算入することによって課税所得額を不当に圧縮しているものとみなされ、過少資本にある会社の支払利息の損金算入を認めないこととされる可能性があります。

　日本企業の海外進出先として注目を集めているアジア新興国各国の過少資本税制の概要は下記の表のとおりです。

【アジア主要国の過少資本税制の概要】

	過少資本税制の有無	「過少資本」の定義	備考
タイ	なし	—	—
インドネシア	なし	—	税法上政府は許容される資本負債比率を決定できることとされているものの、現時点で当該決定はなされていない。

フィリピン	なし	—	フィリピン経済区庁（PEZA）、投資委員会（BOI）認定企業として税制優遇を受けている場合、資本負債比率に制限がある。
ベトナム	なし	—	一定の業種（金融業・不動産業等）については特別の規定がある。
マレーシア	なし	—	—
インド	なし	—	—
中国	あり	資本負債比率2：1（金融機関等については5：1）を超える借入に係る支払利息は損金算入できない。	損金不算入額の繰越制度はない。
シンガポール	なし	—	—

ｂ．利息受取側

　日本の親会社が海外子会社に対して資金の貸付を行い、貸付に係る利息を受け取る場合、当該受取利息は会計上収益として認識されますが、法人税額の計算においても受取利息は益金（税務上の収益）として取り扱われます。

　なお、海外子会社が利息を支払う際には、多くの国において、所在地国の税制により源泉所得税の徴収が行われています。当該源泉所得税については、日本における法人税額の計算上、直接外国税額控除の対象とされています。

ｃ．移転価格税制に関する考慮事項

　上述した親子会社間での資金貸借において、その利息の利率を引き上げ（引き下げ）れば、借入側（貸付側）の利益が貸付側（借入側）に移転することになります。例えば、日本の親会社から米国の子会社に対して100百万円を貸し付けており、当初の利率は年5％であった場合に、利率を20％に引き上げれば、利息の授受額は当初の年間5百万円から年間20百万円に増加することとなりま

す。

　このような取引条件の見直しは、日本における課税所得の増加および米国における課税所得の減少をもたらします。利率の調整による利益の二国間での移転は、両国の法定実効税率が同じ場合にはグループ全体の税金費用額が変わらないため、そのような処理を行うインセンティブがありません。一方、法定実効税率が大きく異なる場合、高税率国の課税所得額を減少させ、低税率国に課税所得を集中させることによりグループ全体の税金費用の低減を図ることが可能となります。

　このように低税率国への利益の移転を目的として意図的な利率の調整が行われると、一方の国において通常得られるべき租税収入を不当に減少させられることとなります。そこで、日本を含む多くの国々において「移転価格税制」が導入されています。

　第3章でみたとおり、移転価格税制とは、独立企業、すなわち資本的・人的に支配関係にない企業間で取引される価格（独立企業間価格といいます）と異なる価格で関連者、すなわち資本的・人的に支配関係にある会社と取引が行われた場合、当該取引価格が独立企業間価格で行われたものとして税務上の利益である課税所得金額を算定する制度をいいます。ここでは利息の授受に係る移転価格について触れましたが、同様の考え方は親子会社間におけるその他の取引、例えばロイヤリティ（使用料）の授受取引や、商品売買取引に対しても同様に適用されます。

QUESTION 75 グループ全体の税務効率の視点による配当および利息の優劣

海外展開のために投下した資金を利息により回収する場合と配当により
回収する場合について、税務上どちらが有利なのでしょうか。

ANSWER

法定実効税率がより低い国に所在する会社に所得を集中させる戦略を基本としつつ、外国子会社配当益金不算入制度および配当に係る源泉所得税を考慮に入れながら、優劣を検討する必要があります。

≪解説≫

日本親会社から海外子会社への貸付に伴う利息については、日本側で発生する受取利息は法人税額の計算上益金に算入される一方、海外子会社側で発生する支払利息は損金に算入されるため、日本よりも法定実効税率が高い国に所在する会社に対し貸付により資金供給を行うことは、全体としての税金費用を押し下げることにつながります。

例えば、米国（法定実効税率を41％とします）から日本（法定実効税率を35％とします）に支払う利息100米ドルは、日本において35米ドル（100×35％）の追加的税金負担をもたらす一方、米国子会社において41米ドル（100×41％）の税金軽減効果を有しており、グループ全体の税金費用を減少させる結果となります。

逆に、日本よりも法定実効税率が低い国に所在する会社に対し貸付により資金供給を行うことは、利息の授受のみに着目した場合、全体としての税金費用を増加させることにつながります。例えば、イギリス（法定実効税率を23％とします）から日本に支払う利息100ポンドは、日本において35ポンド（100×35％）の追加的税金負担をもたらすものの、イギリス子会社における税金軽減効果は23ポンド（100×23％）にとどまり、グループ全体の税金費用を増加させる結果となります。

これを貸付でなく出資による場合の配当と比較する場合、検討はより複雑

になります。外国子会社配当益金不算入制度および配当に係る源泉所得税の取扱いを考慮に入れる必要があるためです。以下で事例により説明します。

【事例】

> 海外子会社は、当期において200の税引前・支払利息控除前利益を稼得した。法人税額を控除した後の税引後利益全額について、配当または利息支払により日本の親会社に送金する場合の税金費用の大小を比較する。
>
> なお、配当を実施する場合には源泉所得税を考慮する。また受取配当は日本の親会社においてその95％が免税となる。日本の法定実効税率は35％とする。金額は小数点以下第2位を切り捨てる。
>
> （例1）海外子会社所在地国の法定実効税率は日本と同じ35％であり、日本に対する支払配当には源泉税が課せられない場合

	配当			利息		
	海外子会社	日本親会社	合計	海外子会社	日本親会社	合計
受取利息	0	0		0	130	
受取配当金	0	6.5		0	0	
その他収益	200	0		200	0	
収益合計	200	6.5		200	130	
支払利息	0	0		130	0	
費用合計	0	0		130	0	
税引前利益	200	6.5		70	130	
法人税率	35%	35%		35%	35%	
法人税額	70	2.3	72.3	24.5	45.5	70
税引後利益	130	4.2		45.5	84.5	
配当源泉税率	0%					
配当源泉税額	0		0			0
支払配当	130	0		0	0	
税金費用合計			72.3			70

［結果］
配当による資金回収のほうが、受取配当額のうち免税とされない5％相当額に対応する日本の法人税額分、税金費用の負担が高くなる。

（例2）海外子会社所在地国の法定実効税率が20％であり、日本に対する支払配当には源泉税が課せられない場合

	配当			利息		
	海外子会社	日本親会社	合計	海外子会社	日本親会社	合計
受取利息	0	0		0	160	
受取配当金	0	8		0	0	
その他収益	200	0		200	0	
収益合計	200	8		200	160	
支払利息	0	0		160	0	
費用合計	0	0		160	0	
税引前利益	200	8		40	160	
法人税率	20％	35％		20％	35％	
法人税額	40	2.8	42.8	8	56	64
税引後利益	160	5.2		32	104	
配当源泉税率	0％					
配当源泉税額	0		0			0
支払配当	160	0		0	0	
税金費用合計			42.8			64

［結果］
日本の法定実効税率35％が海外子会社所在地国の実効税率20％より高いため、利息の授受により海外子会社から日本の親会社に所得を移転する結果、配当より税金費用の負担が高くなる。

（例３）海外子会社所在地国の法定実効税率が20％であり、日本に対する支払
　　　　配当には15％の源泉税が課せられる場合

	配当			利息		
	海外子会社	日本親会社	合計	海外子会社	日本親会社	合計
受取利息	0	0		0	160	
受取配当金	0	8		0	0	
その他収益	200	0		200	0	
収益合計	200	8		200	160	
支払利息	0	0		160	0	
費用合計	0	0		160	0	
税引前利益	200	8		40	160	
法人税率	20%	35%		20%	35%	
法人税額	40	2.8	42.8	8	56	64
税引後利益	160	5.2		32	104	
配当源泉税率	15%					
配当源泉税額	24		24			0
支払配当	160	0		0	0	
税金費用合計			66.8			64

［結果］
低税率国から高税率国に利息の授受により所得を移転する結果、利息に
よる資金回収にも一定の税金費用負担が生じているが、配当による資金
回収の場合にかかる15％の源泉所得税の負担が全体的な税金費用の負
担を押し上げている。

（例４）海外子会社所在地国の法定実効税率が40％であり、日本に対する支払
配当には源泉税が課せられない場合

	配当			利息		
	海外子会社	日本親会社	合計	海外子会社	日本親会社	合計
受取利息	0	0		0	120	
受取配当金	0	6		0	0	
その他収益	200	0		200	0	
収益合計	200	6		200	120	
支払利息	0	0		120	0	
費用合計	0	0		120	0	
税引前利益	200	6		80	120	
法人税率	40%	35%		40%	35%	
法人税額	80	2.1	82.1	32	42	74
税引後利益	120	3.9		48	78	
配当源泉税率	0%					
配当源泉税額	0		0			0
支払配当	120	0		0	0	
税金費用合計			82.1			74

［結果］
日本の法定実効税率35％が海外子会社所在地国の実効税率40％より低
く、利息の授受により海外子会社から日本の親会社に所得を移転する結
果、配当より税金費用の負担が低くなる。

（例5）海外子会社所在地国の法定実効税率が40%であり、日本に対する支払配当には15%の源泉税が課せられる場合

	配当			利息		
	海外子会社	日本親会社	合計	海外子会社	日本親会社	合計
受取利息	0	0		0	120	
受取配当金	0	6		0	0	
その他収益	200	0		200	0	
収益合計	200	6		200	120	
支払利息	0	0		120	0	
費用合計	0	0		120	0	
税引前利益	200	6		80	120	
法人税率	40%	35%		40%	35%	
法人税額	80	2.1	82.1	32	42	74
税引後利益	120	3.9		48	78	
配当源泉税率	15%					
配当源泉税額	18		18			0
支払配当	120	0		0	0	
税金費用合計			100.1			74

［結果］
日本の法定実効税率35%が海外子会社所在地国の実効税率40%より低く、利息の授受により海外子会社から日本の親会社に所得を移転する結果、配当より税金費用の負担が低くなる。さらに配当の場合に負担する源泉所得税が税金負担率をより押し上げている。

QUESTION 76 その他の資金回収の方法

海外展開のために投下した資金のその他の回収方法について教えてください。

ANSWER

海外展開のために投下した資金の回収方法としては、配当による回収、利息による回収のほか、ロイヤリティの徴収による方法や、製品販売価格を調整することによる回収方法があります。移転価格税制に関連するリスクに十分な配慮が必要です。

≪解説≫

(1) ロイヤリティ（使用料）の徴収

a．ロイヤリティ（使用料）の意義

ロイヤリティとは、狭義には特定の法的権利を有する者が当該権利を使用する者から収受するその使用対価をいいます。税務上は、対象となる権利に法的権利のみならずノウハウやデザイン等も含めています。海外進出する日本企業の多くは、日本の親会社が有する特許、商標や生産ノウハウ、開発の成果等を海外子会社に使用させ、その使用の対価としてロイヤリティを得ています。このようなロイヤリティの授受も、海外子会社からの資金回収の一つとして捉えることができるといえます。

b．ロイヤリティによる資金回収における留意事項

日本の親会社が海外子会社からロイヤリティを徴収することにより資金回収を図る場合、留意すべき点は主に以下の2点です。

第一に、ロイヤリティの範囲を適切に特定することです。ロイヤリティは各社が営む事業の性質、内容および会社間の関係によって支払の対象が大きく変わり、また、現物の引き渡しを伴わないために範囲が抽象的になりやすいものです。ロイヤリティの範囲があいまいであったり、年度ごとに変わったりする

ようなことがあれば、会計上（監査上）その取引の正当性に疑義が生じかねないことはもとより、税務上も恣意的な利益操作（利益移転）とみなされるリスクが高まるため、十分な留意が必要です。

第二に、ロイヤリティの授受には移転価格税制に関連するリスクが伴うということです。例えば、日本親会社から海外子会社に対して特許等に基づく生産技術供与を行っており、日本親会社はその対価として年間100百万円のロイヤリティを収受していたとします。移転価格税制における論点は、当該ロイヤリティ金額100百万円が外部第三者との取引価格と同等の水準に設定されているか、すなわち取引価格が「独立企業間価格」となっているかという点にあります。日本親会社が全く条件の同じ技術供与を外部第三者に対して行っており、そのロイヤリティ金額が100百万円であれば子会社から収受するロイヤリティが独立企業間価格により決定されていることとなり、移転価格税制上の問題は生じません。しかし、第三者との取引は300百万円で行われていたとすると、独立企業間価格300百万円と実際の取引価格100百万円の差額の200百万円は移転価格税制による税務更正の対象となります。なお、移転価格税制に関連するリスクは、「日本の親会社から海外の子会社に対して何らかのサービスを提供しているにもかかわらず、その対価を受け取っていない」場合にも存在することに留意が必要です。

(2)　製品販売価格による調整

ａ．製品価格調整による資金回収

日本親会社が海外子会社から資金を回収するその他の方法として、親子会社間で売買される製品（商品）価格を調整する方法があげられます。海外子会社からの資金回収を図ることを目的とすると、日本親会社が海外子会社に対して製品を販売する商流の場合、製品価格を値上げすることとなり、また、逆に海外子会社で生産した製品を日本親会社に販売する商流の場合、製品価格を値下げすることになります。

ｂ．製品価格調整による資金回収における留意事項

利息やロイヤリティの授受の場合と同様に、製品価格の調整を通じて資金回収を図ろうとする場合にも、移転価格税制の適用に留意する必要があります。取引対象や類似事例が限定的である利息授受およびロイヤリティ授受に比

べ、移転価格税制を回避するための「独立企業間価格」が入手しやすいといえ、
移転価格税制による課税リスクには十分な配慮が必要です。

第7章
中間持株会社

1 中間持株会社の設立

QUESTION 77 中間持株会社の機能と目的

当社では複数の海外子会社を展開しており、これらを管理するために日本以外の第三国への中間持株会社の設置を検討しています。中間持株会社を設けることによる効果と留意点を教えてください。

ANSWER

中間持株会社は、親会社の傘下で複数の子会社を統括する種類の持株会社をいい、各国に散在する子会社の統括機能を有するという点で統括会社といわれる場合もあります。

中間持株会社の設立には、間接部門の集約による管理機能の効率化やタイムリーな経営管理の実現、グループ全体としての税務コストの削減、資金効率の改善などの目的があります。

≪解説≫

(1) 中間持株会社とは

企業が複数の関係会社を設立してグループとして事業を運営する場合には、親会社を頂点としてその下に事業会社を配していく形態が一般的です。これに対し、親会社の下に、さらに各子会社を統括する機能を持った会社を置く例もあり、これを「中間持株会社(統括会社)」といいます。中間持株会社は子会社の管理機能を持つだけの会社とは限らず、現業部門を兼ね備えた会社として置かれる場合もあります。

これまで、円高の進行に伴って、製造業を中心に日本企業が製造拠点を海外にシフトさせる動きが盛んになってきていました。しかし、傘下の海外子会社の数が増加すると、日本の本社だけではその管理を十分に行えなくなってきた

り、逆に管理機能が重複してしまったりするなどの課題も発生しています。このような状況に対応するため、日本以外の国に中間持株会社を設立し、そこに管理機能を移す事例がみられるようになってきています。

　例えば、ジェトロ・シンガポールが2012年に行った調査結果によると、シンガポールにおけるアジア統括会社の設置件数は2006年には43件でしたが、2012年の調査時点では77件と大幅に増加しています。さらに、地域統括機能はないものの将来設置することを検討している企業も57社にのぼり、今後も増加することが予想されています。このように近年では、日系企業がアジアに地域統括会社を設置する動きが急速に加速する傾向にあるのです。

【中間持株会社のイメージ】

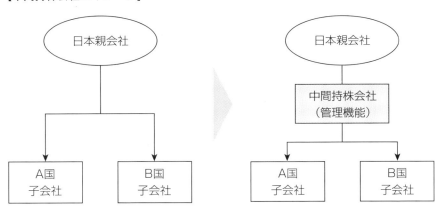

(2)　中間持株会社設立の目的

a．管理機能の集約

　日本以外の第三国に中間持株会社を設ける第一の理由は、間接部門の集約による業務の効率化にあります。複数の国で子会社を展開していると、人事・経営企画・総務・経理・財務・資金管理などで同一の機能を持つ管理部門が各地に置かれることになります。これらを統括会社に集約することで、重複を排するとともに人材等の経営資源を効率的に活用することができるようになります。

　また、管理機能だけを持つ会社を設置し、各子会社から経営管理料等の名目で役務対価の収受が行われるようになると、管理部門に所属するスタッフにも

採算意識を持たせることができるという効果も期待できます。

　ただし、特にアジア諸国では国ごとに各種規制や法制度に大きな違いがあるため、一部の管理機能は現地の各子会社に残しておくことが多いようです。

ｂ．迅速かつ適切な経営管理

　企業活動のグローバル化が進むなか、企業間の競争はますます激しさを増しています。そのような状況においては、発生する課題や諸問題に対して迅速な判断が求められます。この点、地域ごとに中間持株会社があれば、日本本社に比べて物理的な距離が近くなる分だけ、機動力を活かして、よりスピーディーな情報収集による適切な意思決定が可能になるといえます。

ｃ．税務コストの削減

　国や地域によっては、多くの国と租税条約を締結したり、インカムゲインやキャピタルゲインに対して優遇税制を設けたりして、持株会社を積極的に誘致しているところもあります。詳細は後述しますが、そのような国に統括会社を置くことで、グループ全体としての税務コストを削減することが期待されます。

ｄ．資金効率の改善

　上記のような会社に資金を集中させてCMS（キャッシュ・マネジメント・システム）に近い機能を持たせた場合、グループ内の債権債務のネッティングや使用通貨の管理・統一を進めることにより、グループ全体としての資金コストの削減と資金効率の改善を図ることもできるようになります。

　例えば、現地法人の販売・購買の取引ルートが多様化するなかで、債権回収・代金決済業務だけを地域統括会社に集中させることで、現地法人においても業務負担を減らすことができるとともに、グループ全体の資金繰り調整を図ることも可能となります。

　これは、貿易決済についてみれば、単純に地域統括会社にグループ全体の決済を代行させる方法のみならず、リインボイス（第4章参照）とよばれる方法によっても大きな効果が期待できます。すなわち、現地法人から統括会社への支払サイトを統括会社から仕入先への決済サイトよりも長くすることで、実質的にグループ内の金融機能の一部を果たすという効果が得られるのです。

　また、仕入先への決済通貨とグループ内の決済通貨を変えることによって、統括会社において為替リスクを一元的に管理・吸収することもできるようになります。

【統括会社を利用した資金決済の流れ】

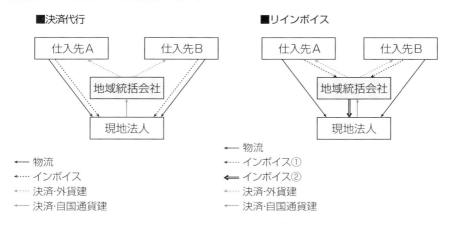

■決済代行

■リインボイス

← 物流
←・・・ インボイス
←・・・・ 決済·外貨建
←― 決済·自国通貨建

← 物流
←・・・ インボイス①
⇐ インボイス②
←・・・・ 決済·外貨建
←― 決済·自国通貨建

（出所：三菱東京UFJ銀行国際業務部作成資料）

QUESTION 78 中間持株会社の設立地域の選択方法

中間持株会社を設立する場合、どのような地域に設立すべきでしょうか。
設置にあたって考慮すべきポイントを教えてください。

ANSWER

中間持株会社の設置にあたっては、税務コストの優位性はもちろん、統括機能を発揮するための、ハード・ソフト・法制度面でのインフラ整備状況、統括すべきエリアとの地理的近接性などを考慮して決定すべきです。

≪解説≫

(1) 設立国の選択方法

中間持株会社の設立による効果とメリットを最大限享受するためには、前頁まででみたような機能や目的を果たすだけの条件が整っていることが必要です。

中間持株会社を設立する国の選択にあたって考慮すべきポイントとして、次のような点があげられます。

a．ハード・ソフト双方のインフラが整備されていること

統括会社は管理機能を担う会社であるため、交通・物流や情報通信などにおいてインフラが整備されていることが求められます。また、適切な管理者を安定的に確保できるよう、高度な教育を受けた管理系人材が豊富であることも条件となります。

b．他の子会社との地理的近接性

日本の親会社に代わって子会社の課題を迅速に解決することが期待されているため、実際に事業を行っている子会社の所在国と物理的な距離が近接していることが望ましいといえます。

c．法制度や規制の安定性

法規制が頻繁に変更される状況では、制度の予見可能性を欠き、安心かつ安定した事業運営や計画の策定は難しくなります。そもそも、統括会社を迅速か

つ低コストで設立できることも重要な条件となります。

ｄ．税務コストの抑制が期待できること

これについては後述しますが、基本的には候補先の税制が問題となるものの、外国子会社合算税制（いわゆるタックスヘイブン対策税制）など、日本側における課税関係への配慮が必要となる場合もあります。

(2)　中間持株会社（統括会社）の最適な立地国

上記のような要素をすべて満たすとなると、その選択肢は決して多くはありません。実際の統括会社の進出状況をみると、アジア地域では香港およびシンガポールが際立っているようです。

香港においては、1997年のイギリスから中国への返還以降、特別行政区として香港独自の施策のもとで発展を続けてきました。近年では中国との結び付きの強まりを指摘する声もありますが、人民元取引の拡大や、中国と ASEAN とを結ぶ位置にあるという地理的な特色もあり、金融・流通双方のセンターとして重要性を増しています。

シンガポールは国土面積も狭く資源の乏しい国でありながら、長く外資誘致のための政策を進めて発展してきました。その地理的な特徴から東南アジア地区に事業展開しているグループ企業の統括会社として、また、ポストチャイナの受け皿として、統括会社の選択肢とされています。

アジア地域でこれら二国に続くとされているのがタイ、マレーシアであるといえるでしょう。両国は法人税の減免など統括会社に対する投資優遇を積極的に進めており、特にタイについては現在法人税率が20％まで引き下げられていることや製造業の集積が進んでいることもあって、今後統括会社の有力な候補先となるものと予想されます。ただし、外資規制などの面についてみれば、香港やシンガポールに比べるとまだ課題も残されているといえます。

QUESTION 79 中間持株会社の設立方法

中間持株会社の設置には、どのような方法がありますか。また、設置にあたって留意すべきポイントを教えてください。

ANSWER

中間持株会社の設立方法には、①既存の海外子会社の一つに統括機能を持たせる方法や、②既存の海外子会社に統括機能を持たせるとともに、持株会社化する方法、③統括機能を持つ法人を新たに設立する方法などがあり、自社のグループ会社の現状や統括会社設置の目的、コストなどを勘案して選択します。設置にあたっては、税務コストの優位性はもちろん、統括機能を発揮するための、ハード・ソフト・法制度面でのインフラ整備状況、統括すべきエリアとの地理的近接性などを考慮して決定すべきです。

中間持株会社の設置にあたって既存の海外子会社を移動する場合には、移動対象となる子会社株式の含み損益に対する課税関係に注意が必要です。

≪解説≫

(1) 地域統括会社の形態

統括会社の組織形態としては、主に次のような形態があります。

①既存の海外子会社の一つに統括機能を持たせる方法

最も簡単に統括体制に移行させることのできる方法です。一方で、他の子会社からみると当該会社に統括機能が付与されている状況がわかりにくいため、権限と責任が明確にされないと、意思決定に時間がかかり、また、管理の機能が十分果たせない可能性があるという問題点があります。

②既存の海外子会社に統括機能を持たせるとともに、持株会社化する方法

上記①をさらに進めた方法で、統括機能を持つ海外子会社に他の子会社株式を移動させます。

既存の法人を活用するため新しい法人を設立するためのコストや時間が必要

なく、また、組織図上も他の子会社よりも資本上位となるため統括機能の裏付けを持たせることができるようになります。

　一方、当該会社は統括業務以外の機能も有しているため、損益管理があいまいになったり管理機能の充実が後回しになったりする可能性もあります。また、日本親会社から各海外子会社株式を移動するため、課税上の問題が発生しないかについて検討が必要となります。

③統括機能を持つ法人を新たに設立する方法

　統括機能だけを持つことから独立性が高まるとともに損益管理が容易になり、責任と権限が明確になります。

　ただし、新たに法人を増やすことになるため、設立および維持コストが発生します。また、各現地子会社株式の移動による課税上の留意点は②と同様です。

【地域統括会社の形態】

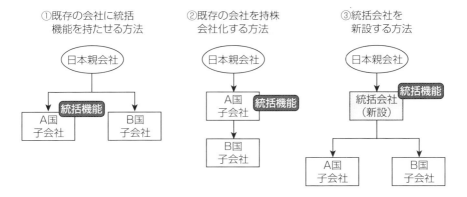

(2)　海外子会社の統括会社への移動

　(1)でみた②既存の海外子会社を持株会社化する方法や③統括会社を新設する方法の形態をとる場合、統括機能を持つ会社の傘下に、日本親会社が保有する他の海外子会社を組み込む（移動する）ことが必要になります。国内の法人間であれば会社分割や株式交換・株式移転等の方法によることも可能ですが、会社法の規定により、相手先が外国法人の場合にはこのようなスキームを組むことができません。

　そこで、一般には海外子会社株式を「現物出資」することにより統括会社を

設置する方法がとられています。

ａ．適格現物出資による移動

　現物出資という行為は、税務上は譲渡として取り扱われています。したがって、原則として現物出資対象となる資産は時価評価され、帳簿価額との差額は譲渡損益として認識されます（これを「非適格現物出資」といいます）。しかし、一定の要件を満たした「適格現物出資」に該当する場合には、簿価により譲渡されたとみなされ、譲渡損益の認識はされない（繰延べられた）まま、資産が譲渡されます。

　適格現物出資に該当するためには、現物出資の対価と交付される資産が株式のみで、次のいずれかに該当するものであることが要件となります。

①完全支配関係がある法人間の現物出資

②現物出資法人間に支配関係がある場合の現物出資のうち、次の要件のすべてに該当するもの

　㋑対象事業に係る主要な資産および負債が出資先の法人に移転していること

　㋺対象事業の従業者のおおむね80％以上が出資先の法人の業務に従事することが見込まれていること

　㋩対象事業が出資先の法人において引き続き営まれることが見込まれていること

③現物出資法人間において共同で事業を行うための現物出資で、次の要件のすべてに該当するもの

　㋑対象事業と出資先の法人のいずれかの事業とが相互に関連性を有すること

　㋺一定の規模要件または役員継続要件を満たすこと

　㋩上記②の㋑～㋩までの要件

　㋥現物出資により交付される出資先法人の株式等の全部を継続して保有することが見込まれていること

　統括機能を持たせる海外子会社が100％子会社であれば、上記のうち①を満たすことが可能です。ただし、外国法人への現物出資においては、対象資産を国外資産（または負債）に限ることが要件として追加されているため、注意が必要です。

この点、外国法人の発行済株式総数の25％以上を保有している場合、その株式は国内資産から除かれる、すなわち国外資産に該当することとされています。そのため、現物出資にあたって対象資産を海外子会社株式のみとすることにより、適格現物出資の要件を満たすことができるものと考えられます。

ｂ．非適格現物出資による移動

一方、適格要件を満たさない場合、非適格現物出資として取り扱われ、移動対象となった資産は時価で評価されるとともに、譲渡損益が認識されます。そのため、海外子会社株式に係る含み益が大きい場合には、課税の問題が発生します。

海外子会社株式に含み損がある場合には、あえて非適格現物出資によって株式譲渡損を実現させることも考えられますが、グループ内の再編であるのに含み損を実現させていることについて、合理的な理由を説明できることが必要といえます。

ｃ．海外子会社における課税関係

海外子会社株式の移動は保有する日本親会社側の問題であるため、基本的にはその課税関係は親会社の所在する日本側において発生します。しかし、第3章**4**(2)でみたように、移動対象となった海外子会社の所在地国によっては、その国の国内法の規定により、現地においても課税が発生する場合があります。

このような課税関係が想定される場合には、外国税額控除の適用の可否を検討するとともに、海外子会社株式の移動に先だって、海外子会社より剰余金の配当を吸い上げることによって移動時の譲渡益の額を圧縮しておくことも検討すべきであるといえます。

また、海外子会社からみると、自らの株主が移動することを意味します。このような場合、現地国の税制によっては繰越欠損金等にも影響を及ぼすことがあり、これらについても検討を行っておく必要があります。

(3)　金融機関実務のポイント

中間持株会社の設立は税務上のメリットを目的とすることも多いと考えられますが、中間持株会社形態への移行に際しては日本親会社や対象会社に課税関係が発生する場合もあり、注意が必要です。

2 中間持株会社の税務上のポイント

QUESTION 80 中間持株会社の税務上のポイント

中間持株会社の活用にあたって、税務上考慮すべきポイントについて教えてください。

ANSWER

統括会社という観点から、特に次のような点について検討が必要です。

①関係する当事者国間で租税条約は締結されているか。

②優遇税制が用意されているか。

③配当金により利益を還流する場合の税制はどうか。

④キャピタルゲインに対して、より有利な課税上の措置はあるか。

⑤外国子会社合算税制の適用を回避することが見込めるか。

≪解説≫

中間持株会社（統括会社）といえども、それはあくまでその会社が果たしている機能にすぎず、一つの法人格を持つ存在という意味では一般的な事業会社と変わりません。したがって、当然にその所在国の税制の適用を受けることになりますが、統括会社という特性から、その運営にあたって税務上の観点から検討すべきポイントが存在しています。そしてこれは、設立国の選択という局面において考慮すべき要素にもつながっています。

以下、統括会社の設立や運営にあたって押さえておくべきポイントについてみていきます。

(1) 租税条約の締結状況

租税条約は、二国間で、二重課税の回避、脱税及び租税回避等への対応を目的とした課税上の取扱いを決めた国家間の合意です。租税条約には国際標準と

なる「OECD モデル租税条約」があり、OECD 加盟国を中心に、租税条約を締結する際のひな型となっています。加盟国であるわが国もこれに沿った規定を採用しています。

租税条約では、二重課税の回避への対応のため、外国税額控除のほか、所得の発生する国（源泉地国）で課税できる所得の範囲を定めています。

また、投資・経済交流の促進を目的として、投資に対する利子や配当などに係る源泉税の上限を有利に（低めに）定めている場合もあります。

中間持株会社はその傘下にさまざまな国や地域に海外子会社を持つことが予定されていますから、中間持株会社の所在地国は多くの国と租税条約を締結しているほうが望ましいといえます。そして、最終的には日本親会社に利益を還流することを想定すると、日本と中間持株会社の所在地国との間にも租税条約が締結されていることが求められます（租税条約の締結状況については第3章 **1**を参照）。

【租税条約の締結】

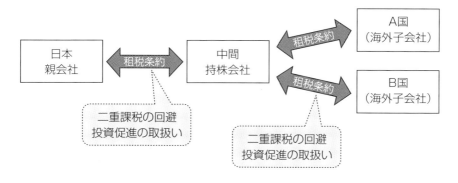

(2)　優遇税制

統括会社をはじめとした外資系企業の誘致を積極的に推進している国では、通常よりも低い法人税率などさまざまな優遇税制が用意されています。進出企業からみて現地国における税金は「コスト」である以上、そのような優遇税制の存在は統括会社の設立国を決定する際の重要な要素となります。

例えばシンガポールでは、経済開発庁（EDB）管轄の下、地域統括会社や金融・財務の統括機能を有する会社に対し、税制優遇措置が設けられています。

製造・サービス企業の場合、この制度には、事業計画の規模に応じて、「地域統括本部」（RHQ：Regional Headquarters Award）と「国際統括本部」（IHQ：International Headquarters Award）の2つがあります。

・地域統括本部

海外のマネジメントフィー、サービス料、売上、貿易所得、ロイヤリティ等に係る一定の所得について、3年間にわたり15％の軽減税率が適用されます。地域統括本部の認定を受けるには、投資額、シンガポールでの事業規模など公表されている規定の基準をすべて満たすことが必要とされています。3年目以降は、企業が要件をすべて満たす場合に限りさらに2年間にわたって15％の軽減税率が適用されます。

・国際統括本部

地域統括本部（RHQ）としての適格要件を大幅に超える事業計画を約束する企業を対象とするもので、一定の所得に対する5％または10％の低率な軽減税率をはじめとする個別のインセンティブパッケージが設けられます。軽減税率等の適用期間は5年から10年となっています。

・金融・財務センター向け優遇税制（FTC：Tax Incentive Scheme for Finance & Treasury Centers）

シンガポールに拠点を持ち、周辺域内の関連会社に財務・資金調達のサービスを提供する会社について、認定を受けると、利息や配当等の一定の所得について10％の軽減税率等が適用されます。

(3) 配当金に対する課税

a．受取配当金と支払配当金

海外子会社で稼得された留保利益は、最終的には配当として株主である統括会社に吸い上げられます。また、日本親会社側で海外事業による成果を取り込むためには、さらに統括会社から配当として利益を吸い上げることになります。

したがって、統括会社の所在地国における受取配当金に関する課税と支払配当金に関する課税上の取扱いが問題となります。

受け取った配当金への課税が軽減されていれば、統括会社での税引後利益が大きくなります。

一方の日本親会社への配当金の支払に際しては、一般に統括会社の所在地国

で源泉税が課税されます。第3章**1**でみたとおり、外国子会社からの配当はその95％が益金不算入（課税されない）となりますが、現地国での源泉税は外国税額控除の対象外となるため、親会社からみて源泉税は回収できない税務コストとなります。したがって、統括会社の所在地国における源泉税率が軽減されているほうが望ましいといえます。例えば、香港やシンガポールでは支払配当金に対する源泉税率は0％となっています。

ｂ．中間持株会社を経由した配当金に対する税額への影響

　製造や販売を行う海外子会社株式を日本親会社が直接保有している場合、当該子会社から親会社への配当に対する課税は、それぞれの税制および両国間で締結された租税条約によることになります。

　これに対し、中間持株会社を第三国に設立し、海外子会社→中間持株会社→日本親会社という流れで配当を吸い上げると、グループ全体での税負担が圧縮されることがあります。

　例えば、A国に販売子会社を有し、A国が日本に対して行う配当に係る源泉税率が20％であったとします。もしA国子会社が1,000の配当を行うと、A国で徴収される源泉税は200となります。日本側では外国子会社配当益金不算入の適用を受けて、受取配当金のうち95％に当たる950は益金不算入となる一方で、A国で課税された源泉税200について外国税額控除は認められないため、日本にとって単純な税流出となります。

　ここで、仮に中間持株会社をB国に設立し、A国子会社をその会社の子会社に配したとします。この場合、A国子会社からの配当はB国統括会社に流れることになりますが、もしもA国とB国との間の租税条約により配当源泉税が0％とされていたとすると、A国側での配当源泉税は発生せず、配当金の全額である1,000がB国子会社に入ります。さらに、B国は受取配当金については非課税、国外関連者に支払われる配当金への源泉税も非課税であったとすれば、B国子会社から日本親会社へは税流出なく1,000が配当金として還流されることになります（日本側ではこのうち95％が益金不算入となります）。

【中間持株会社を経由することによる税額インパクト】

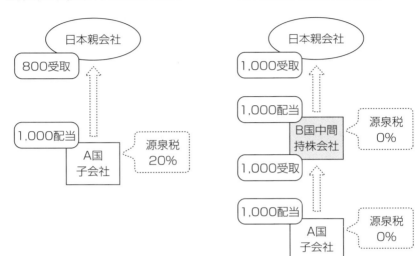

■親会社が直接海外子会社を持つ場合　　■中間持株会社を経由する場合

　このようなインパクトの発生する事例として、中国に子会社を有している会社が香港に中間持株会社を置くことによって税負担の軽減を図る事例がしばしばみられます。

　ただし、租税条約による軽減税率の適用だけを目指したスキームには問題が残ります。本来租税条約の適用対象とならない第三国の居住者が、特典を享受する目的だけで一方の締約国の居住者となり条約の特典を受けることをトリーティショッピング（Treaty Shopping：条約漁り）といいます。最近は租税条約の改定が進められており、一定の基準を満たさない場合は条約の適用を否定するような規定を設けるなど、トリーティショッピングを防止するための各種規定が整備されています。

⑷　キャピタルゲイン課税

　経営戦略や事業再編に伴って、傘下の海外子会社の持分を第三者に譲渡する場合があります。これによって得られる譲渡益のことをキャピタルゲインといいます。子会社を譲渡する場合、そのキャピタルゲインは子会社株式を保有する中間持株会社に発生します。したがって、中間持株会社の所在地国における

キャピタルゲインに対する税率が低いほうが、子会社の再編を行いやすいということができます。

　例えば香港では、事業所得に該当しないキャピタルゲインは原則として課税されないこととされています。また、シンガポールでも同様に、一定の要件を満たす限り株式譲渡益は非課税であることが明確にされています。したがってこれらの国は、この点において、多くの子会社株式を所有することになる中間持株会社の設置に適しているということができます。

　なお、海外子会社の譲渡に伴って発生する譲渡益に対しては、海外子会社の所在地国においても課税がなされる場合があるため、注意が必要です。

(5)　実効税率

ａ．外国子会社合算税制の適用

　企業の誘致促進を目的とした法人税率の引き下げ競争が進むなか、法人税率が20％以下まで引き下げられている国においては外国子会社合算税制（タックスヘイブン対策税制）の適用の要否についても検討が必要となります。

　外国子会社合算税制とは、日本法人による、税負担の著しく低い海外子会社を利用した租税回避行為を防止するために設けられた制度です。この制度では、一定の税負担の水準（20％）以下の海外子会社の所得を日本法人の所得とみなし、それを合算して課税されます（第3章**3**参照）。

　税率の低い国に所在する中間持株会社に対してこの合算税制が適用されると、相対的に高い日本の税率が適用されることになり、日本以外の国に中間持株会社を設置した意義が大きく減殺されることになってしまいます。

　本税制において特定外国子会社等に該当しても、適用除外要件を満たせば合算税制の適用はありませんが、統括会社である中間持株会社については、要件の一つである事業基準（主たる事業が株式の保有等、一定の事業でないこと）を満たすことができない可能性もあります。また、各国に展開するグループ企業の商流を統合する物流統括機能を持つ統括会社のような場合にも、非関連者基準（非関連者との取引割合が50％超であること）に抵触することが考えられます。

【適用除外基準の４つの要件】

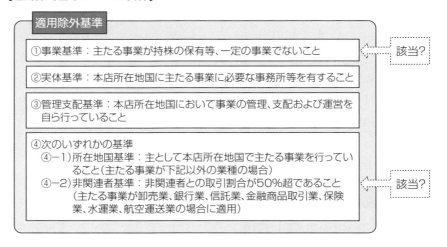

ｂ．適用除外基準の見直し

　このような事業展開の形態変化に対応するため、平成22年度税制改正におい
て適用除外基準について以下の見直しが行われています[1]。

①統括会社概念の導入

　事業基準に関し、適用除外とならない「株式等の保有を主たる事業として営
む法人」の判定上、統括会社が保有する被統括会社の株式等について除外する
こととされました。

　また、平成23年度税制改正により、事業持株会社に該当する特定外国子会社
等については、株式等の保有を主たる事業としても「事業基準」を満たすこと
ができるとともに、それ以外の適用除外要件についても統括事業で判定される
ことが明確にされました。

　これにより、中間持株会社のように株式等の保有が主たる事業であっても、
事業持株会社として事業基準を満たすことができれば、他の要件も満たすこと
を前提に、合算課税の適用を回避することができるようになります。

【統括会社、被統括会社、事業持株会社の定義】

統括会社
次のすべての要件を満たす特定外国子会社等
(イ)内国法人等により発行済株式等の全部を直接または間接に保有されていること
(ロ)二以上の被統括会社を有し、その被統括会社に対して統括業務を行っていること
(ハ)所在地国において統括業務に係る固定施設および統括業務を行うに必要な従業者（専ら統括業務に従事する者であって、当該特定外国子会社等の役員を除く）を有すること
（注）「統括業務」とは、特定外国子会社等が被統括会社との間における契約に基づき行う業務のうち、その被統括会社の事業の方針の決定または調整に係るもので、その特定外国子会社等が2つ以上の被統括会社に係るその業務を一括して行うことによりこれらの被統括会社の収益性の向上に資することとなると認められるものをいいます。

被統括会社
次の要件に該当する外国法人
(イ)統括会社にその株式および議決権の25%以上を保有されていること
(ロ)本店所在地国に事業を行うに必要と認められるその事業に従事する者を有すること
(ハ)統括会社に支配されていること

事業持株会社
次の要件を満たす特定外国子会社等
(イ)主たる事業が株式等の保有であること
(ロ)統括会社であること
(ハ)保有する被統括会社株式の帳簿価額が、保有する株式等の帳簿価額の50％超であること

②物流統括会社の特例

　グループ内の商流を統合する物流統括機能を持つ統括会社がある場合、この会社の事業は卸売業となり、グループ内取引が大半を占めるため、適用除外要件のうち「非関連者基準」を満たせないことになります。

　しかしながら、このような物流統括会社はグループ内の商流の合理化を目的としたものであり、その設置には経済合理性があるといえます。

　そこで、卸売業を主たる事業とする特定外国子会社等が統括会社に該当する

場合には、その被統括会社をその特定外国子会社等に係る関連者の範囲から除外することとされています。

　これにより、中間持株会社が物流統括会社に該当する場合において、他の適用除外基準を満たすことを前提に、合算課税の適用を回避することができるようになります。

1）平成27年度税制改正により、適用除外基準について、被統括会社の範囲に、特定外国子会社等が発行済株式等の50％以上を有する等の要件を満たす内国法人を加える等の改正が行われる予定である。

【編著者略歴】

小島 浩司（こじま こうじ）（第 1 章第 1 節、第 3 章第 3・4 節、第 7 章を担当）

監査法人東海会計社 代表社員（公認会計士・税理士）

1996年、太田昭和監査法人（現　新日本有限責任監査法人）入所、その後公認会計士小島興一事務所（現　税理士法人中央総研）を経て監査法人東海会計社。2013年、PT. STAR Business Partners（インドネシア）設立、東南アジアにおける海外進出企業に対する税務会計コンサルティングに携わっている。

〔著書〕「融資提案に活かす法人税申告書の見方・読み方」「コンサルティング機能強化のための決算書の見方・読み方」（以上、経済法令研究会・共著）、「事例で分かる税務調査の対応Ｑ＆Ａ」（税務経理協会・共著）、「給与・賞与・退職金の会社税務Ｑ＆Ａ」（中央経済社・共著）など。

【著者略歴】

軽森 雄二（かるもり ゆうじ）（第 1 章第 2 節、第 5 章第 2 節、第 6 章第 1・6 節を担当）

三菱 UFJ リサーチ＆コンサルティング　国際本部貿易投資相談部

三和銀行（現三菱東京 UFJ 銀行）に入行後、米国カリフォルニア州の現地銀行に出向、事務企画、人事、財務・主計、日系企業を担当、その後インドネシア現地銀行の設立および進出日系企業及び地場企業（華僑）担当。帰国後は行員の国際業務研修・海外進出支援指導、外国為替業務推進などを担当。2003年から UFJ 総合研究所（現　三菱 UFJ リサーチ＆コンサルティング）で貿易・海外投資相談を担当。現在、三菱 UFJ リサーチ＆コンサルティング国際本部貿易投資相談部にて日本企業の海外進出および海外現法経営に関するコンサルティングや相談業務および各国別投資ガイド作成を担当している。

齋田 毅（さいだ たけし）（第 3 章第 1・2 節を担当）

公認会計士

2000年　公認会計士登録。大手監査法人に入所後、多国籍企業の監査や上場支援業務に従事したのち、提携先 Big 4 会計事務所のロンドン事務所に駐在し、英国や欧州における日系企業の海外進出・海外業務支援に携わる。現在、大手監査法人にて日本企業の海外への進出・業務改善・海外上場支援業務や多国籍企業の監査に携わる。

田中 拓也（たなか たくや）（第 5 章第 3 節、第 6 章第 5 節を担当）

公認会計士田中拓也事務所　所長

1994年　公認会計士登録。大手監査法人に入所後、外資系企業、国内上場企業の会計監査業務に従事する。退所後、外資系企業にて財務、経理、原価計算を中心に社内会計士として従事後、2007年に会計事務所を開設する。会計監査及び業務コンサルティング等で、東南アジア諸国での現地サポートにも携わる。現在、外資系企業の会計監査業務及び経理業務改善等のコンサルティング業務を中心に活動している。

中島 猛（なかしま たけし）（第2章、第6章第2～4節を担当）

三菱 UFJ リサーチ＆コンサルティング　国際ビジネスコンサルティング部

国内独立系コンサルティング・ファーム、外資系商社を経て三菱 UFJ リサーチ＆コンサルティングに入社。国内市場における新規事業戦略策定、収益改善、事業再生、業務改善など様々なコンサルティングに従事したのち現職。環境分野では JICA 短期専門家としてインドネシア・ベトナムに派遣。現在、三菱 UFJ リサーチ＆コンサルティング国際ビジネスコンサルティング部にて日本企業の海外進出に関し、海外事業戦略策定、クロスボーダー M&A、販売・マーケティング戦略策定などを中心にコンサルティング業務を担当している。

細川 博（ほそかわ ひろし）（第4章を担当）

三菱 UFJ リサーチ＆コンサルティング　国際本部貿易投資相談部

東京銀行（現　三菱東京 UFJ 銀行）に入行後、マレーシアやインドに駐在し進出してくる企業へのサポートを現地で行うとともに、本部では中国を含むアジアなど海外への進出支援業務全般を担当。2006年から三菱 UFJ リサーチ＆コンサルティングにてインドや ASEAN 進出に係る実務支援、進出計画策定や合弁交渉におけるコンサルティング業務、国際業務全般に係る相談業務など担当。現在、三菱 UFJ リサーチ＆コンサルティング国際本部貿易投資相談部にて日本企業の海外進出および海外現法経営に関するコンサルティングや相談業務を担当している。

増山 俊和（ますやま としかず）（第5章第1・3節、第6章第7節を担当）

株式会社 Cenxus Solutions 代表取締役

増山会計事務所　所長

2003年　公認会計士登録。大手外資系 IT 企業に入社後、会計システムの開発、ERP 導入及び会計業務コンサルティングに従事。在職中に公認会計士2次試験に合格し、その後経理部門を経て大手監査法人に入所。国内グローバル企業の監査等に従事したのち、ロンドンの国際会計基準審議会（IASB）へ派遣され、IFRS の開発作業に従事する。帰国後、IFRS 導入支援業務に携わる。現在、IFRS 導入のコンサルティングや外資系企業に対する経理及び税務等のサポート業務に従事している。

松村 信（まつむら まこと）（第5章第4節、第6章第8節を担当）

公認会計士

2002年　公認会計士登録。大手監査法人に入所後、製造業を中心とした多国籍企業の監査及びアドバイザリー業務に従事。2007年から海外事務所に駐在し、日系企業の海外展開支援業務等に携わる。現在、大手監査法人にて多国籍企業の監査に携わるとともに多くの企業の海外進出（特に新興国進出）に関連した支援業務に従事する。

※記載順序は50音順。
※いずれも執筆当時。

金融機関のための 中小企業海外展開支援 実務のポイント
～進出計画から現地経営まで～

2015年2月20日　初版第1刷発行	編著者　　小　島　浩　司
	発行者　　金　子　幸　司
	発行所　　㈱経済法令研究会
	〒162-8421　東京都新宿区市谷本村町3-21
〈検印省略〉	電話 代表　03-3267-4811　制作　03-3267-4823

営業所／東京03(3267)4812　大阪06(6261)2911　名古屋052(332)3511　福岡092(411)0805

カバーデザイン／清水裕久　制作／北脇美保　印刷／富士リプロ㈱

"経済法令グループメールマガジン"配信ご登録のお勧め

当社グループが取り扱う書籍，通信講座，セミナー，検定試験に関する情報等，皆様にお役立ていただける情報をお届け致します。下記ホームページのトップ画面からご登録いただけます。
☆　経済法令研究会　http://www.khk.co.jp/　☆